广东省中小学新一轮"百千万人才培养工程"系列丛书

诗意同行:
追寻教育理想国

阮美好 著

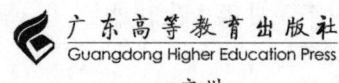

·广州·

图书在版编目（CIP）数据

诗意同行：追寻教育理想国/阮美好著．—广州：广东高等教育出版社，2019.3（2023.3重印）

（广东省中小学新一轮"百千万人才培养工程"系列丛书）

ISBN 978−7−5361−6298−3

Ⅰ．①诗… Ⅱ．①阮… Ⅲ．①小学语文课－教学研究 Ⅳ．①G633.202

中国版本图书馆 CIP 数据核字（2018）第 227365 号

出版发行	广东高等教育出版社
	地址：广州市天河区林和西横路
	邮政编码：510500　电话：(020) 87553335
	http://www.gdgjs.com.cn
印　刷	东莞市翔盈印务有限公司
开　本	787 毫米×1 092 毫米　1/16
印　张	11.75
字　数	203 千
版　次	2019 年 3 月第 1 版
印　次	2023 年 3 月第 2 次印刷
定　价	38.00 元

序

　　教育是一种人为的与为人的存在。教育不是自然界自然产生的自在物，而是人为事物。教育随着人类的产生而产生，随着人类社会的进步而动态发展。学校教育源于文化的传承和个体的成长需求，受益于社会生产力水平的提高和文字的出现与运用，在形式上则脱胎于人类的社会交往实践，其中作为文化共同体的师生群体和作为其特殊交往形式的教学活动的存在样态，不仅具有教育存在本质上的代表性，而且彰显教育存在机制上的动态生成性。研究教育教学，至少需要从五个方面去思考。

　　第一是基于本体论的思考。探讨教育如何发生、存在和演化等方面的问题，其理论立场是以教育教学存在的"对成交往"关系为核心。教育产生于人类生存经验的传承、生活智慧的培育，发展于人生命成长的人类文化历史血脉传承的自然需要。关系先于实体而存在，建立什么样的教育关系决定着产生什么样的教育图景；教育的成功与否取决于教育主体双方是否相遇，是否产生相互交流、相互作用、相互影响、相互促进，是否促成人与文化的双重建构。

　　第二是基于价值论的思考。研究教育存在的价值追求、选择及其如何发生、转化、评价等方面的问题，其理论立场是以教育教学存在的"人文化成"理想为核心。教育的基本价值与前提，是理解作为生命个体的人和作为普遍意义存在的人性，是珍视人的生命尊严、权力欲望、自由生长和价值体现，从人性存在与发展的不同维度思考并展开人的价值追求，使人成为人。关爱整个的人、全面发展人是教育的灵魂，教育的主旨应该是指向人的全面、和谐、充分的发展，使人不断增强主体性，成为健全的主体，促进文化新人的不断生成，为此学校教育教学必须以传承知识、培育能力、涵养品性、助长生命为基本的功能取向。

第三是基于认识论的思考。研究如何认识教育教学存在本身及其相关联的问题，其理论立场以教育教学存在的"关系进化论"为核心。以师生基于文化价值中介的"对成交往"实践为机制，认识和处理人与文化、人与世界、人与生活之间的辩证关系、运动发展和整体图景，凸显教育促进"人文化成"的实践本质。审视教育中的人与人、人与文、人与物、人与己的关系，人无时无刻不处于关系网络之中，人在自然界、社会、文化、教育系统的整体关系网络中，特别是在文化系统之中，是一个自我意识不断提高的能动节点，打通人与文化、与世界、与他人、与自我的那种来自人类的遗传的天然联系，摒弃直面世界时的恐惧、愚昧与盲动，不断走向解蔽、敞亮和澄明，积淀能量，增值意义，激发灵性，憧憬并走向未来。通过亲历其中，融入其内，体察感悟，在行中知；通过把握信息，悬置自我，反思批评，从知中行；最终通过"切行致知"而"知行合一"。通过认同关系优先的原理，建立"我—你"关系，促成人与文化、人与世界万物关系的认识进化，培育关系思维、生成思维、反思批判思维和系统思维。

第四是基于审美观的思考。对教育存在之美的整体意识，进行美的培育、鉴赏、表达和创造，其理论立场是以教育教学存在的"超越艺术观"为核心。审美意识是人与天地万物心意相通、融为一体的产物，达到天人合一、万有相通的境界。教育主体之间的关系不是单纯的观察与被观察、旁观与被旁观、灌输与被灌输、鼓动与被鼓动、解剖与被解剖、研究与被研究的关系，而是超越当下的感性直观的对象性关系，尤其是对象性的纯粹知识、技能乃至思想意识的授受关系，面向意义联系、关系拓展，强调类化感悟、意象性体验，走向由此及彼、举一反三、触类旁通和整体性生成，以爱点燃爱，以智慧启迪智慧，以文化孕育文化，以人性的灵明相互照亮各自生命的意义，实现生命与生命的真诚相遇，促进生活体验、人生意义和价值的体验，培养超凡脱俗的高尚气质，赋予生命求真、爱美、向善的无限追求。

第五是基于历史观的思考。教育既是对历史文化的传承活动，是促进个体文化生成的历史过程，也是面向社会发展未来的开拓实践，基于过去与现实的"大视域"的教育始终不曾脱离时间，不曾脱离现实，不曾脱离未来。每一个现实的人都是历史的存在，积淀着人类发展的历史，积淀着生命的、自然的、精神的、文化的发展历史，带着厚重的成长烙印。同时，每一个现实的人都是立足当下的动态生成，时刻不停地走向未来发展着的存在。教育的目的和功能，应该指向活生生的、不断奔向未来的整个的人，助力人实现自我的超越，在历史逻辑的历时性联系中，在当下因素的共时性综合中，在生命有限性与意义无限性的优化整合中，不懈追寻人的存在的意义，不断提高自己的人生境界。

对理想的不懈追求是人与生俱来的天性，是人生态度和人生境界的修养与磨炼，对理想教育的思考与追寻正是源于此。对每一个怀着崇高教育理想的教育者而言，在教育实践中不断追寻教育的本质与意义，会成为其生活与工作的常态。在阮美好的这本书里，充分体现出了她对理想教育的不懈追寻。她对理想教育的追寻并非始于教育职业生涯，而是从她自我意识产生开始，贯穿于整个学习成长和教育实践的全过程。自小与大自然的亲密接触，激发了她对人生的思考和对理想教育的朦胧追寻；青少年时代大量的课外阅读，赋予了她丰富而特立独行的思考与对教育现实的生动批评；自幼养成的追根溯源的思维品质及其所支撑起来的理想教育追寻，成为她探寻生命成长真相并为此不断创新教育改革的原动力……让她时刻处于教育的真实活泼、沛然充溢的"现时"，正是这个"现时"，让她所践行的教育成为人性与文化真实相遇、生生不息的本真存在。

本书从哲学的层面深入探讨了教育的问题。追溯理想的源头，追溯教育的源头，探索人的存在与发展作为教育存在与发展的根本，以审视当下的教育带动对两种关系所产生的教育图景的思考，初步建构起体现自己的教育理想的教育文化模型。

第一是教育的源起。作者以"教育何以存在""教育以何存在"这

两个问题展开一系列的思考，试图论证一个问题：人以及人与世界万物的关系作为教育的根本前提和核心地位。教育何以存在？教育因人的产生而产生，因人的存在而存在，因人的发展与进步的需要而持续地存在。教育伴随着人的产生自然而然地产生，也伴随着人的发展与进步而发展与进步，人的存在与发展进步是教育存在的唯一真义。教育以何存在？失去了"人"这一核心要素，教育也就成了没有灵魂的"幽灵"，而失去其存在的意义；只有具备尊重人的天性，开掘人的潜能，唤醒人的学习天赋，促进人在真实的社会实践中不断获得发展与进步的品质，教育才具有持续存在的意义。教育得以存在的原因，无论是广义还是狭义的教育，都是其适合一定的社会现实和未来的需要，遵循年轻一代身心发展的规律，具备影响人的身心发展的核心功能，既激励人认识与掌握自然规律，探索未知世界的积极进取精神，同时，又在人的心田上播撒仁爱与善美的种子，让人与自然、人与社会、人与自己达到和谐共生的境界。因此，作者认为教育的源头应该首先体现为对人性的真正了解，教育需面对当下的"整个人"，是"在场者"及其背后所有"不在场者"的综合体。教育属于当下，同时承接过去，指向未来。正因为承接过去，教育才拥有了当下；正因为指向未来，教育才立足于当下。

第二是教育理想的源起。理想产生于存在。人是有意识、能主动改造和利用自然的存在，因此只有人类才有理想，理想伴随着人类的产生而产生，伴随着人类的发展而发展。同时，人又是一个有限的物质存在，因而人对无限必然充满了向往与追求。作者通过对古今中外著名教育家的教育理想进行了扼要而深刻的解读，并由此得出教育理想四个方面的基本特征：一是理想化特征。理想是出于对现实的洞察和反思，理想源于现实，而又高于现实，这是建构教育理想国蓝图的根本要素。二是疆域性特征。实现理想，需要具备相对独立的空间，这是建构教育理想国的基本条件。三是对象性特征。对社会（或理想社会）中的特殊对象进行教育和转化，是推行理想教育的核心要素。四是合目的性特征。从教育理念出发，教育的出发点和落脚点是促进教育对象的自由而全面发展。在对教育的历史及现实的分析基础上，从万物一体的本体论、人与世界万物相处的关系论、马克思主义人学理论出发，辨析"我——你""我——

它"两种关系所产生的两种教育图景,从而提出理想教育的愿景:首先是教育乃生命与生命的真实相遇。教育者不把受教育者当作是认识和改造的对象,而是结成不可分割的整体,彼此感受对方生命的律动和成长的节拍,师生敞开自己,共同沐浴在智慧的阳光和清泉中,交融于生命成长的呼唤与应答中。其次是教育中交往的双方互为主体,互相作用、互相交流、互相沟通、相互理解,而又保持着各自独立的人格精神。教育者不断提高自己的学识、专业素养和人生境界,尊重生命独立个体,聆听来自每一个教育对象的心声,用自己的学识、智慧和勤勉的态度,点燃学生的智慧,激发学生对美好生活的向往和追求;教育者不断提高道德修养和人格品质,引领学生对美好情操的感悟和体验;教育者不断充盈自己的情感和精神世界,用爱培育爱、激发爱、传播爱,通过真情、真心、真诚拉近跟教育对象的距离,把自己的温暖和情感倾注到每一个学生身上,用欣赏增强学生的信心,用信任树立学生的自尊,让每一个学生都健康成长,让每一个学生都享受成功的喜悦。最后是教育双方的相遇,不仅是知识的传授,还是智慧的碰撞;不仅是智慧的碰撞,还是情感的共鸣;不仅是情感的共鸣,还是灵魂的共振。学校教育教学以"育人"为根本宗旨,以激发人的自主、自律和自觉为根本任务,发掘适合学生学习和进步发展的教育内容和教育策略,实施能够与学生生命成长和智慧成熟发生相协共振的教育方式和教育行为,则学校教育最终回归到促进人的全面和谐发展的本源状态。

第三是借鉴他山之石探索理想的教育。作者的探索没有停留在对理论的探索层面,而是进一步以世界先进的教育理念和实践经验,印证自己的思考,并引领自己的办学实践,建构"同行"教育文化:尊重生命,与生命同行;仁爱为本,与友善同行;知行合一,与智慧同行;温润包容,与优雅同行。构建以标志文化和楼宇文化为主要内容的"同行"静态文化环境,以及以制度文化、学习文化、课程文化、学院文化为主要内容的"同行"动态文化环境。

本书的思考脉络是清晰的,并具有鲜明的个性特征。作者从追寻教育理想国的历史典范展开认识的过程,引发对理想教育内涵的思考与剖析;从历代对教育理想的追寻均立足于对当代教育的反思与批评,引发

对当下教育问题的反思与批判；从对外在信息与理论的理解与把握，到自身成长经历的内在体验与切身感悟，确立人以及人与世界万物的关系之于教育的根本前提和核心地位。

本书最为突出的特点，是根据每章论述的主题嵌入相应的成长案例、教育教学案例及其评析，深入浅出地呈现了作者对教育理想的追寻与理解。对理论研究者来说，这是基于深度理论思考和坚定教育理想而又直面和延及行动实践的富有启发性的教育理论著述。对一线教育者而言，这是源自热烈又深沉的教育实践情怀经由长期的思想和实践积淀而凝练形成的教育行动纲领。

潜下心来细细思考和品味，可以感受充盈其中的教育情怀，可以获得教育智慧的启迪。一卷在手，理解美好的教育，感受教育的美好。

张广君
2018 年 2 月 3 日
于广州

前 言

每个人都有自己的理想,理想总在不同的人生阶段中动态地发展。

2015年3月我在遴选中脱颖而出,成为广东省新一轮中小学"百千万人才培养工程"第二批教育家培养对象,开启为期4年的培训之旅。在参加遴选前后的不短的日子里,我一直反思自己离"教育家"到底有多遥远。国外有研究发现,优秀是卓越最大的障碍,因为优秀只是满足上级给出的条件或标准,而卓越则是根据自己心中的抱负、梦想或信念坚持不懈的奋斗过程,并且把自己的优势发挥到极致的圆梦之路。最后的结果必定是超越学科的局限,自成教育风格和深邃独特的思想。可以说,目前的我是优秀的,因为名教师、特级教师、全国模范教师的荣誉称号是相当有分量的;但是,我未必是卓越的。为了让自己有机会成为教育家,我用心阅读了国内外知名教育家的故事,并从自身个性、教学风格,通过知名教育家的特征对照自己。

第一点,教育家对教育事业有强烈的使命感和责任感,认同教育即生长。因此,他们对教育的贡献突出,广受赞誉。我成长的经历让我懂得生命的珍贵,打心底里热爱孩子,呵护孩子,把孩子的生命成长转化为自己的教育使命。学生说:"我们爱阮老师,是因为在她眼中我们都是一样的可爱。"我没有理由不爱他们,因为每一个孩子都是具有独立精神

和价值的生命个体，孩子需要的不是被塑造成什么样子，而是让他们的天性和与生俱来的能力得到健康生长，我每天所思考所做的就是帮助孩子们解决成长的问题，以至于每一位学生都愿意和我一起成长。当我把这些如实地记录下来，就形成了获奖和发表的研究成果；当我坚持践行教育理念，荣誉就不知不觉地降临在我身上。

第二点，教育家尊重和敬畏教育规律和价值，有理论功底并能形成独到的教育见解，因此，他们在教育实践中必然形成个人风格与特色。本真，是我固有的为人处世方式。德国哲学家海德格尔（Martin Heidegger）认为：本真指生存可能性的无蔽展开。本真，对于生活而言，是勇于承担责任、追求真理（真实）；对于教育而言，是教师将知识的渴求和探索融于简朴、真实的教学情景中，师生共同沐浴智慧的阳光和知识的清泉，生命在悄然拔节，达到"木欣欣以向荣，泉涓涓而始流"的返璞归真的状态。从教20多年来，我始终保持一颗教育的初心，"本真"，是我对自己的教育教学风格与特色的定位。苏格拉底说过，求知是每个人灵魂里固有的能力。第斯多惠也说过，教学艺术的本质不在于传授的本领，而在激励、唤醒和鼓舞。我用五个词语概括我对教育本质的理解：教而育之，学而知之，习而会之，文而化之，促而成之。不存在没有教学的教育，也不存在没有教育的教学，学校教育是以学科教学为载体的育人过程；引导学生学，了解和传承祖国乃至于人类的精神文化成果；通过学习实践，发展学生的好奇心和理性思考的能力；以古今中外优秀文化激励和唤醒学生对崇高精神的追求，培育丰富的灵魂；创设适合学生生长的环境，使其展开有效的阅读对话，促成学生跟先进文化的有效交往。

第三点，教育家不会只满足于自己的成长，他们会把个人的缄默知识转化为人类知识，带动更多人走向成功。因此，他们需要时刻反思自己的教育实践，规划发展。过去，我比较专注于语文教育问题的研究，容易形成深究学科问题的"虫眼"。近几年来，我认识到自己需要突破学科的局限。于是，寻教学之根，溯教育之源，从教育理论到教育哲学，再到哲学，自觉培养自己从更大格局去看待一般教育问题的"鹰眼"，以教育家的使命规划自己的发展。我认识到，教育的源头是对人性的真正了解。人的潜在才能和智慧与生俱来，人的存在与动态发展以天赋欲望为引擎,通过自我反省的心理作用,按照美学追求,依照美的规律,不可避免地在一定中介的作用和影响下,不断发展自己,构造自己。我从培养"完整的人"的角度去审视教学和学校的办学,现代学校教育必须立足于学生发展、教师发展、校长发展、学校发展、家长发展、社区发展的高度,基本前提是教师成为拥有教育自觉的教学领导者。为此,我大力优化学校组织文化,以共同的育人愿景推动团队合作与发展。同时,我带领教师工作室团队借助大学的研究力量,采用跨地跨校团队合作研究等方式,开展"基于语文教学的文本解读研究",并著书立说,旨在提高师生与文本有效对话交往的能力,养成阅读对话的习惯,以阅读滋养生命,促进自我精神的建构,成为具有生命自觉的幸福的人。

参加教育家培养对象培训的头两年,在广东省教育厅和华南师范大学基础教育培训与研究院的组织和带领下,我们先后奔赴芬兰以及中国台湾进行教育考察,进一步促进了我对理想教育的思考。

我对芬兰教育进行了全面深入的解读,认为芬兰教育理念具有全民性、全人性和全程性特征。①全民性。坚持平等精神、一个都不能少的理念一直贯穿于芬兰政府教育改革脉络当中,这是促使芬兰的教育改革与政策不断走向成功的核心价值所在。教育公平,是芬兰优质教育的基石,其教育理念的精髓就是"不让一人落后"(No child left behind)。②全人性。人,在芬兰得到的是无与伦比的珍视。芬兰不提倡精英教育,完全尊重孩子的兴趣、个性、天赋才能和选择权,千方百计为孩子兴趣的发展创造条件,让孩子有充足的时间和空间去挖掘和发展自己的兴趣。孩子在主动学习的状态中获得的知识量肯定是最大的,而且还因此培养了终身学习的能力和习惯。③全程性。芬兰有着非常完善的早教系统,芬兰的成年教育系统也非常完善。在芬兰短短18天的参访与交流,给我带来的震撼与启示是巨大的,我们更加明确,教育重点不是教,而是学;学习是孩子的天性,应该得到激发与引领;教师本身就是具有创造力的职业,我们不能让它变成工业化教书匠;教育需要社会各界共同参与,自觉承担起属于自己的那份责任。

美国作家、思想家爱默生曾经说过:"向着特定目标不断前进的人,全世界都会给他让路。"成为让人民满意的人民教师,让我时刻牢记自己

的责任,珍惜学习与成长的机会,努力提升自身师德修养、学识水平和专业素养,增强职业认同感和荣誉感,始终满腔热情地从事教育事业,克服重重困难,解决好所面临的种种教育问题,不断地反思、探索和改进自己的教育教学。在用知识与智慧照亮别人的同时,也要照亮自己;在引领别人到达理想彼岸的同时,自身也得到发展。

我永远走在追寻教育理想的康庄大道上……

阮美好
2018年1月1日
于广东东莞

目　录

◎第一章　追寻：心中的理想国 …………………………………………… 1

一、追寻理想国 …………………………………………………………… 1

二、寻找教育理想国 ……………………………………………………… 4

　　（一）柏拉图的教育理想国 ………………………………………… 4

　　（二）孔子的教育理想国 …………………………………………… 5

　　（三）尼尔的教育理想国 …………………………………………… 5

　　（四）陶行知的教育理想国 ………………………………………… 6

　　（五）苏霍姆林斯基的教育理想国 ………………………………… 8

三、成长案例：我之所遇 ………………………………………………… 11

　　（一）永远的方老师 ………………………………………………… 12

　　（二）那个静待花开的夜晚 ………………………………………… 16

　　（三）灵感在梦中降临 ……………………………………………… 21

◎第二章　探索：教育因人而存在 ………………………………………… 31

一、人是什么样的存在 …………………………………………………… 31

  （一）人是世界万物的灵魂…………………………………… 32
  （二）人在与环境相处中成长…………………………………… 33
  （三）成长案例：我之所为……………………………………… 35
 二、教育因人而存在……………………………………………………… 46
  （一）人让教育获得存在的意义………………………………… 46
  （二）人的现时性决定教育属于未来…………………………… 49
  （三）成长案例：我之所行……………………………………… 51

◎第三章　辨析：教育的两种关系 ……………………………… 64

 一、我们的教育怎么啦 …………………………………………………… 64
  （一）教育的多元焦虑…………………………………………… 70
  （二）教育是否切切实实存在着………………………………… 73
  （三）案例：我之所思…………………………………………… 75
 二、两种关系的教育图景………………………………………………… 82
  （一）"我—它"关系和相应的教育图景 ……………………… 83
  （二）"我—你"关系和相应的教育图景 ……………………… 85
  （三）案例：我之所获…………………………………………… 87

◎第四章　借鉴：教育理想国之他山之石 …………………… 112

 一、芬兰教育全球第一的秘密 …………………………………………… 112
  （一）全民教育的理念…………………………………………… 113
  （二）全人教育的理念…………………………………………… 115
  （三）全程教育的理念…………………………………………… 119
 二、成长案例：生之所能………………………………………………… 120
  （一）当老师不在的时候………………………………………… 120
  （二）莞如同学在家长会上的发言……………………………… 122
  （三）"老师，您不是一个人在战斗！" ……………………… 125
  （四）"老师，我们要来个男女生大PK！" …………………… 127
  （五）面朝大海，春暖花开……………………………………… 129

◎ 第五章　探索："同行"教育理想 ··· 133

　一、"万物一体"本体论对学校教育的启示 ································· 133

　　（一）"主—客"关系认识论对学校教育的负面影响 ············· 133

　　（二）"万物一体"的本体论思想 ·· 134

　　（三）"万物一体"本体论思想对学校教育的启示 ················· 136

　二、建构"同行"教育文化 ·· 141

　　（一）"同行"教育文化的孕育 ·· 141

　　（二）"同行"教育文化的提出 ·· 142

　　（三）"同行"教育文化的实践引领 ·· 147

　三、案例：我与你同行 ·· 165

　　（一）携手同行，成为虎虎生威的精英 ································ 165

　　（二）激励、唤醒、鼓舞——照亮教师专业发展道路 ········· 167

　　（三）他人眼中的我 ·· 168

◎ 后　记 ·· 171

第一章
追寻：心中的理想国

高山仰止，景行行止。虽不能至，然心向往之……

——司马迁

一、追寻理想国

2 600多年前，在东、西方大陆的土地上先后诞生了两位伟大的人物，一位是东方的孔子（前551—前479），另一位是西方的柏拉图（前427—前347）。前者为改变周王朝礼崩乐坏的颓势而周游列国，寻求机会推行自己的仁政主张，历尽艰难险阻；后者曾三度奔赴叙拉古，试图实现自己心中的理想国，同样历尽艰难险阻。这两位伟大人物的人生经历是何等的相似。

孔子生于鲁国陬邑（今山东曲阜市），祖上是宋国的贵族，曾师从老子。东周春秋末期，身处乱世的孔子对天下大事非常关注，对治理国家的诸种问题进行思考，也常发表一些见解，认为诸侯国最大的问题是没有好的制度和法度，55岁开始几度离开鲁国，在齐国、卫国、蔡国、叶国等国辗转，竭力推行自己的仁政理念，周游列国14年，其间屡遇危险，如离开卫国前往陈国路过匡城时，因误会被人围困了5天。逃离匡城到了蒲地，又碰上卫国贵族发动叛乱再次被围。来到陈国被人围困半道，绝粮7日，幸有楚兵相救，师徒免于一死……鲁哀公十一年（前484年），68岁的孔子在其弟子冉求的努力下，被季康子迎归鲁国。孔子虽有心从政，但都被敬而不用。年近古稀的孔子继续从事教育及整理文献工作，留下了极其宝贵的教育文化遗产。

柏拉图生于雅典一个较为富裕的奴隶主家庭，师从苏格拉底。公元前

399年，苏格拉底受审并被判处死刑，柏拉图对当时所存在的政体完全失望，于是开始到意大利、西西里岛、埃及和昔兰尼等地游学，以寻求知识，并撰写大量对话体著作。公元前387年，40岁的柏拉图回到雅典，创立了自己的学院——柏拉图学院，著有《理想国》等对话作品。柏拉图曾带着弟子三度赴叙拉古，其间屡遇危险，第一次访叙拉古期间，据说因得罪僭主被卖作奴隶；第三次前往叙拉古，被扣留，被驱逐。公元前357年，70岁的柏拉图放弃政治活动，全力著述，留下了极其宝贵的哲学、教育文化遗产。

这两位伟大人物的理念也极为相通，都是从"善"出发，孔子提倡"性善论"，柏拉图提倡"善理念"，并从自己的理念体系出发，构想出自己心目中理想的城邦蓝图。

孔子从"性善论"的道德思想体系出发，以"礼""仁"为核心内容，在治国方略上主张"为政以德"，用道德和礼教来治理国家是最高尚的治国之道。这种治国方略也叫"德治"或"礼治"。这种方略把德、礼施之于民，严格了等级制，构想出"天下为公"的大同社会蓝图，这种理想的社会跟传说中尧舜时代的原始社会景象相似：在这样的国家里，大道畅行，天下为公，"选贤以能，讲信修睦"，"人不独亲其亲，不独子其子，使老有所终，壮有所用，幼有所长，矜寡孤独废疾者皆有所养"，阴谋欺诈不兴，盗窃祸乱不起。其次是构想建立比大同社会低一层次的"小康"社会：大道隐没，"天下为家"，"各亲其亲，各子其子，货力为己"，并产生一系列典章制度、伦理道德，"以正君臣，以笃父子，以睦兄弟，以和夫妇"，"以立田里，以贤勇知"，相应地还要设"城郭沟池以为固"，"谋用是作，而兵由此起"。这种社会显然没有"大同"世界那样完美，但有正常秩序，有礼、仁、信、义，所以称为"小康"，即"私有制"产生后阶级社会的"盛世"。孔子构想出的"大同"社会、"小康"社会理想对中国后世的影响无疑是极其深远的，甚至成为后来不同历史时期、不同阶段的思想家提出不同内容的憧憬蓝图和奋斗目标。

柏拉图在其巨著《理想国》中，对自己理想中的"正义之邦"进行了自上而下的设计以及全景式的描绘：国家规模大小适中，以站在城中高处便能将全国尽收眼底，城邦中的人彼此相识相熟为限度。柏拉图认为一个理想的国家，必须根据人的天赋素质进行相应的劳动分工，他认为人的天生素质有三种：智慧、勇敢和欲望，因此，公民相应地分为治国者、武士和劳动者三个等级。他认为这个理想的国度由这三个阶层的公民组成，最高阶层是城邦的统治者，由善于思考、热爱智慧的人，即"哲人王"担当，其责任是发挥哲学智慧和道德力量统治国家；第二阶层是城邦的护卫者，由富有激情、崇尚勇敢、追求名誉和权力的人，即由军人担当，其责任是辅助统治者治国，用忠诚和勇敢保卫国家安全；第三阶层则是社会物质财富的生产者，由充满渴望、追求物质财富和生活享受的人，即劳动者担当，其职责是为国家提供物质生活的所需资料。柏拉图认为公民获得幸福源于其个人先天的灵魂素质，个人天赋决定其所处的社会阶层，决定其应尽的职责，只要各个阶层各尽其能，各得所需，互不干扰和越位，那么，国家与个人就处于和谐状态，理想社会由此得以实现。在这样的国家中，治国者必须是德高望重的哲学家，只有哲学家才能通过回忆回复其潜藏在内心深处的"善理念"，具有完美德行和高超智慧，明了正义之所在，按理性的指引去公正地治理国家。治国者和武士同处于统治阶层，都没有个人的私产和家庭，因为私产和家庭是一切私心邪念的根源。劳动者处于被统治的阶层，同样也绝不允许拥有奢华的物品。跟孔子的经历极为相似的是，在屡遭挫败后的晚年柏拉图在其最后作品《法律篇》退而求其次地设计了"第二等好"城邦，包括地理环境、疆域大小、人口规模与来源、国家经济生活、阶级结构、政治制度、法律等细则。由于指导思想的变化，第二等好城邦与《理想国》的正义之邦相比，《法律篇》则恢复了私有财产和家庭。《理想国》中划分公民等级是依照其先天禀赋的优劣，而《法律篇》则是按照后天财产的多寡。

两位伟人所设想的理想社会（城邦）里，有理想的治国者、理想的国民、理想的社会秩序、理想的治国宗旨，"善"的理念是设想的出发点，让民众获得幸福是设想的落脚点。

中西方古代两位思想家、哲学家、教育家对理想国家的构想与毕生践行，充分体现了人类对理想的热诚而又持之以恒的追求。理想因人而产生。"理想（ideal）就是主体基于对社会和人生现实状况及趋势的认识，把具体社会和现实的人进一步发展的可能性与自己的主观要求结合起来，所构想并争取实现的未来生活图景"，"有理想是具有主体性的人所特有的一种属性"[①]。人有意识，能主动改造和利用自然，因此，只有人类才有理想。理想伴随着人类的产生而产生，伴随着人类的发展而发展。

---

① 王孝哲. 马克思主义人学概论［M］. 合肥：安徽大学出版社，2009：178.

诗意同行：追寻教育理想国

二、寻找教育理想国

人的自觉与主体能动性决定了人不断追求进步与理想。那么，教育也应该存在着理想国。由古至今，教育家们不是一直不约而同地前赴后继地追寻自己心目中的教育理想国度吗？

（一）柏拉图的教育理想国

构建完整的理想教育体系是柏拉图的《理想国》一个重要的组成部分。柏拉图从"善理念"出发，认为知识与真理可以被看作是"善"，但不是"善"的本身；"善"本身是真理与知识的源泉，具有最高价值。由于人的灵魂在进入肉体之前"观照"真实世界的时间不同而产生素质优劣，人的天赋素质就存在与生俱来的差异。要使人的行为善良，就应该使人的灵魂产生转向，从专注于生灭事物到专注于永恒事物，而这种转向必须由教育达成，这是一个艰苦的灵魂提升过程。

在柏拉图设计的理想城邦中，全体公民从儿童时代开始就要接受音乐、体育、数学到哲学的终身教育。教育内容必须经过严格选择，以免毒害青少年的心灵。柏拉图主张从公民出生就开始对其进行教育和实践的双重考察，以分辨出其先天素质的优劣，并以此为标准决定每个公民的社会分工，每个人都有机会进入任何一个阶层。城邦中的每一阶层只要充分发挥自己的职能，发挥个人最大的德行即行善，那么，城邦中的每一个人都会因此获得最大的幸福。柏拉图不仅设计理想国蓝图，还身体力行推行他的理想化教育——尽可能地恢复人的固有知识，即潜存于人灵魂之中的知识。

公元前387年柏拉图结束12年的游学，回到雅典，并在雅典城外西北角的Akademy创立了自己的学校——柏拉图学院，这所学院成为西方文明最早的有完整组织的高等学府之一。柏拉图设置的促进人的全面、和谐发展的课程体系，以及在教学中发展学生的思维能力，通过问答法启发式教学等，给后世教育家们以巨大的影响和启迪。

（二）孔子的教育理想国

孔子从"性善论"出发，认为人的天赋素质相近，个性差异主要是因为后天教育与社会环境影响（"性相近，习相远"），因而人人都可以受教育，人人都应该受教育。因此，孔子倡导"有教无类"，创办私学，广招学生，打破了奴隶主贵族对学校教育的垄断，把受教育的范围扩大到平民，顺应了当时社会发展的趋势。

孔子生活在礼崩乐坏的东周春秋末期，出现"王道哀，礼义废，政权失，家殊俗""君不君、臣不臣、父不父、子不子"的社会现实。孔子所建构的理想化教育，包括教育目的、教育内容、教学方式等各个方面。孔子的教育目的是要培育社会价值的担当者、从政的君子，而成为君子必须具有较高的道德品质修养，因此，孔子心目中理想的学校教育必须把道德教育放在首要地位（"弟子入则孝，出则悌，谨而信，泛爱众，而亲仁。行有余力，则以学文"），道德教育的主要内容是"礼"和"仁"，"礼"为道德规范，"仁"为最高道德准则。在道德修养方面，孔子提出树立志向、克己、践履躬行、内省、勇于改过等方法。孔子的教学方法是"因材施教"、启发式（"不愤不启，不悱不发"）和启蒙教育。"学而知之"是孔子教学思想的主导思想。在主张不耻下问、虚心好学（"温故而知新""举一而反三"）的同时，孔子强调学习与思考相结合（"学而不思则罔，思而不学则殆"），同时还必须"学以致用"，将学到的知识运用于社会实践。主张入世而学的孔子，也向往自由、超脱的理想生活，在《论语·先进》篇中，孔子与众位弟子谈及志向时，曾点说他的志向是"暮春者，春服既成，冠者五六人，童子六七人，浴乎沂，风乎舞雩，咏而归"，孔子喟然叹曰："吾与点也。"

（三）尼尔的教育理想国

在英格兰东萨佛郡的里斯敦村有这么一所学校，在这里，学生可以凭自己的意愿来上课，不论缺课多久也不会受到责罚；在这里，没有正式的考试，学生可以通过轻松谈话的方式进行学习的检测，可以完全根据自己的想法自由地写出答案；在这里，游戏、聆听演讲、自由辩论、看电影、跳舞、排练自己编的话剧是学生正常的学习方式；在这里，学习的空间不局限于传统的教室，学生可以走出教室之外，甚至是学校之外；在这里，学生可以在

不妨碍他人学习的前提下自由地走动或工作；在这里，学生有机会决定自己的学习课程，安排自己的学习内容和进度，完全负起安排与完成自己学习的责任；学生可以选择自己的学习伙伴，不论年龄大小，甚至可以过上"家庭编组"式的学习生活；在这里，没有权威、服从、纪律与大人的要求及决定，孩子完全依靠自己、依靠自己的团体抉择，可以通过自治会发表自己的见解……这所充满自由、快乐、自主与自觉的学校名叫夏山学校（Summerhill School），学校的创办人是教育家尼尔（1883—1973）。

创办于 1921 年的夏山学校，因为施行的是民主的或称自由的教育方式，实行因材施教的教育方法，因此被誉为"最富人性化的快乐学校"。夏山学校是尼尔把自己的教育理念付诸行动的结果。尼尔主张孩子本性是善良的，而且聪明、实际，大人不需要通过表达自己的憎恶引导学生，只需让孩子们在自由的、被认同的环境下依自己喜欢的方式去做，照自己的能力去发展，也就是依自己的才能、志趣，想成为学者便去做学者，而适合当清道夫的，也可成为清道夫。夏山学校就是基于这种理念去教育学生的，尼尔认为，"让学校适应学生，而不是让学生适应学校。"在夏山学校，每一个人都是平等的，年龄无分大小，职位不分高低，身份不分类别，校长、教师和学生的权利都是一样的，孩子们能治理自己，对自己的权利争取到底，让自己能跟上时代发展的步伐，在真实的社会环境下生长。

（四）陶行知的教育理想国

教育家陶行知的理想是改造乡村，实现平民教育。他希望能够通过平民教育，"创造一个四通八达的社会"。

陶行知在 1917 年留学回国后，针对当时中国学校教育不普及和民众极其缺乏教育的现状，以及"老八股"和"洋八股"的教育严重脱离社会生活的状况，认为真正的教育必须是跟生活紧密结合在一起的，倡导一种把鸟儿从鸟笼放回树林的教育，他先后创办晓庄师范、上海工学团，践行自己的生活教育理念，建构能够"造就中华民族的伟大的新生命"的理想化教育体系。

在陶行知理想学校教育的构想里，首先提出的是"生活即教育"观点。他认为，因为教育源于生活，教育的根本意义是生活之变化。生活无时不变即生活无时不含有教育的意义，因为生活中不断有摩擦矛盾才让生活具有了教育意义，例如，受过某种教育的与没有受过某种教育的，在生活中产生摩擦，就会引起生活的变化，便发出生活的火花，这种火花就是教育的火花；

发生的生活变化，就是教育的变化。因为生活无时无处不在，生活的矛盾变化无时无处不在，生活也随时随地发生着教育的作用。生活伴随人生始终，教育也伴随人生始终。因此，他鼓励人们要积极地投入到生活当中去，在生活的矛盾与斗争中去选择和接受"向前向上"的"好生活"。陶行知始终把教育和生活联系起来进行考察，认为生活与教育是同一个过程，他强烈批评以书本、以文字为中心的"老八股"和"洋八股"，主张"用生活来教育"。甚至认为，生活决定着教育，教育改造生活，推动生活的进步。基于真实的现实生活的教育才是真正的教育。陶行知继而提出"社会即学校"的观点。他认为，社会本身就含有学校的意味，整个社会是生活的场所，亦即是教育的场所，学校的一切应该延伸到大自然里面去，让学生自由翱翔，成为适应社会生活、融于民众之间的有用的人。他认为凡是社会生活中的一切场所，如马路、弄堂、乡村、工厂、店铺、监牢、战场等，都可以成为教育的场所。把整个社会作为学校，教育的材料、教育的方法、教育的工具、教育的环境都可以大大增加，学生、先生也可以增多。他所创办的晓庄师范就是这样的一所学校，受到了农民的广泛欢迎。

陶行知提出生活教育的"教学做合一"的教学方法。他认为"行是知之始"，行（做）是知识的重要来源，也是创造的基础，只有在真实的情境中动手尝试，才能获得真知，才能有所创新。他要求"有教先学"和"有学有教"，即教人者要先做好学生，把所教材料弄得清楚明白，"以教人者教己"是他在晓庄师范学校推行的根本教育方法之一；会者教人学，能者教人做，他在工学团创造并推行"小先生制"，让上学的小学生教不识字的儿童、成年人甚至老年人读书识字。他反对注入式教学，指出教服务于学，教、学又是服从于生活需要的，而以教师的教和书本的教为中心的注入式教学法完全不顾学生的学和社会的需要。

陶行知重视创造力的培养，他提出通过"六大解放"来培养儿童的创造力：一是要解放儿童的头脑，把儿童的头脑从迷信、成见、曲解、幻想中解放出来，大胆地想象、思考和创造。二是要解放儿童的双手，让儿童的双手在大脑的指挥下大胆地去干，大胆去动手，大胆去创造。三是要解放儿童的嘴，让儿童大胆地讲，大胆地提问和表达自己的思想。"发明千千万，起点是一问"。四是要解放儿童的空间，让小孩从教室、校园中解放出来，到大社会、大自然、大森林中扩大认识的眼界，以发挥内在的创造力。五是要解放儿童的时间，让儿童有自己的时间去创造。六是要解放儿童的眼睛，让儿童自己观察自然，观察社会，培养观察力。

（五）苏霍姆林斯基的教育理想国

苏联著名教育理论家和教育实践家苏霍姆林斯基创造性地将"全面发展""和谐发展""个性发展"融合在一起，提出了"个性全面和谐发展"的教育思想，并在帕夫雷什中学践行了他的教育理想。苏霍姆林斯基在自己所领导的那所普通的农村十年制学校——帕夫雷什中学进行了长达30年的"教育实验"，他既是校长，又是任课教师，还当班主任；既是教育实践家，又是教育科学研究专家。这让他得以全面考察教育现象，把学校工作中错综复杂的现象放到相互联系、相互渗透的关系当中进行综合的研究。他的教育著作，既有鲜明的观点和理论的高度，又有大量生动活泼的事例，被人誉为"活的教育学""学校生活的百科全书"。

苏霍姆林斯基把学生的人生幸福、精神丰富作为教育的出发点和归宿，他推行公民精神教育，让学生学会心中有他人、以德报怨、热爱劳动、善良仁爱以及与坏人坏事做斗争。他带领学生去郊游，一课一课地把孩子们领到大自然之中，跟孩子们一起学习用词语表达事物和现象的细微差别，孩子在大自然的游学中学会了观察思考和连贯地表达思想，思维和情感达到统一。他不仅自己身体力行，还引领教师进行深入儿童思维奥秘的集体科研活动，上游览课，编写上游览课的书籍，到大自然当中寻找智慧的源泉。

苏霍姆林斯基善于捕捉每一个教育现象，然后开展研究，再实施智慧的教育。针对学生智力发展的不平衡，他提出学校要达到三项具体要求：一是让每个学生都有一门特别喜爱的学科；二是让每个学生都有一项入迷的课外制作活动；三是让每个学生都有他自己爱读的书。阅读和劳动在帕夫雷什中学得到无与伦比的重视，苏霍姆林斯基认为课外阅读是"智力生活的指路灯"、"智力发展的必要条件"、减轻学生课业负担的重要途径，只有阅读，才能让学生从"学习困难"中解放出来，获得学习的兴趣和智力的发展；帕夫雷什中学的劳动教育富有特色，这些劳动措施对学生具有极大的吸引力，成为发展智力和促进个性才能自由发展的基地，成为全面提高教育教学质量的有效手段。学生的养蜂小组，取得了比农庄一般产量高达10倍的蜂蜜产量；育种小组的学生，为全区培育了一种含蛋白质更高的小麦品种；有的学生在六年级就学会了果树嫁接的技术，连生物老师也为学生的创造性感到惊异。所有八年级学生都会操纵内燃机、微型汽车和摩托车，其中75%的人能够正式驾驶汽车和拖拉机，而九至十年级的学生都会开拖拉机。学生在劳动中掌握了劳动的本领，获得了劳动的智慧，也收获了幸福生活的要领。帕夫雷什中学让学生走上了成为幸福人的康庄大道。

同时，苏霍姆林斯基以自己的研究成果，给教师提出大量宝贵的建议，如"没有也不可能有抽象的学生""教师的时间从哪里来""一昼夜只有24小时""'两套教学大纲'，发展学生思维""怎样使检查家庭课业成为学生有效的脑力劳动""不要把学习之母变成后娘"、"怎样检查练习本""不要让能力和知识关系失调""阅读是对'学习困难'的学生进行智育的重要手段""怎样发展儿童的思维和智力""怎样培养记忆力""怎样培养脑力劳动中的自我纪律""要思考，不要死记""要让学生掌握学习的工具""谈谈教师的教育素养"等，先进的教育理念跟鲜活的教育案例融合在一起，他把教师也带上了教育研究的幸福大道。

古今中外著名教育家所建构的教育"理想国"，各有不同，各具特色，深入分析，基本上具备以下几个方面的特征。

一是理想化特征。理想是出于对现实的洞察和反思，柏拉图目击了雅典体制的反复和价值观的混乱，尤其是自己的老师苏格拉底受审并被判死刑，让柏拉图意识到要杜绝世间的罪恶，就必须由正确的哲学——"善念论"来统领国家。人的天赋素质的差异，必须通过教育来实现转向，这个艰难的素质提升过程，必须有合适的教育课程和教育方式来培养。孔子认为礼崩乐坏的社会需要靠培养懂"仁""礼"的君子来重建，因此他致力于培育和扶持君子。尼尔感受到大人的意愿对孩子的控制和误导，认为望子成龙的父母或自以为是的教育者的刻意智慧只会造就一些机器人，因而提出与其培育不快乐的学者，不如培育快乐的清道夫的大胆想法，在夏山学校推行一系列打破常规的教育方式，帮助孩子重获自由、自信，在自己治理自己的过程中学会了自觉与自主。陶行知对教育脱离现实生活、学校教育脱离生活教育的状况深恶痛绝，对不顾学生和社会需要的注入式教学进行了深入的反思，提出"生活即教育""社会即学校""教学做合一"的教育理念，并身体力行地推动教育改革，实现了普及民众教育的理想。苏霍姆林斯基深入体察每个孩子的发展需要，敏锐地觉察后进生的内心渴求，探索出科学而又不囿于常规的教育方法，寻找到一个又一个培养个性全面和谐发展的"秘诀"。理想源于现实，而又高于现实，这是建构教育理想国蓝图的根本要素。

二是疆域性特征。实现理想，需要具备相对独立的空间，这是建构教育理想国的基本条件。柏拉图的理想化教育，是基于建构他的理想国，而理想化的教育同时必须基于理想国，其中柏拉图学院也是属于他自己的理想教育

王国。孔子推行理想教育借助的是私学，私学也是他跟三千弟子一问一答、因材施教的传道授业与解惑的天地。尼尔打造的特立独行的夏山学校，就是他实现教育理想的独立空间，在这里，孩子再也不会受到来自家长和老师的特别的关心和指导，不会感受到大人的权威和老师的憎恶，可以获得决定自己成长的方式和时间……陶行知推行生活教育的理想空间是在浙江创办的晓庄师范学校，在上海成立的工学团，在重庆创办的育才学校。晓庄师范学校充分体现了陶行知的"社会即学校"的观点，以社会为学校，学校与社会打成一片，不论校内还是校外的人，都可以做师生，大千世界是课堂，万物变化是教科书，男女老少既是先生又是学生，晓庄师范学校跟周边的40多个村庄连在一起，真正和农民及社会达成了一片。苏霍姆林斯基实现理想教育的空间是帕夫雷什中学，在这里，学生的公民精神、道德情感信念、社会定向都得到很好的培养；在这里，阅读成为通向智慧的通途，劳动让学生获得幸福，大自然成为学生提升情感与智慧的源泉；在这里，河边、森林、果园成为师生游学描摹的天地，一丛玫瑰、一只云雀、一片火红的天空、一道美丽的彩虹……都成为师生学会观察思考和连贯表达思想的对象。在大自然里，思维与情感获得了真正的统一。

三是对象性特征。对社会（或理想社会）中的特殊对象进行教育和转化，是推行理想教育的核心要素。柏拉图从"善理念"出发，认为人的一切知识都是由天赋而来，以潜在的方式存在于人的灵魂之中，因此，只要对公民从出生开始，进行教育和实践的双重考察，就可以分辨出其天赋素质的优劣，以确定公民进入哪个阶层。柏拉图曾设想在理想国建立之初就把所有10岁以上的人遣送出国，因为他们已受到旧文化的熏染，难以改变。他给全体公民设置了层次分明、严格训练和丰富的教育课程，教育内容要经严格选择，确保每一个公民从儿童时代开始就要循序渐进地接受从音乐、体育、数学到哲学的终身教育。孔子从"性善论"出发，认为人人可受教育，因而可以做到"有教无类"，他的教育对象是平民，对平民进行"因材施教"和启蒙教育。夏山学校的创办人尼尔主张孩子的本性善良、聪明和实际，为孩子营造了没有任何大人干扰的完全属于孩子自己的学习和生活世界。陶行知以改造农村为己任，通过培养真人（"千教万教教人求真，千学万学学做真人"）以改造社会，开辟了属于农民、属于百姓的跟生活内涵等深、跟生活外延等宽的广阔教育天地。苏霍姆林斯基的教育对象是处于身心快速成长的农村中学生，在长达35年的教育生涯中，学生是他教育和研究的全部。

四是目的性特征。从教育理念出发，教育的出发点和落脚点是促进教育对象的自由而全面发展。柏拉图的教育设计目的是为他的理想国培养合格的公民,孔子的教育目的是要培养从政的君子,而君子必须具有较高的道德品质修养,所以孔子强调学校教育必须将道德教育放在首要地位。尼尔的教育目的是让孩子以自己的方式,实现全面自由的、自主自觉的发展。陶行知的教育目的是培养一批具有农夫的身手、科学的头脑、改造社会的精神、健康的体魄和艺术的兴趣的乡村教师,然后让他们去办乡村学校,以乡村学校为改造乡村生活的中心,乡村教师成为改造乡村生活的灵魂。苏霍姆林斯基在《帕夫雷什中学》这部总结自己30多年普通中学教育工作经验的著作中,对此进行了全面深入的阐述:"学校教育的理想是培养全面和谐发展的人,社会进步的积极参与者。全面和谐的发展,意味着劳动与人在各类活动中的丰富精神的统一,意味着人在品行上以及同他人相互关系的道德纯洁,意味着体魄的完美、审美需求和趣味的丰富及社会和个人兴趣的多样。能力与需求的协调赋予人充实的精神生活,可以使他体会和感受到其中的幸福。和谐的发展意味着人显示为:第一,是社会物质生产领域和精神生活领域中的创造者;第二,是物质和精神财富的享用者;第三,是有道德和文化修养的人,是人类文化财富的鉴赏者和细心的保护者;第四,是积极的社会活动者、公民;最后,是树立于崇高道德基础之上的新家庭的建立者。"[①]

三、 成长案例: 我之所遇

"我之所遇"案例所讲述的是我在以往的学习经历中所遇到的我认为接近理想化的教育情境,其中有点燃我的生命火花的良师,有让我倍感生命之美好的学习氛围,有引领我追寻教育理想的种种"偶遇"。也许,日常生活的过程平淡且漫长,在每一个人生阶段中出现的人和事,多如牛毛,大多都已消逝在时光的隧道之中了。但无论怎样,满天的繁星总会有几颗特别明亮、闪烁得特别活跃的星星,无法磨灭在记忆长河中,当时情动于衷便随手记录下来,今天看来,即便是一篇小小的文章、一个小小的故事、一段微不足道的生活片段,教育的理想之美也蕴含其中,让人沉思其中,不由自主地探寻蕴藏于其中的教育理想国。

---

① 蔡汀,王义高,祖晶. 苏霍姆林斯基选集:第四卷[M]. 北京:教育科学出版社,2001:13.

（一）永远的方老师

遇到方老师，是我刚刚考上县重点中学的时候。方老师教我初一和初二的美术。遇到方老师，我正处在黄毛丫头的年纪，虽然考上了县唯一的重点中学，但由于性格内向不善交往，缺乏角色认同，懵懂茫然。自从遇到方老师，我的生命得以瞬间敞亮，我对自己有了一种全新的认识——我原来是一个有天赋才能的人；似乎看到了自己的人生方向——将来我也可以成为某某家。我感觉到自己在同学心中的分量和位置，因为多次上台领奖，我成了老师和同学心中的那个"画画很棒的女生"。我的性格变得开朗了，脑子也开窍了，学习变得容易，朋友也多了起来。在那个患近视眼的人并不多见的年代，我终于能够戴着近视眼镜大方地走在路上了……读高二那年得到方老师突然去世的消息，我难过了好长一段时间，总想把跟方老师学画画的那段美好人生经历写下来，但因为种种原因无法达成心愿。就这样过了许多许多年，直到有一天我教孩子们写一篇主题叫"我最敬佩的人"的作文，才又动了心思，把心中一直惦记着的方老师写了下来。

永远的方老师

教室里出奇地安静，大家目不转睛地注视着讲坛上的方老师。方老师正在黑板上给我们示范作画：腰板挺得笔直，双腿时而站直时而下蹲，右手利索地挥动着，在黑板上留下一根根线条……方老师当时在画些什么，我已记不清了，但他示范作画时的背影是如此清晰，早已刻进了我记忆的竹简，再也无法抹去。每逢想起方老师，这个情景就会一次次清晰地呈现在眼前。

方老师是县一中的美术教师，教我们的时候已经上了年纪。他身材高大，皮肤黝黑，长着长长的方脸，不苟言笑；方老师的身体总是保持挺直，冬天的方老师总是穿着一件灰色毛毡大衣，走起路来精神抖擞，步伐虎虎生风。不止一次听同学们私底下议论方老师，说他有军人般的威严，对他可是又敬又怕的样子。

有一天上美术课。方老师快步走上讲坛，炯炯有神的目光照例扫视着整个教室，全班同学霎时安静下来，等待着方老师一声洪亮的"上课"。方老师把我们的透视素描作业发下来，我分明地看到，我的作业纸上工工整整地打着鲜红色的"90"！我心里不由一阵欣喜，对于我而言，90分是一个可以登天的分数，它怎么可能落在我的作业本上？我不由得抬起头向方老师望去。只见方老师走下讲坛,右手握着两支碳素笔,快步朝我的座位走过来。他把笔送到我手上,说:"美好同学的透视作业完成得最优秀……"方老师后边的话我听得不大清楚了,只感到心跳得厉害,脸热辣辣的,手足无措地站着。一切如同梦幻般的不真实:我在家里排行老四,是个最不顶用最不起眼的角色儿,在学校也从不爱表现自己……我实在没有想到方老师竟会如此重视我这个毫不显眼的黄毛丫头,给我这么重的奖励。

从那天开始,我被方老师招进了学校美术小组。每个下午放学后,和10多个不同年级不同班级的同学一起,跟着方老师学画画。我记得,我们一开始画的是石膏像素描写生,画画用的都是碳素笔。

记得读初二那年,日本电视剧《排球女将》正在热播。大家对剧情如数家珍,对"流星赶月""旋转日月"等不断冒出来的"必杀技"津津乐道,尤其对小鹿纯子的"幻影旋风"扣球技术痴迷不已。我也不例外。一到下午的体育活动课,就直奔排球场,开始又一场的模拟战斗,往往连下课时间都忘记了。县一中不算大,但操场特别大,标准400米的跑道,操场里面分了南北两大块,一条校道从操场中间穿过。排球场在西南角,活动的学生很多,整个球场尘土飞扬。正打得热火朝天,方老师已不知什么时候出现在排球场边上。我瞬间意识到问题的严重性,赶紧丢下同伴们,跑到方老师身边,垂首听训。"你的参赛作品还没有完成呢……"方老师气喘吁吁地说。我大气也不敢喘,一溜烟地跑回画室。画室里静悄悄的,气氛严肃紧张。美术小组的同学全都在聚精会神地画着,只有我这只贪玩的"猴子",浑身上下都是泥沙,跟这静谧并充满庄严感的一切显得如此格格不入……我当时心里一直在纳闷着:这么大的操场,上千人在活动,跑步、篮球、足球、排球什么的,人声鼎沸,尘土飞扬,可视度并不高,嘿,这老方老师怎么可能找到我呢?可他偏偏找着我了!难道他真有千里眼、顺风耳?我对方老师越发地又敬又怕。

那次方老师组织我们集体参加县文化局首次举办的美术比赛。结果,我们的参赛作品都获了奖。我们县一中美术组可为学校争了光,连校长也亲临颁奖会场,跟我们参赛选手一一握手,连声表扬我们。那天,我们甭提多高兴多自豪了!我还第一次看到了方老师孩子般灿烂的笑容。好生新奇,方老师还叫人来给我们美术组师生拍了一幅彩色的"全家福"。方老师端坐在学生中间,笑得很帅气。我头一次感受到什么叫"幸福",是一种比家还温暖的感觉。

方老师离开我们已经21年了。他去世那年,我正在另外一所中学上高

二。接到方老师去世的消息,我痛哭不已。听说他是因为工作劳累死于脑溢血,死前还忙着学校的校庆筹备工作,直到深夜……

方老师永远离开我们了,消逝在时光的隧道中,可他依然活在我心中:笔挺魁伟的身躯、严肃认真的态度、和善爽朗的笑颜……我牢牢记住了方老师对我说过的话:做人要堂堂正正、一丝不苟,要做一个有追求的人,不要辜负自己的天赋才华……

师者如父母,方老师就是这样一位爱生如子的老师。也许,在一般人眼里,方老师只是一位普通的美术教师,但在我心里,方老师并不是一位普通的老师。他平凡而不普通,朴实而有华彩。他的教育理想和真诚呵护,照亮了学生的生命之路,在学生的心田播下了爱和智慧的种子,让他的学生在多年以后也成了他,他的人生追求也成了学生的人生追求。今天细细回想当年师生相处的情景,我发现,方老师的"不普通"主要体现在以下几方面:

第一,方老师能慧眼识珠。方老师教几个年级的美术课,要批改的美术作业自然不在少数,而他却能从一张普通的作业发现学生潜在的天赋才华。我至今还记得那次美术作业画的是什么,画的是一座不高的长方体小楼,要求画出它左右各条边线的透视线在地平线上消失的集合点,我按照老师的要求去画,同时也画出了自己的理解。小时候,我总喜欢一个人待在家旁小巷子里"盖房子"(就像现在的孩子叠积木或用乐高块组建城堡),小巷子的地面主要由我家建房子余下的碎砖和瓦砾铺成。我以我家房子为原型,材料是碎砖瓦砾,从一层垒到两层,有时候还能"建成"三层楼。对于房子的立体结构,我再熟悉不过,因而按照方老师提出的"近大远小""垂直的线永远都是垂直的"的方法画出房子的透视线,可谓不费吹灰之力,只是没有想到自己的作业竟能得全班最高分。方老师不仅给了我最高的分数,还对我实施了奖励——一句很有分量的表扬话语和两支碳素笔。这让我骤然发现了另一个"不平常"的我,骤然发现了自己在同学当中的存在与地位。方老师赋予了我全新的生命意义!从此,我的生命轨迹悄然转向。我还由此发现了一个真理,也许失败是成功之母,但从成功更可能走向成功。我在教育实践中充分运用这条我美其名曰"从成功走向成功"的"真理",扭转一个又一个众人眼中的"差生",扭转了一个又一个公认的"差班",使这样的"差生""差班"在一次又一次的成功体验中获得全新的生命动力,成为优秀学生、优秀班级。我始终认为,一个全新生命的真正开启,是其充分感受到了成功的高峰体验,获得了无与伦比的精神激励,潜藏在生命深处暂处沉睡状态的天赋才华得以唤醒，理想的翅膀因为获得鼓舞而得以舒展开来。

第二，方老师懂得孩子的心。孩子的最大心愿是被认可。我在小巷子里建的"小房子"往往会在一夜之间化为乌有，因为小巷子太窄，我倚墙而"筑"的小房子不仅无人欣赏，还会被视为孩子的恶作剧，因为它有碍于行走。尽管我花了心思去精心建造，到头来还是被人一脚踹掉，我常常为此苦恼不已。那张透视画，也许是我精心建造的另一所房子，它因为透视的合理而充满了立体美感，我为此自豪不已。这所"房子"的命运跟我在小巷子里建的房子截然不同，它不仅没有被"拆掉"，还得到了老师的高度认可和由衷夸赞。从此，这所纸上的"房子"成为我追求成功的原动力，它以及它合理的透视线就永远定格在我的记忆深处，时不时地跑出来告诉我科学与美感同在，也时不时地浮现在我眼前给予我奋进的动力。我相信，当时被选进美术组的同学，也有类似于我的经历和情感体验，要不然，为什么大家会那么快乐，那么自信，那么热爱画画？

第三，方老师懂得引领孩子。他为孩子们营造了一个充满爱的"家"，在这里，方老师是孩子们爱戴的家长，威严而慈祥。美术室仿佛是一块有着强劲吸引力的磁石，吸引着孩子一放学就奔向这里，连路过的学生也忍不住从门口、窗帘的缝隙往里面看。我经常看见从缝隙中望进来的充满好奇与羡慕的眼睛。美术室由一间普通教室改建而成，六七十平方米。里面井然有序地摆着一尊尊石膏像，主要有眼睛、嘴巴、耳朵等五官造型，也有少量整尊的石膏头像。我们从基础的五官造型石膏像素描开始，从造型到描线，方老师手把手地教我们，我们按方老师的指导竭尽全力地把画画好。方老师经常组织我们分享画作，沿着墙角把我们的画摆放一溜儿，让我们自己看，自己对比，然后说出需要努力的地方。分享是快乐的，我们又自信满满地回到自己的画架旁继续画。我还记得我第一幅参赛作品是画嘴巴的石膏像素描，今天看来再简单不过的石膏像素描，对当时的我而言却是极其伟大的作品，我再一次"见识"了自己的才华，方老师说得没错，我真的行！我相信美术组的同学也有着跟我一样的发现，要不然，他们怎么会那么用心地聆听方老师的指导？那么专心致志地画画？会画得那么好？

第四，方老师真心疼爱孩子。我相信方老师一定是一位杰出的父亲！偌大的美术室就成了孩子们的家，方老师是那个充满威严而又亲切的家长，学生就是他最疼爱的孩子，谁画得好了，偶尔会从方老师手里得到一颗糖。美术室是一个比家还温暖的地方，在这里，老师和学生亲密无间地相处，我从来没有听过方老师训斥过学生，也许近1.8米高的笔直身躯本身就充满了威

严感。在这里,孩子们亲密无间地相处,对画画的共同爱好让我们走在了一起,方老师的言传身教,嘘寒问暖,让我们懂得了在生活上彼此互相关心,在学习上互相帮助,在困难面前互相鼓励,在那个物资极为缺乏的年代,连自己最舍不得吃的食品都可以拿出来跟大伙分享。尽管偶尔有顽皮的同学不听指挥,溜号去玩不按时完成作品(我便是其中之一),方老师也是给予了极大的包容,循循善诱。

第五,方老师拥有高远的教育理想。方老师是何方人也,我至今尚不得知;方老师在学校任何种职位,我至今同样尚不得知。我只知道方老师做事情有板有眼,举止文雅,从容淡定,同时也充满威严感;我只知道,方老师工作很繁忙,学校大型的宣传活动都由他统筹指挥,他是学校师生颇为敬重的人物。他是在工作岗位上骤然倒下的。我听说方老师去世后,他的夫人依然保留着方老师生前卧室书房的布置;听说他有一个很优秀的儿子,有一个很幸福的家庭……方老师以自己对美术教育的热忱和工作的勤奋,成立美术组,通过自己的影响力,在学校设立了一个个美术比赛项目,组织学生参加校外的美术比赛,让学生在不断的获奖中赢得自信,绽放生命的精彩。美术组的同学因此成为学校人人羡慕的对象,美术室成为学校人人向往的理想天地……他为孩子们营造了一片追求人生梦想的"天堂",他让孩子们拥有了高远的志向和展翅高飞的翅膀。如果追寻方老师到底拥有什么法宝,能点石成金,照亮孩子的生命之路?我认为,方老师并没有什么神奇的魔法,有的是一颗追求教育理想的心,这让他看到了孩子,看到了孩子的天赋素质,基于孩子的天性和天赋品质给予真诚而恰如其分的教导。童年是心灵的故乡,而这一片小小的空间,永远成为我心灵故乡中那片充满温暖和温情的地方,它是具有童话般美妙色彩的教育理想国。

(二)那个静待花开的夜晚

那个静待花开的夜晚发生在我上高中二年级的时候,尽管距离今天已经有 30 年了,每每想起,那段学习的经历依然清晰可见,老师们的音容笑貌依然历历在目,成为我追求教育理想的又一段不可磨灭的重要经历,如今我把它记录下来。

发现整个学习环境和学习生活的骤变,是升上高二的时候,上课地点变了,老师全换新的,班主任是从重点中学——县一中调过来的潘老师,科任老师也有不少是从高校毕业分配来的大学生。

我们文科班教室的位置颇为独特，在学校门口那幢孤零零的门楼上。这幢两层高的门楼坐落在学校的西北角，横跨在学校正门大厅和体育器材室的上方，体育器材室这一边的地面比学校正门口高出大约1米，面对着学校的操场，操场不大。沿着体育器材室旁的一道狭小的楼梯，上到二楼，就是我们的教室。教室朝外是一排面朝马路的窗户，当然，那只是一条破破烂烂的尘土飞扬的泥土马路，通向尚未开发的东湖，我们不时听见从马路上传来自行车零件和铃铛的声响，这些声响实在影响上课，就算是关上窗户也抵挡不住。我们还因此传了一个笑话聊以自慰："这是谁的破自行车？除了铃铛，其他部位都响！"站在教室朝校内的窗户前，朝右看是学校主干道，每逢上下学就是学生黑压压的人头，朝左看是泥土地面的操场，正看是操场西边的排球场。我们可以整天听见学生上体育课和跑步的声音。这幢小楼与教学主楼（学校里唯一的一幢）隔着操场"遥相对望"，被美其名曰"西西伯利亚"。我们的教室没有走廊，走出正门口就是楼梯口，走出后门，就是班主任潘老师的单间宿舍。六七十平方米的教室挤着七八十人，天气晴朗还好，下课了我们可以下楼到操场的一角稍作放松活动，聊聊天，透透气；下雨天气，大家只好蜗居在教室里，无奈地听着风雨拍打窗户的声音，闷热得使人无法顺畅地呼吸；老师来上课，往往是踩着一脚泥巴……

但就是这样的一间极其不尽如人意的教室，成为我们充满快乐的学习天地。

也许是远离教学区和教师办公室，我们可以"独霸一方"，很得瑟地进行我们独特的学习。我发现课堂气氛也随着老师的改变而改变，老师们年轻充满朝气，全情投入，发音标准，声音洪亮，课堂语言生动，对学生充满了鼓励。我们不再呆板地学习课本里的知识，而是通过唱歌、阅读、实践体验等方式进行拓展性学习。班主任让班级团支部组织了登高活动，竹篙岭峰顶上团旗迎风招展，我们心潮澎湃高喊口号，却始终不敢站立起来，以防被猛烈的山风刮走，那场面庄严而有趣！英语刘老师把《闪闪的红星》电影插曲《小小竹排江中游》翻译成了英文歌曲教我们唱，这是我有生以来唱的第一首英文歌曲，于是，英语课霎时变得新奇好玩，那歌声、那旋律、那情景至今我记忆清晰。科任老师各有特点各有所长，地理老师憨厚斯文，课讲得清晰明白，从容不迫，似乎整个地球都掌控在他的手中；历史老师天生帅气，滔滔不绝，似乎古今中外的历史全都装进了他的肚子里；语文胡老师随性优雅，讲课的声音悦耳动听，念起课文来神采飞扬，写起文章来文采飞扬；数学张老师热情洋溢，板演精彩；体育老师动感十足，健壮稍胖的身躯总是那

么灵活;班主任潘秋是政治老师,是个身材瘦弱的白面书生,性格随和,幽默风趣,充满智慧。老师们还经常在我们教室楼下的排球场上打排球,健美的身姿,带有野性的打法深深吸引着学生的目光,那目光充满了仰慕!老师们就像是学生的大哥哥、大姐姐,师生经常打成一片。

记得高二的第一次期中考试,我的成绩竟不可思议、史无前例地排进了班里的第 11 位,得知成绩的那一刻我竟然不敢相信这是真的,我骤然发现了自己文化课学习的潜力。高一的学习可谓不堪回首,一来是自己中考因几分之差没考回重点中学,来到了这个毫不起眼的"附点"中学,还跟小学时那几个出了名顽皮不学习的老同学在同一个班里,心里甭提有多失落了。二来是高一考试的题目特别难,考的跟平时老师课堂上教的不一致,记得一次期中考试几乎全军覆没,班上全部科目及格的只有两个同学,每科竟然都没超过 62 分,偶有高分的都出自不是全科都及格的。高一的学习,给我的感觉就像是穿着"恨天高"走在极不平坦的地面上,不时崴脚,磕磕绊绊。我发现高二考试题目没有高一那么难了,全班同学因分数普遍提高而群情激动,备受鼓舞!也许是班主任潘老师看到了我学习上的巨大潜力,选我进入班委当上了学习委员,潘老师的那个跟教室一墙之隔、门洞相连的极其简陋的小卧室,也仿佛成了我们同学追求人生理想的"革命圣地",那是我们班干部组织会议讨论班务的地方,也是老师们跟我们谈论人生理想的地方,在那里,我知道了巴金、华罗庚、爱因斯坦……我对学习的热情从此一发不可收拾。那一年,我坚持每天中午和傍晚到紧挨着学校的教师进修学校画室中画画,素描、水彩与文化知识融为一体,每天的时间排得满满的。那一年,我的学习成绩却是最优秀的。

高二下学期学校新教学楼落成了,我们终于可以从"西西伯利亚"回到"中原故土",搬进了一个光鲜亮丽的大教室。班主任潘老师的宿舍还是在我们的教室旁边,潘老师还是日夜守护在我们身边。他安排同学们分工合作布置新教室,今天看来,他是把这个教室当作是我们的"家"来打造的。新建教学楼处于学校的东面,围墙依山坡而筑。新教室在新教学楼最靠东面的二楼,紧靠着杂草丛生的"围墙",这一段走廊除了班主任的单人宿舍,就是我们班教室,于是,我们也同样拥有相对独立安静的学习一隅。潘老师组织同学们捐献盆栽,很快,一盆盆形形色色的花草放了走廊靠外的满满一侧。潘老师也组织我们唱歌,他让宣传委员用大张的白纸抄写歌曲,红颜色的歌谱,黑颜色的歌词,利用团活动课教我们唱歌,至于唱的是什么内容,我已记不清了,但全班同学一起引吭高歌的情景却历历在目,充满激情、斗志,也洋溢着快乐的青春气息。记得那年的中秋节，我们城里的同学有不少从家里带来水果、月饼，回到学校跟住校的同学一起过节。我们在操场上过的节，望着天空明月，我们唱起了《十五的月亮》《望星空》……

在我们的花草盆栽当中，有一盆形状奇特的花，潘老师告诉我们，这花叫作昙花。一天晚自修，我们全班同学静静地自习，班长和几位男同学悄悄地把这盆昙花搬进了教室，放在讲台上。这昙花不知道什么时候长出了很大的花蕾，一副含苞欲放的样子。我们心情激动，即将共同见证"昙花一现"的奇特自然现象！潘老师照例站在教室门口，静静地看着我们，眼神充满了柔和的色彩。整个教室安静、祥和而又暗藏着无比的喜悦和巨大的欢乐。微笑洋溢在我们师生脸上。我们会心一笑，继续静静地自习。不知道过了多久，有同学轻轻惊叫："看，花蕾打开了！"嘿，真的，整个花蕾似乎长大了一倍。在晚自修即将下课的那一瞬间，昙花骤然开放，我仿佛听到了它鼓足干劲奋力开放的声音。花盘整个儿打开了，足足有海碗口那么大，仿佛一股灵仙之气从洁白的花瓣中倾吐而出。教室一片沉静，大家似乎早已被充满灵性的花的奇异绽放方式惊呆了，良久才爆发出一阵阵欢呼。

那个师生共同静待花开的美好的夜晚，就这样永远留在了我的记忆深处。

那个师生共同静待花开的美好夜晚的产生，并非偶然，而是诸多因素的积聚，有着厚实的产生基础，既是一次师生与昙花的美好邂逅，又是一场师生和谐共处的情感体验；既是一幕人间美好情意的流露，又是师生心心相印的浓烈情感的喷涌。因为，这个情感积聚的过程与迸发，符合教育的理想状态，这也是一个教育的理想国。

第一，理想的教育源于现实，而又高于现实。充满创新想法的教师与充满成长期待的学生的相遇，似乎是偶然的，而故事的真实就在于它存在于现实生活之中。那时教师的教学环境并不好，学生的学习环境也不佳，而让这一切发生质的改变的，显然不是物理环境，而是人的因素。我高二这一年的学习体验，可以说是前所未有的。在强大的教育体制面前，学生往往成为被动接受的弱势群体，学生会跟怎样的教师不期而遇，往往会决定着学生被引领的方向。可以说，学生是有理想的，关键是他们会得到何种指引，这指引便存在着高下之分。如果说我高二所遇到的学习体验是一种偶然的话，那就是适合的教师、适合的教法和适合的学生相遇在一起。然而，这绝非偶然。学生心怀着理想，不甘心让自己沉沦在极其不佳的求学环境中；教师们也心怀理想，不甘心重复着往日的教育旧故事，他们这样想着，也这么积极地探

寻自己和学生的出路了。这个班的老师来自不同的地方，但他们有一个共同点，就是年轻有为，执着追求教育理想。他们对工作充满热情并全身心地投入，能平等对待每一位学生，对学生充满爱和友善。这让他们的教育思想和教学行为不流于俗套，以往沉闷的教学郁郁之气一扫而光，超脱了现实，充满了蓬勃生机和理想化色彩，而这正是期盼着实现理想的学生所极其渴望的。这样的教师，这样的学生，因为各自怀揣理想，他们在现实中的相遇却能超越现实奔向理想的境地。事实证明，成功必然属于这样的师生和这样的相遇，两年后的高考，他们打了一个漂亮的翻身仗。

第二，理想的教育往往拥有相对独立的空间。相对独立的空间包括物理环境空间和人文环境空间。"西西伯利亚"教室条件艰苦异常，却给予师生一个"得天独厚"的教学环境。由于远离教学与行政区，师生获得了创新教与学的机会，他们不按常规"正儿八经"地"坐学"，而是通过唱歌、实践、体验等方式学习；他们没有被束缚在"凝重"的应试氛围中，而是通过讨论、切磋、分享，甚至是聊天的方式推进学习。恰如《陋室铭》名句"山不在高，有仙则名。水不在深，有龙则灵"，如此陋室却因为一群渴望体验成功的学生遇上一群怀揣梦想的新教师，一切都变得如此妙不可言。新教室让具有创新精神的班主任营造得如同温暖的家，绿意葱茏的"家居布置"，配合默契的"家庭成员"，温情脉脉的"家庭氛围"，让"那个静待花开的美好夜晚"由梦想天堂降入凡间，浸润每一位学生的心田，永远定格在生命最深沉的云室之中，总在不经意之间给予生命前行的坚韧力量。理想是高远的，当现实浸染了理想，现实就会成为唤醒人沉睡着的原始生命的最为真实的"惊异"。

第三，理想的教育对象往往充满着爱与幸福。教育因为教育对象而具有了存在的意义，教育又因为能够发现与呵护教育对象的天赋潜能和发展欲望而具有了存在的价值。相对于考上重点高中的学生而言，这班学生的人生拼搏之路会变得异常艰难，他们对未卜的前途是深感迷茫的，不甘心因此走上失败的人生，不甘心屈从命运的捉弄与安排，他们对改变命运、体验成功是如此渴望！然而，就是这样一群不被外界看好的学生，却被老师如此地看好与珍视，与其说他们是老师们尝试教育教学改革的"小白鼠"，不如说他们是老师创新教育教学探索的同路人。他们和老师一起，相互扶持，一路风雨也一路风景，始终坚定不移地携手同行在那充满荆棘、充满坎坷的探索道路上。他们似乎被老师哄骗进一个充满奇幻色彩的游戏的圈套中，忘记了自己的不优秀，对形同硝烟弥漫、枪林弹雨的应试战场的外面世界浑然不觉。给予教育对象的爱与幸福的正是这一群怀揣教育理想的新教师们，因为新（包括新毕业的和新调来的），他们犹如初生牛犊不怕虎，凭着自己对教育理想的满腔赤诚和不懈追求，硬是创出了一条令人意想不到而又令人振奋不已的新路子，让教育对象备受呵护和感染的同时备受激励与鼓舞。对理想教育的共同追求让师生产生了核磁共振，在这样的教与学的氛围中，学生个个都像是"打了鸡血"一样全身心投入到学习中，他们相信自己跟重点中学的学生并没有两样，他们如同一个个勇士雄赳赳气昂昂地翻山越岭，长途跋涉，一路狂奔，以力拔山河气盖世的勇气在高考战场中杀出重围奔向成功。

在那个静待花开的夜晚，我们师生共同见证了理想教育的巨大魅力。

（三）灵感在梦中降临

"灵感"是个舶来词，于五四时期被介绍到中国，由英语 inspiration（烟士披里纯）音译而来。英语 inspiration 指的是一种灵气；在希腊语中指"神的灵气"。《现代汉语词典》对"灵感"的解释为"在文学、艺术、科学、技术等活动中，由于艰苦学习，长期实践，不断积累经验和知识而突然产生的富有创造性的思路"。我至今仍不敢相信，自己曾经和灵感有过如此清晰、紧密的不期而遇，但是，灵感的确来过，在我思考得最深入、问题最不得其解的困窘的时候。我曾经在各级新教师培训的讲座上讲过这个例子，如今我把它记录下来。

1995 年，我离开家乡的市直属中学来到东莞，进入一所新建学校成为"开荒牛"，困难之多可想而知。由中学转教小学，是个多么艰难的转变过程！面对着比自己的身高矮一大截、一脸幼稚的"小不点儿"，我实在找不到跟学生平视的感觉。跟中学的课文相比，小学课文很短，可就是这一篇篇短小的课文，我反复讲，学生还是没学懂。一堂课下来，学生总是一脸的茫然、疑惑："老师，一篇这么长的课文，您怎么只用半节课就教完了？我们以前的老师可要教两三堂课呢！""老师，我们都听不懂您刚才所讲的。"对此，我也想不明白！在中学，我的语文课一直深受学生欢迎，连最不爱学习的学生在我的语文课上也会脱胎换骨，学得津津有味，我的公开课也是学校语文科组一致推崇的，我任教的班级成绩是年级中进步最快的，我本人也备受学生拥戴。在我自己看来，小学课文比中学的短多了，且知识浅显易懂，学生怎么会学不懂呢？我怎么就教不好呢！然而，一个个事实证明，我的确没有教好，在我任教小学的第一个学期期中考试，我班上学生的语文考得一

诗意同行：追寻教育理想国

塌糊涂，别的班没上 90 分的只有 5 名学生，而我的班上 90 分的只有 5 名学生。我苦恼到了极点。我意识到自己的教学方法不适合小学生，到了非转变不可的境地，除了转变，我别无选择，因为我首先就必须是一位合格的小学教师！转变的唯一途径就是学习，学习，再学习。我得通过学习弄清楚小学是到底怎样教的，于是我就虚心请教学校领导和同事们，时刻不忘偷师，不但看别人是怎样做的，还琢磨为什么这样做，甚至连别班老师批改的作业也不放过，别人都下班回家了，我还留在办公室里琢磨教案，比较并观摩作业。

也许是我的好学和积极进取打动了学校领导，我有机会参加 1997 年 12 月东莞市举办的为期一年的首批小语骨干教师培训班。培训班从知识讲授、实践操作等多方面培训小学教材教法。这正是我最需要学的。那时的学习真可谓是如饥似渴，因为不学还不知道，一学吓一跳，发现自己啥都不懂，要学的东西太多了！为了学到更多的教学技能，我主动提出帮授课的叶校长打印讲课稿，叶校长居然同意了，这让我喜出望外！手捧着叶校长那本厚厚的沉甸甸的手写教材，我忍不住翻阅起来，一个个教学知识和技能的讲解和分析，一个个教学案例及点评，是如此详尽清晰，我如获至宝！在培训期间，我利用每天午休和晚上的时间把手稿输入电脑，运用刚刚学会的输入法把讲稿一个字一个字地敲出来，即使累得眼冒金星也舍不得停下，因为我相信，手稿里一定有能够"对症下药"的良方，有可以帮助我消除困惑、解决问题的"武功秘籍"。于是，我白天在教师进修学校拜师学艺，晚上回到家就关起门来用心琢磨老师所教内容，苦寻解决日常教学问题的良方和秘籍。我用心学习，用心实践，再学习，再实践，如此不断地循环往复。有时为了想通透一个问题，简直到了废寝忘食、近乎痴迷的境地。我因此体验了灵感在梦中降临的奇遇。

灵感在梦中降临的奇遇发生在 1998 年，当时区教研员安排我上片区联合教研的大型公开课。选好执教的课文后，我照例全身心地沉浸于文本解读当中。作为一名中文系毕业的教师，我早已养成了文本细读的习惯，执教公开课，我希望自己能够做到不借助教参而是直面文本来找到教学内容。我随身携带课本，还特别准备了一个笔记本，随时把跟文本对话的发现记录下来。我走路的时候琢磨文本，吃饭的时候也琢磨文本，即使是夜晚睡觉，笔记本也放在枕头旁边，人虽然躺在床上睡觉，可脑子里依然琢磨着课文的每个段落、每句话。距离上公开课的日子一天天逼近，而我的文本解读还没有结束，因为文本的段与段之间的逻辑关系还没有彻底打通。那天晚上，我一直为打通文本逻辑某个关节而冥思苦想，时间不断流逝，在不知不觉之间，午夜已经来临，家人早已进入了休息状态。我内心焦虑，头痛欲裂，见夜已深，只好作罢，一合课本，上床睡觉。不知道睡着了多久，我竟然看见自己上课的情景，看见"我"正在神采奕奕地教学即将上公开课的那篇课文！"我"自信满满地讲课，流畅自如地跟学生互动，讲课的声音是那样的清脆悦耳……精彩的教学就这样一环扣着一环，清晰无比地呈现在自己面前，我无法打通的逻辑关节、我百思不得其解的问题统统迎刃而解！"一课终了，掌声响起"，我骤然从梦中醒来，望望窗外漆黑一片，正值黎明时分，刚才出现在梦中的教学情景依然清晰真切，我内心欣喜若狂，不敢怠慢，赶紧爬起床来，把梦中的教学环节记录下来，天亮后回到学校继续修改完善。结果，我执教的公开课一举成功。我感觉这一切太不可思议了。

　　进步和成功，让我忘记了培训和工作的所有辛苦，以至于在培训考核中我竟然以"优秀"的成绩结业。从中学语文教师转变为小学语文教师，我竟然足足用了3年时间。这3年时间的学习和实践可谓是废寝忘食，我终于从一名不会教小学的教师成为一名优秀的小学教师。

　　我成长的经历颇为传奇，从一名教得挺不错的中学教师，到骤然沦为一名屡战屡败的小学教师，再到杀出重围成为一名全国模范教师，这个过程充满沮丧、茫然、痛苦、不甘、奋发、拼搏……堪比凤凰涅槃，颇有被命运之神置之死地而后生之感。现在看来，那股支撑自己走出困境的力量也许就是潜藏内心深处的对教育理想的执着追求。

　　第一，追寻教育理想需要一颗纯粹的心。理想的教育总是隐藏在纷繁复杂的教育现象的背后，它需要你以一颗纯粹的心去探寻、感悟、发现。尼尔是纯粹的，他用毕生经营的夏山学校也是纯粹的，把所有的权威和功利都阻挡在校园之外，用放养的方式还原了孩子纯真的心灵，让孩子获得了自由、自觉的成长。陶行知也是纯粹的，他把毕生的精力都奉献给了改革中国乡村的教育事业，给我们留下了教育的本色，"千教万教教人求真，千学万学学做真人"的教育箴言脍炙人口。22年前的我，怀揣教育理想从边远山区来到改革开放的前沿，面对着陌生的环境、来自五湖四海的同事、小不点儿的学生，我全身心投入了这一片教育沃土，全力以赴地适应新环境，掌握新教法，竭力把学生教好。那时，我并不了解小学的教育教学，包括教育方法、教学要求、教学策略等。中学的那套教育方法不管用，怎么办？我虚心向同事学习，俯下身来跟学生对话。中学的那套预习方法不管用，怎么办？我倚靠学生，做到不耻下问。中学的那套教学策略不管用，怎么办？我同样依靠学生,甚至把自己当作学生,让我的学生上台给我授课,这让我知道了小学原来需要教得很细很细,细到拼音、标点符号、词语、汉字、笔画。我重新拾起大学现代汉语教材,把模糊的地方弄清晰,把原本在大学里学得很不错的汉语拼音重新捡起来,纠正自己一不留意就会出错的个别读音。我每天练习绕口令,让自己的普通话更加标准、更加流畅。我虚心向同事请教,尽管我是学校唯一具有本科学历的教师。我谦虚地向他们了解小学教学程序、课堂组织策略、行之有效的教学方法,需要关注的知识点等,因为我知道,出色的前提是人格。我甚至做到了每天把教案写好,把练习出好,再由校长带本子回家给他的贤内助审阅,因为他的贤内助是我们区内一位很出色的语文教师。也许,就是这样的纯粹,成就了现在的我。

第二,追寻教育的理想需要无私的引领者。柏拉图有一位伟大的引领者,他是古希腊哲学家苏格拉底;亚里士多德有一位伟大的引领者,他就是《理想国》的构建者柏拉图。陶行知有一位伟大的引领者,他就是美国大教育家杜威(John Dewey)。我也有一位引领者,他在我心目中也有着极其崇高的位置,他就是原东莞市教研室副主任、原教师进修学校副校长叶宇琨,如今叶老已经80岁高龄,他依然关注着小学语文教育,依然关注着我的成长。跟叶老相识是在22年前的秋天,他来学校指导我上课,他亲切温婉的评课里暗藏着严厉的鞭策,给我留下了极其深刻的印象。后来我有机会拜他为师,一直跟随他学习小学语文教学。师傅待人真诚,治学严谨,无论在做人还是做事,都堪称楷模,在东莞教育界享有很高的威望。他桃李满天下,学生当中不少是东莞教育界知名的专家、领导、校长。我的师傅跟我一样,都是教育理想国的极其纯粹的追随者。8年前我成为广东省首批教师工作室主持人,师傅向我申请做我工作室的志愿者,他愿意跟我一起打造我的教师工作室。在他的引领下,我的专业突飞猛进,工作室的研究和培训工作也取得了卓著的成效。很难忘记在2010年10月,工作室迎来了首批学员,师傅曾经一再叮嘱,让我把做好的培训计划拿给他看看,因为他担心我这个培训新手会因为没有经验没能做好培训而砸了名师工作室的牌子。笨拙的我竟然在忙碌中忘记了给师傅审阅自己拟订的培训计划。那一天,师傅兴冲冲地来到我的工作室,我却因为过于专注于给广东省首批骨干学员做开题报告而没有发现他的到来。他给我留言,我愧疚万分,也感动万分。于是,写下了以下这篇博文。

小 插 曲

开题报告会完毕,回到跟电教室一墙之隔的工作室,我发现了桌面上的留言条,一看,好熟悉的字体,分明是我师傅的。赶紧看起来。以下是师傅给我的留言条,没有经过师傅同意,我擅作主张公布在我工作室的博客上。

阮老师:

今天下午,按计划我是来花园小学的,即使讲座延期,我也来看看,熟悉一下情况,看我可以帮忙干些什么。到了您的工作室,空无一人,玉阶空伫立。

自从您讲了名师工作室的计划后,我便决心尽一切可能协助您的工作,与您分忧,也可以展现我的人生价值,但是,看了您的《培训安排》,发现我并没有什么工作可做,因为一切都安排好了。真有点儿"乘兴而来,败兴而归"。

您忙,不打扰您了。

(祝:)

叶宇琨
10.12 下午4时

注:祝福语我暂时没看清楚,所以用( )代替。

看清楚留言条的内容,脑袋"嗡"的一下子炸开了,沮丧、懊悔、感动……五味杂陈,一下子涌上心头!

师傅心里全装着我,装着我的一切,他可以为我尽心,为我分担……而我却忽略了,我愧疚得要命!我怎么没有想到这一切呢?怎么没有想到师傅是个责任重如山的一个人呢?我怎么可以……当师傅来到我工作室,走进工作室,在详细地审阅我的培训日常安排表,在寻找我给他的工作安排,在痛苦地感受着我对他的忽略,在书写留言条,我跟他只是一墙之隔呀!我怎么可以没有感觉到这一切!我自责得要命!我仿佛看见,师傅一步三回头地离开,走出校门,步行到公交车站,上车,怅然地踏上归程,那一刻,我都在干什么呀!我懊悔得要命!

在我成长的日子里,师傅一直默默地陪伴着。我成功,师傅开心;我痛苦,师傅为我分担;我遇到难题,师傅为我出谋献策;我困惑了,师傅为我指点迷津;我偏差了,师傅悄悄提醒我,委婉地启发我纠正错误……十几年如一日。我请他吃饭喝茶,他总是拒绝我。他总是客气地说:"有时间来跟我聊聊天,我就很高兴了。"

我清晰地记得13年前师傅给我们上培训课的情景，是那样一丝不苟；记得师傅考核我们全班学员备课的情景，我紧张得手都发颤了；记得我备课考核拿到"优秀"等级的惊喜，50多位学员只有3人获得"优秀"啊！记得我帮师傅输入讲稿的情景，眼冒金星，打字的手却不敢停下片刻，我求知若渴啊！记得师傅跟我们上示范课的情景，面对三年级的小学生，他循循善诱，耐心启发；记得师傅骑着自行车风雨兼程、风尘仆仆地赶来学校跟踪听课指点的情景，他总是悄然走进课室，认真听课，课后细心指点；记得师傅在培训肄业典礼上做总结发言的情景，他背诵保尔·柯察金的名言表明心志："……一个人的生命应当这样度过：当他回首往事的时候不会因虚度年华而悔恨，也不会因碌碌无为而羞愧！"记得师傅指导我备课参加全市阅读教学比赛的情景，他尊重我的思考，指点迷津。我记住了师傅的叮咛："踏踏实实地教语文""理性地看待问题""遵循语文教学的规律""要关注学生的成长""教是为了用不着教""千万要注意休息"……可是，我怎么记不住师傅说过的他可以为我分担一切的话，也许是潜意识中总有一种唯恐师傅受累的担忧，因为师傅年岁大了，我不忍心……

师傅从来不曾指责过我，如果有，就是我从他昨天给我留的字条得到的感觉。他从来不会直接指出我的错误，他会这样说："有的老师对这个问题是这样处理的……""我有个这样的想法，不知道是否可行……"有时他会拿本书或刊物中的文章或片段，让我自己看，他默默地坐在一旁看着我，当我有所思、有所领悟时，他便会露出欣慰的微笑，就像慈祥的父亲，看着孩子渐渐长大了一样。

师傅于1998年12月培训完我们市首届小语骨干教师不久就退休了。10多年来，他一直退而不休，到各个镇区的学校指点教学教研，整理自己的研究成果，出版《耕耘之路》《伏枥集》等系列专著，手把手地指导青年教师成长……师傅从来不言累、不言苦，他生病住院了也从不告诉我，问起他的病情，总是轻描淡写，生怕我们担心。师傅跟我说得最多的是他读书的快乐、研究的快乐、下乡指导的快乐、外出旅行的快乐……

10多年来，师傅总是一丝不苟地指导我修改论文，圈圈点点，写写画画，论文稿上写满了修改建议，连字词标点都从不会忽略，此外，还另外用纸书写详细的修改建议，细致、周到、坦诚……

师傅就是这样，陪伴与启迪着我成长。师傅淡泊名利，宽以待人，严于律己，待人客气，平等、耐心，对教育事业执着追求。他是终身学习的典范，是潜下心来教学、静下心来育人的楷模。我从师傅身上得到的，绝不仅仅是专业知识与技能，更多的是专业精神和为人师表的素养。

虽然时至今日，我成为省市骨干教师培养对象的培训者，却依然从师傅身上汲取思想精华，听从师傅的教导。师傅是我的靠山，是我的灵魂支柱，是我前进的坚实后盾和无穷动力。

我是个多么幸福的人呵……

看到师傅的留言条，我自责、愧疚，但更多的是感动，是幸福。

第三，追寻教育的理想需要坚忍不拔的勇气。柏拉图追寻他的理想国，用了毕生的精力；孔子为实现"天下为公"大同社会理想，同样用了毕生的精力；陶行知为了追寻他的乡村教育理想，克服重重困难，也付出了毕生的心血。追寻教育的理想，的确需要坚忍不拔的勇气。在中学任教的第三年，在周边都忙着混战四方城的日子里，我觉得自己身处教育孤岛，四方城的氛围让我产生了深深的孤独感和恐慌感，我觉得这并非自己所要的教育生涯。我意识到自己的学识未必能应对未来教育工作的需要，在求学气氛并不浓厚的环境中，我选择了继续深造，开始了寒暑假奔忙的学习旅程。在华南师范大学中文系，我遇到了很好的导师刘炎生教授，他教我们现代文学史，虽然他有着浓郁的梅州方言口音，但他渊博的学识令我折服。刘教授在课堂上宣读我的作业片段，并告诉同学们"作业就要像阮美好这样做"，让我备受鼓舞。刘教授严谨的治学态度让我大为触动，我觉得他是一个值得信赖的人，在选择学士学位论文指导老师的时候，我毫不犹豫选择了刘教授。"要写好论文，必须把原著阅读20遍。"我认真执行导师的指令，用心把沈从文的《边城》读了20遍，我发现，每读一遍都有不同的收获，以至于撰写近万字的论文《论〈边城〉的审美价值》仅仅用了一天的时间。那时候没有电脑，全凭手写。我的学位论文竟然获得了94分，成为班里唯一可以参加答辩的优秀论文。刘教授也激动地表示，这是他任教以来给学生打出的最高分数，他说我比在校本科生还优秀。这篇学位论文发表在华南师范大学中文系的《语文辅导》上。此后，刘教授一直关注我的专业成长，要是我的论文写得好，就帮忙推荐发表；要是我的论文没进步，他也会明确指出："你是不是工作太忙了，近段时间的论文都没超越之前的水平啊！"我知道，刘教授的严格要求，让我不断地学习，深入思考，勇于实践，只有这样，我才可以不断地探索到教育规律，靠近教育真相。此后我风雨兼程，在华南师范大学先后完成了两年的"现当代文学批评"研究生课程，三年"小学教育"教育硕士学位课程。每每徜徉在华南师范大学的校园里，我都心怀感恩，华师让

诗意同行：追寻教育理想国

我如此地靠近我所追求的教育理想，让我充满了作为奋斗在教育一线教师的幸福感。因此，在华南师范大学教育科学学院完成教育硕士学位课程后，我写下了下面这篇文字。

攻读教育硕士的三年

三年前，为了突破科研瓶颈，我奋力考上了华南师范大学教育科学学院的教育硕士，开始了求学之旅。

尽管求学目的是明确的——学会做科研，三年的课程学习，无不指向这一点，到今天我才最终明白，逐渐走出混沌状态，真正学会做科研的，不是先前的模拟和练习，而是真刀真枪地做课题。尽管要推倒重来的痛苦令人难以承受，重新思考与组织论文的过程还是让我充满了欣喜，因为我终于算是弄懂了科研。记得三年前刘良华教授说过的话，意思大致是：最终选择做调查研究的肯定是大多数人，敢做行动研究的应该不多。当时我不信这个邪，教授的话反而激发了我做行动研究的欲望，我天真地想：有什么难关是我无法克服的？从开题报告开始，困难随着接踵而来，我发现自己思考问题过于粗糙，过于贪多求全，如黄甫全教授所指出的：你的好想法很多，这本来是很好，但你总想把它们糅合在一起，反而把最闪光的想法给淹没了，你必须从中提炼出最核心的想法。是的，近几年来，因为身兼数职，过于烦琐的工作几乎要把我压垮了，我逐渐学会了糅合处理，工作把我的思维方式都改变了，怪不得我的老师经常说我现在写的论文没以前的好，原来就是内容过于繁杂了，模糊了中心论点的确立与论证。包括做硕士学位论文初稿，我依然没有真正走出这个困境，但教授心细如发、缜密的科学思维在潜移默化地影响我，尤其是黄甫全教授和我的导师李志厚教授的细心指导，使我意识到，要真正学会做科研，必须转化思维方式，建立科学的思维方式。

攻读教育硕士的三年，我经历了几种角色的转换，从区属小学的一线语文教师兼主管教学与教育科研的行政（从教导主任到副校长），成长为广东省教师工作室、东莞市名师工作室主持人，从研究型教师转变为教育教学的引领者、教师专业发展的培训导师。角色的转变促使我从更高的层面、更广的视域考量自己的教育思想和教学行为。作为教育教学的引领者，我应该具备哪些方面的专业素质和能力？应该发挥哪些方面的作用？怎样才能发挥应有的作用？诸多问题，促使我深入思考。我庆幸自己并不是孤军作战，我拥有紧紧团结在我周围的学校语文教研组的全体教师，拥有由省市教学骨干组成的同侪研讨的专业发展团队。我庆幸，在探寻教育真谛的道路上，有一群志同道合者与我同行！我庆幸，我们的团队成员都具有共同的教育理想和教育激情、严谨的治学态度、正派的作风和一丝不苟的工作态度。我还庆幸，我有来自华南师范大学教育科学院的教授们的智慧支持！

当年毫不犹豫地报考华南师范大学的教育硕士，是出于我对这所高等院校深深的情感和信赖。华南师范大学是我成长的智慧源泉，1995年，我在这里完成了中文教育函授本科的所有课程，并以优异的成绩获得了文学学士学位，开启了我充满自信的小学教育之旅。2004年，我在这里完成了中文系"现当代文学批评"研究生课程，也以优异的成绩肄业，开始了我的语文教育改革之旅。每一次在华南师范大学进修学习，都让我的知识与智慧飞跃增长，我信赖华南师范大学，信赖这里的培训课程、培训方式，信赖这里的教授老师们，他们严谨治学，和蔼可亲，循循善诱。中文系刘炎生教授任教"现代文学史"课程，还是我做学士学位论文的导师，20年来，刘教授一直以自身的勤奋治学鼓励我，如父亲一样关心我的工作、生活和家庭，我们结下了不是亲人胜似亲人的深厚友谊。2009年至今，我又在这里攻读"小学教育"专业的教育硕士。每一次的进修，都让我在专业知识和理论研究上获得质的飞跃，点燃了我一个又一个的梦想，我成为一位颇受省市骨干教师拥戴的专业成长培训导师。做教育硕士学位论文的过程又成为促使我实现专业飞跃的契机！

学习做规范的课题研究的过程，困难重重！作为一个入门者，要清楚了解各种研究方法，懂得做研究的种种规范，能够清楚地确定研究课题，是多么不容易！这需要大量而扎实的理论支撑，需要掌握好每一门课的知识。每一个疑惑不解的问题都会让我产生如履薄冰之感，生怕没学好，没弄懂弄通。难忘做论文的每一个步骤：文献综述，开题报告，开展研究，它们如同一级一级的台阶，我得费九牛二虎之力才能登上去。每每遇挫沮丧之时，总有来自导师教授们的热情鼓励，让我重新鼓起攀登教育科研高峰的勇气！

感谢我的导师李志厚教授！李教授人如其名，憨厚仁慈，对学生总是耐心指导，循循善诱，他的指导方式是助人自助，授人以渔，他让我们充分认识到，没有经过充分的学习积累与实践思考，是无法实现思维飞跃的。

感谢黄甫全教授！他眉目慈祥但治学极其严谨，让人心生敬畏之意。感谢黄教授一针见血地指出我的论文存在的缺陷和问题，激发我反思的热情。

感谢王文岚副教授！在我心中，王教授是一位性格爽朗的西部女侠，她聪慧敏捷，话语直接，恨不得掏出一颗火热的心来，她的真诚时时感染着我，她的智慧时时启发着我。去年，广东省教师工作室主持人需要写"我的

教学风格"案例，我冒昧请她写一篇评价我的文字。我很快收到了王教授的文章，她还向我道歉，说是因为身体出了点问题耽误了，她的话语深深触动了我的心！她的文字乍一看来写得挺随意，但细读之，我发现王教授的文字是那么热情、严谨、明朗，文如其人！她对我的了解是那么深入，对我所从事的事业的了解是那么透彻。与其说是在谈她对我的印象，不如说是她对我的研究与指引！我由衷感谢王教授！

感谢曾文婕教授！她的课堂充满智慧与热情，让学生情不由衷投入其中，并为之深深吸引，受益匪浅。她不平凡的奋斗经历更让我们充满敬佩感，在我们心中，她不是人，是神！

感谢我的同窗好友！三年来，我们风里来雨里去，互相帮助，互相启发，患难与共，携手同行。每一次克服困难，我们都会好像小孩子一样欢欣鼓舞，每一次有新的学习发现，便会雀跃不已。

感谢我的家人！多年来，我全身心投入到教育工作和专业研修之中，家人无条件地支持我追求教育梦想，公公婆婆成为我的勤务兵，先生成为我的秘书、导师和心理辅导师，孩子成为我学习的同桌。他们是我克服困难、力争上游的坚强后盾。

我由衷感叹：山间穿行，一路有你……

第二章
探索：教育因人而存在

人是一个寓于世界万物之中、融于世界万物之中的有"灵明"的聚焦点，世界因人的"灵明"而成为有意义的世界。

——张世英《哲学导论》

一、人是什么样的存在

人是一种存在。

"存在"的古希腊语是 estin，含有"它是"或"它存在"等多种意思，英文的 being 可与它其中的意思相对应。根据学者的研究，estin 的词干 es 和 physics 的词干 cs 和 phy‐或 phu‐有着重要的关系，前者表示静态的确定的存在或事物（在、有），抽象的东西，如本质之类，而 phusis（nature 或自然）表示的则是变动不居的、生生不已的存在万物。

从物理学的角度，人是一种自然的存在物，是一种物体、一种物质。从生物学的角度，人是一种有生命的存在物，是一种生物、一种动物，是一种灵长类物种，从生物进化论出发，相对于其他物种，人已经进化为地球上的一种有智慧、能劳动的高等动物。《现代汉语词典》对"人"的本义解释为"能制造工具并使用工具进行劳动的高等动物"。从"存在"的两种紧密相关而有相对独立的意义而言，人是变动不居的、生生不已的存在物，即从"自然（nature）"开始的，包括"活着（live）"和"存在（exist）"。汉字"存"和"在"在古代用在人本身，也首先是指"活着"。金文"在"字本来象形为植物出土，表示生长、生命，然后产生一般的存在的含义。同时，

人又是表示静态的确定的存在或事物，人存在的形式分为男人和女人，因而，"人"既是实在的存在物，同时也是抽象的存在物。

人的拉丁文学名叫"Homo sapiens"，意为"有智慧的人"，那么，人到底是一种什么样的存在？要探讨人的存在，前提是把人跟人所存在的世界关联起来，从两者的关系中去探讨人的存在。

（一）人是世界万物的灵魂

自然界先于人而存在，人是自然界长期发展的产物。人的生存与发展都必须依靠自然界，都必须遵循自然界的客观规律。可以说，没有自然界，不遵循自然界的规律，人是不可能生存，也不可能发展的。大自然是人生命的起源，科学界已经证明，现代人类的祖先是生活于2 000万年前的古猿，古猿能够转变为人类，不仅仅通过生物进化而实现，而起决定性作用的是劳动。劳动促进了古猿的前后肢分工，使古猿的前肢变成了人手；劳动促进了猿脑的发育和语言的产生，使猿脑转变成为人脑。"首先是劳动，然后是语言和劳动一起，成了两个最重要的推动力，在它们的影响下，猿脑就逐渐过渡到了人脑；后者和前者虽然十分相似，但是要大得多和完善得多。"（恩格斯）劳动不仅促进了古猿类转变成为人类，而且让人类形成了错综复杂的社会关系和丰富的社会属性。①

全宇宙是一个整体，天地万物都处于普遍联系当中，是宇宙内部的相互关系、相互作用、相互影响的结果，"每一物、每一人、每一部分、每一句话、每一个交叉点都是一个全宇宙，但又有其个性，因为各自表现的不同的相互作用、相互影响的方式，或者说，各以不同的方式反映唯一的全宇宙。"② 世界万物存在于或远或近，或直接或间接的关系当中，彼此依存，水乳交融。人和世界万物共同存在于一个全宇宙里，人无法离开这个世界而单独存在，就像鱼儿离不开水、鸟儿离不开天空一样。婴儿一出生，就因为单纯的生存需要而开始了跟周围环境相处的天然学习旅程。人在探索与环境相处的过程中，逐渐学会把自己跟周围环境区别开来，自我意识由此产生。随着自我意识的逐渐增强，人与周围环境的相处就不再仅仅为了单纯的生存，而是满足自己日益增长的情感归属和自我实现的需要，乃至于道德情操和审

---

① 王孝哲. 马克思主义人学概论 [M]. 合肥：安徽大学出版社，2009：1-10.
② 张世英. 哲学导论 [M]. 北京：北京大学出版社，2016：35.

美意识的发展需要。对于每一个正常人而言，都会或早或晚，或多或少思考这些问题：我是谁？我是怎么来到这个世界的？这是一个怎样的世界？这世界上都有什么？我会在这个世界上遭遇些什么？我应该怎样生活在这个世界上，应该怎么跟这个世界相处？

人是一个有限的物质存在，因此，人对无限充满了向往与追求。人类的童年时代，我们的祖先面对着浩渺无比的世界和变幻莫测的自然现象，用神话、传说故事或用宗教去解答内心的疑问，追寻自己的梦想。如今，人类社会已经进入高速发展的阶段，他们用科技与文明去解答人类祖先的疑问，用科技与文明去实现人类长期以来所产生的一个个梦想。

"人不同于物的地方在于人这个聚焦点是'灵明'的，而其他万物则无此'灵明'。"① 因此，离开了人，自然界本身不存在任何的意义。人与世界万物不同而相通，相通的根本前提在于人与世界万物沟通的心意。如果没有人跟世界万物沟通，整个世界就是毫无意义的漆黑一团。哲学家张世英认为，在这个意义上说，人与世界的关系就是血肉相连的关系，"没有世界万物则没有人，没有人则世界万物是没有意义的。人是世界万物的灵魂，万物是肉体，人与世界万物是灵与肉的关系，无世界万物，人这个灵魂就成了魂不附体的幽灵；无人，则世界万物成了无灵魂的躯壳……世界是无意义的。"② 人是世界万物的灵魂，因为有人的存在，世界万物便因此被赋予了各种称谓和意义。而开启人类智慧大门的钥匙，正是王阳明所说的"人心一点灵明"，即人与世界万物相契合的心境或境界，人对世界万物的一个个"惊异"，让平常事物的新奇魅力不断得到发掘。

（二）人在与环境相处中成长

自然界先于人类而存在，周围环境也先于人而存在，人一生下来就开始了跟环境相处的生命历程。天地万物对于初生婴儿而言，并不是被凝视、被认识的对象，而是必然迎头遇上的、必须与之短兵相接并且沉浸其中的周遭环境。世界万物以自己的姿态呈现，与人息息相关却无须对人言说。人生之初，对天地万物所进行的不是认知而是打交道，是使尽浑身解数地学习如何与之相处，以让自己得以存活下来，处在此阶段的人，如同在黑夜里孤身探

---

① 张世英. 哲学导论［M］. 北京：北京大学出版社，2016：68.
② 张世英. 哲学导论［M］. 北京：北京大学出版社，2016：3.

索,匍匐前行,趋光而走。从黑暗到光明,从模糊到清晰……可谓历尽坎坷与挫折而又无法言说的缄默的内在体验,即使有人在身旁无微不至地照料,但对于一个初生生命而言,这依然是一个相当漫长的孤独的奋力探索的过程。当人跟周围环境相处逐渐从混沌到明朗,人的自主意识便得以产生,物我两分,人我两分,从自我的视角出发,关注自我体验及感受,人对周围环境的认识的欲望变得愈加强烈,试图触碰一切自己认为可以触碰的东西,拆解一切自己认为可以拆解的东西,摸索一切自己认为可以摸索的领域,总之,企图认识一切、了解一切、掌握一切。对于一个成长的生命而言,这是一个极其固执、不可理喻、百折不挠的求索过程,同时也是一个跟世俗秩序和规范产生强烈冲突的过程,处于这个过程的人,往往被称为"叛逆""逆反"。当自外而内的知识积累到一定程度,人的内在经验与认知便随之不断产生修改,人逐渐理解秩序与规则,逐步建立跟周围环境趋向一致的内在秩序与规则,人的外在表现便呈现为守规则并自觉地以规则去衡量周边的人和事,人变得"公正""无私"。同时,由于心理认同,周围环境对人的影响也逐步增强,"近朱者赤,近墨者黑"的规律变得越来越显著,或积极奋进,或退缩颓废,逐步形成个体之间的分水岭。世界不独立于人而存在,同样,人也不能独立于世界万物而存在。人是物质的存在,也是精神的存在。人的成长过程,也是其与世界万物相处方式的逐步变化过程,从寄寓依赖到摸爬滚打,从探索求知到知晓掌握,从物质需要到心理满足,从服从外部要求到聆听内心声音,从全力以赴与人合作奋斗到整个儿地反观自己的生命样态……这个过程,也是人的内在体验不断丰富、精神不断成长的过程。

那么,作为呈现全宇宙的"交叉点",人应该怎么跟这个世界相处呢?人是把世界万物作为自己认识的对象、征服的对象、实践的对象、使用的对象、占有的对象,还是把自然万物和他人看作是跟自己同样拥有独立自主的主体,在尊重自然天性的基础上又保持自己的个性,以仁爱的态度对待世界万物?中国古代道家追求的是朴素的"天人合一"境界,这个"天"是纯粹的自然之道;儒家追求的"天人合一"是服从道德意义上的秩序之道。犹太宗教哲学家马丁·布伯所追求的是回归人与上帝的"我—你"关系,这个"上帝"其实是人最本真的最直接的体验和内在的精神领域,是天性良知,是人格、精神,是没有任何中介阻隔其间的"我与你"之间的亲密无间的关系,也是人与世界万物相处的本真自然之道。马丁·布伯认为,人对世界万物的态度和关联的方式有两种,一种是"我—它"关系,一种是"我—你"关系。人生在世,总是处于这两种关系的穿插变换当中,当人把世界万物

(包括人与物)仅仅当作是凝视、认知、掌控和征服对象的时候,人与世界万物就处于"我—它"的关系,最终的结果也会把他人当作是他物来看待对待;当人把自己看作是跟世界万物共同处于一个宇宙,都是宇宙内部的一个组成部分,能够与世界万物对话并感悟其跟自己同样作为主体的存在意义的时候,人与世界万物就处于"我—你"的关系,最终的结果也会把他物当成是他人来看待对待。"我—你"和"我—它"的关系其实是概括了人对待他人他物的态度,也就是人与他人和他物打交道的方式,"我"与他人他物建立何种关系,决定了不同的人生态度、生活方式、人生境界。①

(三)成长案例:我之所为

1. 逃离幼儿园

我只上过半天幼儿园。

小时候,我几乎整天都是在母亲工作的街道居委会玩耍度过的。居委会处于居民区里面,是一座左右两边墙紧靠着居民房的平房。居委会前面是一条长长的街道(现在看来其实是一条非常狭窄的小巷),街道的两边都是平房。街道的东头拐向县城的主干道,西头通往河堤。居委会的后院是一家集体算盘厂,居委会的干部和员工大多时候奋战在算盘厂里。走出算盘厂车间后面的小门,就是一个向一个大水塘伸出去的用木板搭建的露天平台。水塘很大,围着水塘的都是民居的后院。早上雾气大,往往只能看到近处的水面,而对岸的民房大多都淹没在浓浓的雾气中,幽深的水塘因此成为我心目中神秘的国度,加上隔壁一位孤寡老奶奶突然在一天夜里穿戴光鲜整齐投进水塘自尽了,这更加增添了水塘的恐怖和神秘。"水里都会有些什么呢?"我常常对着青黑色的水面托腮发呆。小时候听长辈绘声绘色地描绘"天开门"奇观,每当夜幕降临,我凭栏仰望灰黑色的天空,幻想"天开门"的奇遇:一道电光闪过,天空突然打开一道门户,天兵天将骑着战马飞奔而出,个个神勇非常……当然,我至今都没有遭遇过传说中的"天开门"奇观。尽管如此,"天开门"仍然是隐藏在我内心深处的小精灵,夜深人静之际,偶尔出来遛一遛,也许,那就是对深邃神秘夜空的天然好奇和无尽思索。

母亲所供职的居委会在搬到居民区之前,是在狭小街道拐出去的主干道旁的两处地方,一处是生产小刀的小工厂,另一侧是在距离几十米的马路对

---

① 布伯. 我与你[M]. 陈维纲,译. 北京:商务印书馆,2015.

面的小刀营业部，母亲是小刀厂的出纳兼会计。在小刀厂里曾经有我的"百草园"，那是一个呈三角形状极其狭小的空间，只有三面围墙，里面有一个大缸，专门给小刀厂员工小便用的。里面无人的时候这里就是我的活动天地，芳草萋萋，偶尔开着几朵不知名的野花，这里的野草从来没有人修剪，长得老高，我几乎被野草淹没了，即使"百草园"里整天充斥着各种不知名的味道，有草的味道、墙角的霉味，还有从大缸里散发出来的尿味，也没法阻碍我跟墙角的蜗牛、蚂蚁、硬壳虫等交上好朋友，看着青砖墙壁上的蜘蛛和壁虎整天对抗着，有尾巴的没尾巴的壁虎多得数不过来。头顶上是一方蓝天，偶尔有白云飘过，很慢很慢的。看到母亲和同事们都在专心致志地忙活着，我好生好奇，常常拿着用不知名的野草编成的"伞"去搔母亲工友的鼻子，害得他们总是打喷嚏，我就会洋洋得意地大笑着跑开去，大家都叫我"野小子"。母亲把我送到外婆家管教，可外婆也管不着我，因为一转眼间我就溜到居委会的小刀厂营业部找母亲了。

不知道什么时候，母亲所在的居委会不再生产小刀改生产算盘了，厂址也搬到了狭长街道的居委会所在地，室内空间骤然变得宽敞了。一进居委会的大门，就是一个大堂，经常堆放着做算盘用的木材，木材垒得老高，几乎要到很高很高的瓦建屋顶了。在居委会后院看"湖"、用废料学着制作珠算盘、爬上木材"山"去摸屋顶、听母亲工友们互相调侃等，几乎成为我每天的生活和快乐所在。

谁知道有一天，不知道怎么的，居委会大堂右侧的空房子摆上了很多长条的桌凳，居委会所属街道的小朋友都被集中到里面，我也是其中之一，听大人说，我们要念幼儿园。那天上午幼儿园开园了，只见一位挺着大肚子的女教师走上讲台说话，也没有书本之类的东西，大家就这样光坐着听，我半天听不明白老师在讲什么，觉得很无趣，心里惦记着外面的世界，回想着"百草园"的各种植物和动物，还有混杂的味道；回想着大水塘雾气缭绕的充满阴森可怖的早晨，还有各家炊烟四起的傍晚；回想着那堆高高的木材"山"，我总有本事攀爬到最高的那根木条上，禁不住内心的阵阵得意……想着想着，就溜出幼儿园的房门了，一溜烟爬上了木材"山"。老师叫我回去，我拼命不肯，母亲的俩工友把我"抓"下了"山"来，要把我拉回幼儿园，我哭闹着硬是掰住门柱不肯进去。大家看到这个情形，也不再坚持了。于是，我又恢复了自由，爱玩珠算子就玩珠算子，爱发呆就发呆，爱爬"山"就爬"山"……尽管幼儿园经常传出伙伴们的读书声，我还总是觉得自己比端坐在教室里的同伴们开心……也不知道过了多久，有一天幼儿园出事了，那位大肚子女老师流了一地的血，居委会的员工都去抢救她，我母亲也在其中，可不知道怎么的，大伙又开始抢救我母亲了，因为我母亲在抢救女老师的时候，也昏倒了。就这样，幼儿园乱作一团，女老师生小孩去了，幼儿园从此再也没有了。

逃离幼儿园，并不说明我厌学，相反，我觉得自己是一个天生好学之人，无论碰到什么，都会细细琢磨一番。通过看大街上贴着的大字报，我认识了不少汉字；我能看懂县法院在大街上张贴的对犯人的审判令，知道当一个人的名字上面覆盖着一个"大红交叉"，这个人就已经被判处死刑，性命不保了；上小学后，通过自学感悟，在老师教导之前就掌握了书本上的汉语拼音，经常作为小老师带领同学们读拼音。我拒绝端坐在幼儿园里学习，这也许恰恰与人渴望跟大自然相处的天性需求相吻合。

首先，天赋自由，人对大自然存在着天然的向往。人对大自然的向往是与生俱来的，没有哪个小孩子不喜欢跟大自然接触；大自然的一草一物、大自然的风云变幻无不牵动着小孩子的心。与其说那弥漫在"百草园"的独特味道成为我永恒的记忆，不如说草虫村落的所有成员都是我的老师，从太阳花的开放与闭合，我知道了花与太阳的关系；从蜘蛛和壁虎的对抗，我知道它们其实更多的是战友、是同行，它们消灭最多的是我们共同的敌人——蚊子；从百草园几历洪水，我认识到草虫跟水之间的亲密关系，在大自然当中会被水淹死的东西其实并不多，倒是人经常面临溺水的危险。然而，当人长大以后，往往全然忘记了大自然曾经留在自己心头上的印记和地位。

其次，人渴求跟大自然亲密无间地相处。人离不开水，但人为什么不能在水里自由生活？水，是我最感神奇的东西，青黑色的水面下，似乎有无尽的生物，而我只能看到水边石缝里的无数小虾，水的深处是一个什么样的世界？其实，走到水塘深处，一直是我内心既感恐惧又无限渴望的。居委会大堂的木材听说来自遥远的乡下，从大河里放排而来，放排工人把一根根长长的木材搬上岸后，算盘厂员工马上用电锯将木材剖成一条条方方的木条，连同木皮一起运回居委会。方木条和废木料发出浓烈的木的香气，我可以感觉到潜藏其中的乡下特有的气息。乡下是我魂牵梦绕的地方，我无法看到真正的乡下，只能从每一根木料、每一个珠算子当中去感受，去想象，感觉那无疑是一个比"百草园"好玩上千倍的地方。

再次，人可以从大自然中获取智慧的源泉。大自然让我在尚未入学的时候就懂得了很多很多。母亲看我喜欢在木材堆上玩耍，就教我数数，说只要能数清楚有多少条方木条，就可以爬上去，因此，我很早就学会了数数，可

以一口气数到100；看我喜欢收集残损的珠算子，就教我整百地分开堆放，这样，我很快学会了数到1 000。上小学的时候，看到有同学在算十以内加减的时候还要掰手指头，甚至还得借助脚指头才能数数，我会觉得不可思议。我学着用算盘厂废弃的木料和珠算子，做成了大大小小好几个算盘，我上学用的算盘就是其中的一个，虽然它满是残缺，但它照样好用，跟同学在商店里面买的一样打得快，声音一样清脆悦耳。从废弃的木料皮上，我搜集了很多未干的木脂，装在小瓶子里用水泡上一段时间，就能自制出胶水，粘东西跟真正的胶水一样牢固。读小学阶段，我基本上没买过胶水。我还知道小泥鳅的生命力异常顽强，因为父亲会把坏掉换下的光管用水和沙子冲洗干净，装进小半管干净的沙子和大半管水，在里面养上一两条小泥鳅，还会放上一两根像天冬草一样的水草，挂在客厅四角。小泥鳅整天都在不停地游动，增添了客厅的生气。我知道在冬天里千万不要把脚伸向火堆炙烤，否则脚很快就会长冻疮。我还发现了农历七月七那天会有一个很奇特的现象，那天的河水似乎有治愈皮肤病的特效。每年到了那一天，家家户户，男女老少，人与狗都会下到河里洗澡，洗过之后，身上长的疮疖什么的很快便痊愈了。人们洗完澡后都会用玻璃瓶装河水回家，或泡药，或存放备用。奇怪的是，那天存放的水无论放多久都不会发臭变质，也不会长虫子。我还学会了钓水蛇，因为在炎热的夏天里，水蛇总喜欢把头伸出水面乘凉，一片树荫下，一根根直直的黑黑的貌似木棍的东西，其实就是水蛇。用一根绳子打一个活结，像抛圈圈一样，向那一根根"木棍"抛去，往往会套住水蛇，用力一拉就把它从水里扯上来，然后吓得哇哇大叫，赶紧逃命。在跟自然事物交往的过程中，我学到了知识，学会了学习，学会了做事，在一个个探险中学会了求生的本领，也收获了无数的快乐。

2. 家乡的河之"旱鸭子"救人

家乡有一条大河，自西北向东南流，最终流入大海，家乡的河名叫"江"，不叫"河"，人们从来不问为什么，也从来不说为什么。

大河把家乡的土地分成了两大块：河东与河西。我家在河的东岸，距离河边只有几百米的路程。河堤水边是我小时候玩耍的主要地方。夏天，当河水涨起来的时候，我坐在河堤树下看着沙船、货船来来往往，川流不息；秋天，天高云淡，河水水位逐渐下降，河面上渐渐地不再繁忙，我坐在河堤树下看日落，晚霞把河面、水上人家的船篷和炊烟染红了；冬天，河水干涸了，我常常跟着二姐涉水过河，走到河西岸的沙滩上挖河蚬，河水齐脚踝深，二姐用锄头在沙滩上轻轻拉过去，河蚬便纷纷从两旁的沙子里掉出来，落在浅浅的沙沟底部,我跟着沙沟把一个个沙蚬捡进盆子里。每一次过河,都有颇丰的收获。

只要天气适中,整日在河边混是少不了的,不是玩泥沙,就是捡河卵石,还有就是逗弄水边石缝里的小虾。

记得读二年级的时候,老师奖给我一只粉红色的塑胶笔盒,上下分为深浅的两个部分,打开来,就像两只独木舟,挺好玩。为了防止铅笔弄脏笔盒,我特意在它的底部垫上一层日历纸。下午放学了,我照例来到河边玩耍。那时正值夏天,大雨后的河水涨得老高,淹没了通下河滩的大部分阶梯,我蹲在河堤的石级上,看着起伏流淌的河水和偶尔漂过的几根水浮莲。水浮莲漂到乌篷船的船底下,触着了水泥船的底壁,打一两个转,又慢悠悠地漂走了。靠河岸的水似乎流得并不湍急,总有水浮莲在船底下打转。看到这样的景象,我突发奇想:我的塑胶笔盒不就是一艘小小的船吗?于是掏出笔盒,把笔盒的下半部分轻轻地放到水面上。只见笔盒在水面上一漾一漾的,我用手当"桨","小船"开始打转,一圈,两圈,三圈……得意间手不知怎的离开了水面,"小船"漂荡开去,我赶紧伸出手去抓它,哎呀,就差那么一点儿!我走下两级阶梯,竭力把手伸出去,"小船"却越漂越远了!我想喊:"快,把我的笔盒截住……"篷船上静悄悄的,应该没有人,我呆若木鸡地站在水里,眼巴巴地看着我的笔盒越漂越远了,它碰了一下船壁,打了几个转,"依依不舍"地离开了我。那天,似乎没有什么阳光,我踩在冰冷的河水里,阴沉沉的天,深不见底的河水第一次令我不寒而栗。

河水第二次令我产生害怕的是我遭遇溺水。那是一个周末的傍晚,姐姐带我去河里洗澡,那时候没有自来水,居民都从大河里挑生活用水,除了寒冷的天气,人们都到河里洗澡。站在齐腰的河水里,我尝试着体验往后下腰洗头发的新鲜感觉,身子往后拗过去,后脑勺贴着水面,任头发往后漂去,眼睛看着天空的云彩,惬意而好玩!这么好玩的事情我屡试不爽,正是得意之时,一个不留神,双脚离开河床漂浮了起来,我整个人就浮在水面上随着水流漂走了,心里大叫不好,河水往嘴里鼻里灌进来,喊不出声,手又抓不住东西,只剩下灰蓝色的天空无助地跟我对望。看见沙船的底舷了,我知道自己一旦滑进船底,生命就会戛然而止。危在旦夕之际,我的脚踝被人牢牢抓住了。原来是二姐发现我遇险,及时赶上来抓住了我,挽救了我的性命。从那时起,我成为家里人重点看管的对象,被规定只能在浅水区域待着,也没人教我学游泳。也许家里人觉得我太野,太爱冒险,一旦学会游泳肯定会不顾一切往深处游,到时候再次遇险的可能性就大了。因此,尽管我小时候

一直跟着家人在河里混,却一直没学会游泳。

河水令我不寒而栗的还有一次。那是我上五年级的一个周末,那个阳光灿烂的下午,我独自一人来到河边挑选河卵石。那时,小学生热衷于抛石子游戏,只用五颗大小相当的石子,如鸽子蛋大小,就可以玩出很多种花样。河边很多大大小小的鹅卵石,我要挑一些圆圆的,大小相当的,星期一回到学校就可以跟同伴玩了。秋天的河水逐渐减少了,河岸露出一大块沙石滩,我蹲在河滩上寻找,一颗颗地比较。停泊在不远处的沙船上,邻居的兄弟俩在船头玩着跳水游戏,"扑通,扑通""哈哈哈……"水声、兄弟俩得意的笑声此起彼伏。我对这兄弟俩并无好感,虽是只隔六七家的邻居,但他们一家向来极少跟街坊接触,他们的妈妈也似乎不太正常,总爱靠着这家或者那家的门口,傻傻地看着人家高谈阔论,偶尔插上一两句莫名其妙的话,大家好像当作没听见,从来没有正眼瞧过她。这兄弟俩自小不跟街坊小孩一起玩耍,恶作剧倒是经常做的,哪家的猫狗小猪什么的不见了或是受伤了,大多是他们干的,因此大家对他们都没有什么好感。

我捡我的石子,他们玩他们的跳水游戏,反正井水不犯河水。突然,河上传来"妈……呜……妈……"的怪异叫喊声,奇怪,谁会在这个时候呼叫"妈妈"呢?这兄弟俩到底搞什么鬼把戏呀?我循声望去,只见弟弟在船头上一脸惊慌看着水里,抓耳挠腮,手足无措。哥哥在水里一跃一跃的,举起来的双手不停地拍打着水面,脑袋一下冒出来,一下沉下去,嘴里发出"妈……呜……"的混沌不清的声音,"不好,他肯定要溺死了!"我的心怦怦急跳,赶紧站起来向四周看,一个人都没有!我什么也顾不上了,奔跑过去,跳下水,向水里的那哥哥冲过去。只觉得流动着的河水有千斤重,阻拦着我不让我往前走,我前行得异常艰难。靠近沙船,我发现河床骤然下降,河水一下子淹没了我的下巴,我竭力仰着头,几乎无法呼吸,无法说话,"抓……住……手……"水灌进我的嘴巴、鼻子,淡黄色的河水冲刷着我的眼睛,眼前浑黄一片,什么也看不见,只能本能地竭力地向正在水中挣扎的人伸过手去,乱抓一通。啊,终于抓住了他的手!我左手牢牢地抓着他的手,右手拼命划水让自己往回走。在河床上行走的每一步都是极其艰难的,我拼尽全力收拢脚趾,企图抓住河底,可是,每一脚踩下去,脚底下的沙就不知怎的一下子跑空了,我感觉像是踩在了浮云上。水流把我冲得踉踉跄跄,好在脑子还算清醒:"必须赶快往回走,往回走,往回走!"我知道,只要稳住身体,一步不停地往岸边方向挪,就一定会得救,我还不想死,世界那么大,我对它的了解还很不够,我绝对不可以让自己就这样死去!好不容易爬上河床陡坡，水终于变浅了，越来越浅，我拉着兄弟俩中长得特像猴子的哥哥，平时那个特别惹人讨厌的小男孩，双腿发软，一下子跪倒在河岸边……

那天，是怎么回的家我忘记了。只记得当时怕得要命，回家后没敢对家里人说这件事，我也知道，要是让那兄弟俩的父母知道了，他们肯定要挨一顿狠揍，这一回肯定要吊上屋梁上揍的那种。

那年，我还没有学会游泳，却救了一个水性极好的顽皮男孩。

家乡的大河，流淌着我童年时候的好奇、欢乐、恐惧……

人傍水而居，是因为生存的需要；孩子玩水为乐，是人对自然的天然依恋。水既给人带来生活上的物质需要，也给人带来无穷的乐趣，当然，同时也会带来无限的危险可能性。家乡有句老话："欺山莫欺水。"讲的就是水所隐藏的巨大危险性。在大自然面前，自以为强大的生命往往会变得异常脆弱。危险，不仅成为考验人生命力顽强与否的标志，同时，也是考验人的意志坚强与否的标志，危险的境地，往往成为教育的现场，让人重新审视生命与意志，唤醒人对生命存在的高度重视与迫切需要。我从中获得了以下启发。

生命是一种极其脆弱的存在。邻居男孩熟谙水性，却差点儿遭遇没顶之灾，这让我第一次意识到，在广袤无垠的大自然中，生命是极其脆弱的，这短暂的一呼一吸之间，决定着人生命是继续存在还是消逝。因为是旱鸭子，面对诱人的河水，我从来不敢走进危险的深水区域，因此，即使是面对自己心爱的奖品——崭新漂亮的铅笔盒。在物资极其匮乏的年代，这个奖品对我而言，尤为珍贵，尽管当时自己是那么渴望能把那逐渐漂远的铅笔盒捞回来，但在生命很可能遭遇危险的情况下，我还是能够控制住自己，因为我知道，在强大的河水面前，生命是多么弱小。其实在当时，人们并不知晓"生命教育"这个词语，学校和家庭也都从来没有任何防溺水的安全教育，在巨大的生活压力面前，大人埋头劳作，根本无暇顾及孩子在哪里，是否安全。失去了大人的保护，孩子的生命随时裸露在危险面前。当自家孩子遇险丧命，大人也只能哀叹哭嚎，自认倒霉；当不幸发生在别人家，家长也顶多告诫自家孩子："不要太顽皮啊！否则……"

在我的记忆当中，对未知世界的好奇充斥着我的内心，我渴望探险，一有机会就会去走我从来不曾走过的路，去我从未去过的地方，看看自己到底能走多远，能否找到归途，有一次我因此差点儿找不到回家的路。那天傍晚放学，我沿着幽深的小巷走进了北面密集的居民区，小巷的一个个岔道口让

我迷失了方向，夜幕降临，依然转不出去，心里暗叫不妙。惊恐之际，见一户人家走出来一个中年男子，挑着一担水桶，我马上意识到这是一根救命稻草，因为我知道他要到河里挑水，只要到达河堤，沿着河堤往下游方向走，一定能找到回家的路，结果我成功了。我从小不曾意识过"生命"到底是什么，丝毫没有思考过生命的顽强与脆弱，但在自己遇险和邻居男孩遇险的时候，"生命"的脆弱品性在我面前展露无遗，我相信，人与大自然之间隐藏着一条界线，人一旦越过那条界线，性命就不再掌握在自己的手中。

然而，生命又是一种极其顽强的存在。生命具有两重性，一面是脆弱的，而另一面又是极其顽强的。在流淌的河水里硬是拉回溺水的邻居男孩，挽救邻居男孩的性命，同时也是挽救自己的性命的那个情景，如今虽然已经过去了36年，但依然历历在目。我至今仍无法理解自己当时的举动，不明白不顾一切下水救人的力量源于何处，也不知道自己为什么能把人救上来，下水救人的瞬间，完全出自对生命的本能的珍爱与呵护；也许是从小养成的特立独行的性格，让自己在深陷险境中迸发出如此强悍的掌控全局的力量。奋力上岸的过程在如今看来惊险万分，只要自己稍稍软弱害怕，脚一个没站稳，身体必然失去平衡，人就会随波逐流，作为旱鸭子的我，顷刻间淹没在河水中便马上成为无可挽回的事实，我和邻居男孩的性命也许都早已不复存在。在危险的境况中，我用自己的生命证明了生命的强大。人只有在与环境相处的过程中才能得到成长。我相信，遇险一事已经让我和邻居男孩都得到了成长。因此，遇险救人留给我的不是自豪感，而是对大自然的深深敬畏，这让我在极短的时间里，感受到生命无以承受之轻和无以承受之重，认识到生命的含义及其脆弱与顽强的两重性，并转化为对生命的倍加珍惜。

3. "逃离"课堂

逃离课堂，既有被动的因素也有主动的原因。这个课堂，主要是语文课堂。

被动，是因为从四年级开始不知不觉患上了较为严重的近视眼，从此，讲台、黑板、老师变得模糊而遥远。那时候患近视眼的人极为稀少，当你说看不见黑板的时候，老师便会用很不可思议的眼神看着你："嘿，怎么会看不清楚呢？"记得头一回遇到视力普查，医生告诉我患上了近视眼，当我和另外一名李姓女生一同被安排在教室门口，戴着仪器看远方治疗近视眼的时候，我们仿佛瞬间变成了怪物。

后来分析自己患上近视眼的原因，主要是过于沉迷阅读课外书的缘故。记得遇到的第一本课外书——梁羽生写的武侠小说《萍踪侠影》，是在我觉得语文课堂极其无聊的时候。那时候，抄写段落大意和中心思想仿佛成为语文课堂的全部。这部武侠小说为我打开了一扇通往神奇世界的大门，其实当时的我并没有理解小说的深刻含义，总觉得书中世界比现实世界要精彩得多，行侠仗义的大侠张丹枫、女侠云蕾等，再加上他们充满爱恨情仇的奇遇，既遥远又奇妙无比，还有那隐藏着巨大秘密的羊皮书卷……让我欲罢不能。我常常躲在蚊帐里，隔着昏暗的灯光，追逐情节直至凌晨。昏暗的光线、模糊的文字、扣人心弦的武侠故事，充满了偷着乐的神秘感。课堂的乏味和小说的精彩形成了鲜明的对比，截然不同的体验和感受，心中的天平早已发生了严重的倾斜。人天生就是学习者。当教材的知识无法满足我求知欲望的时候，当生活一直处于贫困与乏味状态不知道何时才得以改变的时候，当身处于街坊小伙伴们整天因为鸡毛蒜皮的小事而没完没了的吵闹和日复一日重复的无聊游戏之中，一个跟现实世界截然不同的书中世界出现在我眼前的时候，我便毫不犹豫地一头钻了进去，从此，我就迷上了看书，看任何种类的书，连环画、有图画有文字的小纸片、整本书，包括残缺不全的书，都吸引着我去看，走路的时候在看，捧着饭碗的时候也在看。这个充满想象力的世界仿佛让我长出了另一双眼睛，看到了广阔鲜活的世界，有刀光剑影的武侠世界，有工人、农民热火朝天地建设祖国新天地的图景，还有保尔·柯察金……如此，便完成了我从被动逃离到主动逃离课堂的过程。

尽管在语文课堂上没怎么听老师讲课文，却没有影响我的语文成绩，一直稳保中上游水平，我的作文还偶尔被老师点名表扬。记得读初二的时候，老师要求我们写《钢铁是怎样炼成的》读后感，在同学们挠破了脑袋也挤不出3页作文纸的情况下，我却洋洋洒洒地写了11页，颇有分量的厚厚一叠。语文老师激动地举着这叠厚厚的作文表扬我，以及大家用极其复杂的眼神看着我的情景，我至今仍觉得搞笑而好玩。其实，我当时并不懂得什么是读后感，只是按照自己的想法一边摘抄书中的句子一边发表看法，导致篇幅严重失控，一发不可收拾，好不容易才打住，仓促收了个尾，否则后果不堪设想（要是把那一整本作文纸写完，我可要破产了）。通过老师的评价语，我才知道自己原来早已无师自通地学会了"夹叙夹议"的写法，真神奇！不过，也有让我挠破脑袋也写不好的作文，就是写谈远大理想的作文，老师们都喜欢学生将来成为科学家、数学家、文学家等建设祖国的栋梁之材，而我满脑子都是武侠、江湖，总想着当一名路见不平拔刀相助的女侠，不是飞檐走壁劫富济贫，让穷人填饱肚子，就是骑着战马驰骋疆场，信马由缰走天涯……这跟成为一名高大上的科学家的理想实在相去甚远，被老师贬为胸无大志之

流。我大多不按老师的作文要求写，语文老师布置写一篇人物作文，要求写出在同一场景中的一正一反两个人物。我想破了脑袋也找不出这样的两个人物，因为我的座位在"休闲娱乐区"，周围大多是调皮捣蛋的男生，看得最多的也是他们搞恶作剧的情景，于是我又洋洋洒洒地写了一篇很长的作文，题目叫《两位丑剧大师》，文中的两名男主角是我的左右"护法"（其实不是真的什么护法，而是他们的座位刚好靠近我的左右两边），一个是牛高马大的留级生，另一个是尖嘴猴腮的精灵鬼。他们整天不听课，不学习，乐此不疲地策划捉弄人的"伟大计划"：趁着大家专心致志地上课，蹑手蹑脚地在教室后面的厕所门上放上个垃圾桶，然后得意扬扬地"守株待兔"，静待"惨案"发生。下课了，同学们鱼贯而出，有不少急匆匆奔向厕所，结果就遭了殃，垃圾桶整个儿扣在脑袋，吓得大喊救命……两位"丑剧大师"得意忘形地哈哈大笑，还装作什么都不知道地见义勇为去！他们有要不完的鬼主意，同学们屡屡遭殃，我一个弱小的还患着近视眼的女生，徒有侠义心肠又能做什么呢？唯有把他们写进作文里。结果挺有意思，老师给我的作文打了个78分，还饶有意味地写上评语，大意是我的文章写得很不错，人物刻画栩栩如生，细节描写生动引人，如果按照要求写一定能上90分！见此评语，我暗自发笑而又自鸣得意，因而至今难忘。

上高中了，除了高二，我依然不喜欢语文课堂，因为我提出的问题，老师总要挠脑袋想个半天，然后才说需要回去思考一下才能给我解答，结果往往需要等上好几天才得到答复，这实在让我对老师的水平产生怀疑。记得我高一的第一篇议论文写得并不好，头一个被老师点名提醒：散文写得好的同学注定写不好议论文，看吧，像阮……我就不信这个邪，下定决心非写好议论文不可，结果，我胜利了。高三的语文老师有一次疑惑不解而又略带忧虑地提醒我说，你的语文成绩忽高忽低很不稳定啊，是不是思想有问题？其实，哪是什么思想有问题，正是因为思想没有问题，轻松"裸考"（考前从不复习）导致的。其实真正开始用心听课的是读大学中文系的时候，因为阅读成为生活常态，跟中外文学大师"促膝谈心"，跟老师们切磋文学评论成为我最大的乐趣，我的文章常常成为写作老师宣读范文或发表作品之一。写作老师创办文学社的时候，我高票当选中文系文学社副社长……大学和图书馆，让我真正爱上了语文课堂。

逃离课堂，固然有身体的被动原因（患上了近视眼），但更多的是我不愿意深度参与的主动原因，这并不等于我不好学，相反，我坚守了作为一名学习者本身的天性原则。那时候，我并不知道自己为什么会如此"另类"，当老师陶醉于滔滔不绝的讲课之中，便是我偷看藏在课桌里的课外书之时，刀光剑影完全取代了老师平淡得如同白开水的日复一日念叨的话语，分析分析再分析，抄写抄写再抄写，如此循规蹈矩的课堂实在无法激发我学习的兴趣，无法满足我学习的欲望，每每告诫自己要专心听讲，但往往挺不过三五分钟，思绪不由自主地陷入虚无缥缈的化虚之境，腾云驾雾神游至九霄云外。其实，我喜欢读课文，觉得其中也不乏新鲜奇妙的故事和话语，特别爱闻新书那特有的书香味道，每逢开学初派发新课本，我总会贪婪地第一时间从头到尾地拜读完毕，那是我跟作家们自由对话的奇妙旅程，我分明地感觉到每篇课文都是不同的，每个作家的话语方式也不一样，但遗憾的是，一到语文课堂上，如此完美的体验却都碎了一地，在老师的强势分析之下课文失去它原有的光彩。老师们似乎除了分析课文的主题思想之外，其他都没有什么可教可学的价值。我实在不明白为什么每篇课文都会被教成一个模样？每一个多姿多彩的文本世界都会被教成一种色彩？每一个鲜活的文本世界都会被装裱在一色沉重的画框里？几年前我曾跟别的名师工作室联合举办过小初高"亲情散文"大型专题教学研讨活动，在做活动总结时，我情不自禁地对参加活动的语文老师说：不要觉得你们真的那么重要！不要以为学生的每一个进步必定是你教学和辅导的功劳！也许，你自以为是的指导恰恰是掐灭学生学习动力火花的罪魁祸首。因为我本人的成长就是一个例外，虽然我没好好听过小学与中学的语文课，但这并不妨碍我成为中文系的优秀毕业生，更不妨碍我成为一名语文教学名师，甚至相反，正因为我受到错误的教学方式的影响不多，才能一直跟文本保持着本真而诚挚的对话，才会如此尊重文本，视文本为生命的存在。每逢阅读文本，我都仿佛看见作者向我款款地走来，真诚地向我诉说心声；我则热情地向作者走去，跟作者促膝谈心……人与文本之间的距离到底有多远，人与课堂之间到底存在着怎样的关系？课堂对于人的成长而言有着怎样的存在意义？反思自己的成长历程，我得到以下几点启示。

第一，课堂应该成为尊重和唤醒人的学习天性的殿堂。首先，课堂应该尊重人的学习天性。说课堂是殿堂，是因为课堂充满神圣，是每一位教师安身立命的地方，是每一位学生生命与智慧得以生长的地方，它不能不是神圣的。课堂应该回归人作为天生学习者的本性。人虽然无法像小鸟一样在天空飞翔，无法像小鱼一样在水里悠游生存，无法像大树一样吸取天地精华自由生长，但是，人可以通过不断学习获得在天空飞翔、在深海潜行、在大地上自由生长的本领。课堂应该具有唤醒人的学习天性的功能，教师应该全心琢磨学生的认知需要，深入研究学生的学习方式，并以适合学生学习的方式方法恰如其分地实施引领，让学生直面文本，真诚地跟文本对话，激活内心视像，开启思维和智慧的闸门，获得建构自身言语系统的感悟。一个好的教者，可以让课堂成为打开"人是天生的学习者"大门的钥匙，让文本发挥其应有作用，让学习者拥有无穷的学习力。

第二，课堂应该成为一扇以书籍叩开人之精神灵魂的大门。文本是什么？文本在学生的语文学习中应该发挥什么样的作用？学生在入学之前，已经掌握了常规的语言与言语方式，那么，在语文课堂上，他们需要学什么？他们需要借助文本中文雅的语言与言语方式，学会规范得体的语言与言语表达方式，进一步优化口头表达，并学会运用书面语。其次，课文是文化传承的重要载体，是引领学生走向古今中外文学经典、文化经典、语言经典和广阔生活天地的重要途径，所谓"课内得法，课外受益"，学生的思想、精神、灵魂的培育从这里开始。课堂是一扇借助书籍的体验而通往广阔天地的大门，穿过这扇门，学生便可从此踏上旁征博取的康庄大道，以先进文化的精华滋养精神灵魂。

第三，课堂应该成为学生的独立人格茁壮成长的沃土。课堂是人的生命、智慧与独立人格生长的沃土，在这里的每一分每一秒，人的生命在悄然拔节；在这里的每一分每一秒，人的智慧在悄然倍增；在这里的每一分每一秒，人的独立精神在悄然生长。课堂不应该是教师的"教堂""讲堂"，而应该是学生的"学堂"，学生应该站在课堂中央，教师的教永远为学生的学服务。只有教与学双方相互交流、相互作用、相互影响，真正的教学才可能发生。

二、教育因人而存在

（一）人让教育获得存在的意义

教育跟人有关。教育是关乎人的生存与发展的学问。教育在我们每一个人身边，是人们日常生活中不可或缺的组成部分，教育的存在也是社会习以为常的事物与行为。日夜更替，时光如梭，人生在世，代代相传，无论你是谁，无论你做出何种选择，教育总是如同日月星辰、大地空气、阳光雨露一般每天陪伴在我们身边,让每一个人无条件地整个地浸染在其中。教育就是这样,让每一个人自出生起就无时无刻不接受其影响,成为人生每一个生长阶段和转折点的最为重要的指引和抉择航标。然而,教育何以存在?教育以何存在?这也应该成为每一个人思考的问题,而不是只是遇到教育瓶颈与挫折的时候才去思考。

教育因人的产生而产生。教育产生的最直接原因是人的生存需要,对于上古先民而言,教育并不是我们目前所了解的识字、增长知识、提高个人修养、丰富精神世界和实现人生梦想的方式与途径,而是教会人如何生存下来。《尸子·君治篇》有一段关于原始氏族社会生活实况的记载:"燧人氏之世,天下多水,故教民以渔;宓羲之世,天下多兽,故教民以猎。"这段记载真实地反映了教育作为生存手段与谋生经验的主要传播方式。由于所处的自然环境的不同,不同地域的上古先民所擅长的生存技术也不同,所传播和掌握的谋生手段也不同,如生活在山林茂盛地带的擅长狩猎技术,生活在平原地带的擅长农耕技术,生活在洪水泛滥地带的擅长治水方法等。此外,战争也是人类生存的方式之一,教育也因此跟人类战争征服结合在一起而赋予了"教化"功能,如《吕氏春秋·召类》便称舜征伐苗民,是为了移风易俗;禹攻伐曹、魏、屈骜、有扈等部落,是为了推行其政教。又如《史记·夏本纪》的"令天子之国以外五百里甸服。甸服外五百里侯服。侯服外五百里绥服。绥服外五百里要服。要服外五百里荒服。"这里所记载的"五服"制度中"绥服"的方式是"揆文教,兴武威","要服"的方式是"束以文教","荒服"的方式是"政教荒忽,因其故俗而治之",反映了原始社会教育的"教化"含义。

教育因人而存在,还因为人本身需要被教化。人虽然是天生的学习者,具有学习的天赋潜能与发展的欲望,但人的发展需要借助"中介",这个"中介"就是以美育为主要手段的教育,引领人向善向美生长。在我国,"教育"一词始见于《孟子·尽心上》:"君子有三乐,而王天下不与存焉。父母俱存,兄弟无故,一乐也;仰不愧于天,俯不怍于人,二乐也;得天下英才而教育之,三乐也。"许慎在《说文解字》中对"教育"二字做出这样的解释:"教,上所施,下所效也。""育,养子使作善也。"既体现了教育的教化功能,又体现了人本身需要被教化的特质。随着人类社会的发展与进步,人的生存与发展不仅仅存在于人与自然界之间,更多的存在于人与人、人与社会、人与自己之间,因此,教育逐渐脱离原始社会传播生存手段的单一功能,逐步发展为着眼于人的能力与素质提升而进行的活动。

教育因人的发展与进步的需要而持续存在。在实践中发展与进步既是人存在的方式,也是人存在的价值。马克思指出,"人的本质不是单个人所固有的抽象物,在其现实性上,它是一切社会关系的总和。"深入研究马克思主义人学理论的王哲孝教授认为,"人的各方面的素质都是动态的,不断发展和提高的。人的素质的发展趋向,是达到自由而全面的发展。"① 马斯洛把人的需求分为七个层次:生理需求、安全需求、社交需求、尊重需求、认知需要、审美需要和自我实现的需要,当人处在不同层次需要的时候,教育所存在的意义也存在着高下之别,正如法国18世纪伟大的启蒙思想家、哲学家、教育家、文学家卢梭(Jean-Jacques Rousseau)所说的:"教育即生长。"每一个自然人成长为社会人,都离不开教育。因此,意大利早教权威蒙台梭利(Maria Montessori)认为,人自出生起就已经开始接受教育了。她经过深入的研究与实践,还得出惊人的结论:儿童的智力缺陷不是医学问题,而主要是教育问题。

　　教育以何存在?教育伴随着人的产生而自然而然地产生,也伴随着人的发展与进步而发展与进步,人的存在与发展进步是教育存在的唯一真义。失去了"人"这一核心要素,教育也就成了没有灵魂的"幽灵",而失去其存在的意义;只有具备尊重人的天性,开掘人的潜能,唤醒人的学习天赋,促进人在真实的社会实践中不断获得发展与进步,教育才具有持续存在的意义。因为,"人的本质是人的真正的社会联系。"(马克思)"人的根本属性是其社会属性","只有全面发展的社会人,才能具有多方面的素质和能力,才可以进行自由、自觉的实践活动"。② 社会就是在人的自由、自觉的实践活动中才得以不断地发展与进步。关于教育以何存在的问题的探讨,我们不妨了解一下西方对教育的定义:在西方,"教育"一词来源于古罗马的语言拉丁语 educare,前缀"e"有"出"的意思,意为"引出"或"导出",意思是通过一定的手段,把某种本来潜在于人身体和心灵内部的东西引发出来。从词源上说,西方"教育"一词指内发之意,强调教育是一种顺其自然的活动,旨在把自然人所固有的或潜在的素质,自内而外地引发出来,成为现实的发展状态。这个定义跟中国古代对教育的"教化"功能的定位截然不同,对于当下的教育而言,强制性的教育指导固然必要,但遵循人的身心发展与认知规律,"引导"更显得必要与重要。教育得以存在的原因,无论是广义还是狭义的教育,是其适合一定的社会现实和未来的需要,遵循年轻一代身

---

① 王孝哲. 马克思主义人学概论[M]. 合肥:安徽大学出版社,2009:113.
② 王孝哲. 马克思主义人学概论[M]. 合肥:安徽大学出版社,2009:76-77.

心发展的规律，具备影响人的身心发展的核心功能，既激励人认识与掌握自然规律，探索未知世界的积极进取精神，同时，又在人的心田上播撒仁爱与善美的种子，让人与自然、人与社会、人与自己达到和谐共生的境界。因此，我认为教育的源头应该首先体现为对人性的真正了解。

（二）人的现时性决定教育属于未来

哲学家张世英认为，任何一个人和任何一个物一样，都是宇宙无穷的相互关联的网络中的一个聚焦点或交叉点，人与物不同的地方在于人这个聚焦点是"灵明"的，"灵明"的特点就是能超越"在场"，把"在场者"及其背后千丝万缕的不在场的联系结合为一。正是这点"灵明"构成了一个人的"境界"。"从时间的角度看，境界这个交叉点也就是人所活动于其中的'时间性场地'（'时域'），它是一个由过去与未来构成的现实的现在，也可以说是一个融过去、现在与未来为一的整体。""任何一个人都有他自己的世界或境界，此世界或境界就是这个'整体'或'现在'。它是每个人都必然生活于其中的'时域'，也就是每个人所拥有的自己的世界。"① 也就是说，当下生活着的每一个人都具有现时性，他的"现在"不仅积淀着他的过去，如个人出身、经历、爱好、思想、情感、欲望等，而且预示着他的未来，如理想、志向、志趣、人生规划等。人的过去发展积淀、未来发展意向共同构成了他现在的整个人。

从这个意义上看，从浅层次看，教育面对的是现实中的学习者，从深层次看，教育实际上同时面对学习者过去所有的发展积淀，以及学习者未来发展的种种可能性。也即是说，教育需面对当下的"整个人"，是"在场者"及其背后所有"不在场者"的综合体。因此，教育属于当下，同时承接过去，指向未来。正因为承接过去，教育才拥有了当下；正因为指向未来，教育才立足于当下。过去有多厚重，我们无法掂量；未来有多遥远，我们也无法看尽。由此，英国哲学家、社会学家、"社会达尔文主义之父"赫伯特·斯宾塞（Herbert Spencer）做出这样的判断："教育为未来生活之准备。"其实，这个"未来"也就是早已存在于现在的"先在"②。

那么，教育应该如何承接过去？教育如何指向未来？诚然，教育指向未来，是引领学习者基于当下，无限憧憬并义无反顾地奔向未来，最大限度地

---

①② 张世英. 哲学导论 [M]. 北京：北京大学出版社，2016：68.

实现生命的最大可能性,拥有最大的厚度、宽度、长度、亮度、温度……这是学习者之所以接受教育这个"中介"的最根本的原因,这是毋庸置疑的。但是,如果仅仅基于当下,是远远不够的,因为,教育还需要承接过去,尊重学习者的成长经历和成长渴望,充分了解学习者从何处来,要往何处去,让教育充分发挥承前启后的"这一个"的"节点"作用,成为学习者每一段生命成长历程的助推力。对于教育之于人的重要性,也可以说是教育的目的和宗旨,《大学》中早已阐明:"大学之道,在明明德,在亲民,在止于至善。"其意思是说教育的目的与宗旨在于弘扬光明正大的品德,在于使人弃旧图新,在于使人达到最完善的境界。我国伟大的无产阶级文学家、思想家、革命家鲁迅说:"教育是要立人。"著名哲学家怀特海也说:"学生是有血有肉的人,教育的目的是为了激发和引导他们的自我发展之路。"①

教育要发挥承前启后的作用,必须从"文化"的层面建构教育的思想和行动系列,任何零散的教育内容和随机的教育行为,都无法引领学习者发展与进步,甚至会阻碍学习者的发展与进步,如教育者必须思考,学生为什么要学习语文、数学等多门课程?计算难道仅仅是为了把数算准,把数算准确的意义何在?把分数考高的意义又何在?怀特海认为,"文化是思想的活动,是对美和人类情感的感受。零零碎碎的信息或知识对文化毫无帮助。如果一个人仅仅是见多识广,那么他在上帝的世界里是最无用且无趣的。"他认为,要激发学生的自我发展之路,教师必须有活跃的思维,不要让"呆滞的思想"(inert ideas)——那些仅仅被大脑所接收却没有实践或验证不具有普世性的知识。也就是说,"正确的知识必须实用过,验证过,并能在不同的条件下都能成立,'放之四海而皆准'",为了避免思想上的僵化,怀特海还告诫教育者特别要注意两条戒律:一是"不要同时教授太多的科目",二是"如果要教,就一定要教得透彻"。② 陶行知在晓庄师范的时候,也特别强调教育方式就是"教人者教己",同时教人者还要"为教而学",即先明了所教对象为什么要学,要学什么,怎么样学。

总而言之,因为人具有"时域"性,教育也因而具有了"时域"性,不可"断章取义",必须树立面向"整个的并时刻不停地奔向未来的人"的意识,无论从教育的目的,还是教育内容的选取以及教育方法的运用,都必

---

① 怀特海. 教育的目的 [M]. 庄莲平,王立中,译注. 上海:文汇出版社,2012:4.
② 怀特海. 教育的目的 [M]. 庄莲平,王立中,译注. 上海:文汇出版社,2012:1-3.

须做到瞻前顾后，立足当下，承接过去，开启未来。

（三）成长案例：我之所行

1. 让我们过上有意义的网络生活

好些年前，当网络大举进入人们的日常生活的时候，沉迷网络似乎成为阻碍学生健康成长的洪水猛兽，是拦截还是疏导？是同流屈从还是理性对待？教育面临着严峻的考验，也成为人们争论不休的话题，"如何帮助孩子戒除网瘾"之类的文章和书籍蜂拥而至，一时风头无两。其实，对于孩子而言，他们是真正的"数字土著"，我们才是"数字移民"，与其简单粗暴地拦截，或者听之任之，不如理解与引导之。我当时写下的这篇博文，就如实地反映了自己的思考与做法。

让我们过上有意义的网络生活

"老师的博客真精彩！"下课了，学生喜欢围在讲台的电脑旁，打开网址津津有味地欣赏我的博客。其实，我知道，他们并不只是欣赏我博客的界面如何漂亮、内容如何精彩，更重要的是欣赏他们自己的作品。因为我已经把他们的文字转化成了另一种形式，成为可以让所有人都看到的作品——公开发表的博文。

"看，莞如的诗歌，写的是蜜蜂，真是'蜂'如其人！一来她太勤奋了，不光创作了这首诗，还把电子文档发给老师，结果老师很快就在博客上发了她的大作，还给她写了点评。二来她太疯狂了，一篇接一篇地写，老师就一篇接一篇地帮她发表，点击率还不低呢……"看着这群毫不掩饰妒忌之意的孩子，我也乐了："其实，你们也有不少'大作'呀，只要肯花点功夫，把它们录入电脑，再发个 E-mail 给我，不就得了？""唉，我的作文写得不够好，打字又不快。再说呢，家里人又不让我用电脑，上电脑课又总是不够时间用，一篇作文都打不完……""嘿，谁有那么多的耐心坐在电脑前打字呀，又不是玩游戏，不好玩。""四眼"小鹏在一旁悄悄嘀咕。

谁让孩子是名副其实的"数字土著"呢！别班老师天天找学生训话，甚至禁止学生使用电脑，以达到防止学生染上网瘾的目的。学生在老师面前唯唯诺诺的样子，可背后呢？其实老师们也知道这样是不起作用的，但实在没有办法，尽量吼一下以尽教师的责任罢了。以前，我也曾经如此，经常碰得一鼻子灰。后来，由于工作的需要，越来越离不开电脑，越来越离不开网络，慢慢地，自己对孩子们上网、甚至玩游戏也不那么敏感了，态度也宽容

多了。现在,我不再对孩子说电脑游戏不好玩,只是提醒他们注意适度,别把自己给玩丢了,找不着北,天天挂个熊猫眼袋回学校。再说了,好吃的东西整天吃也会损害身体呢!我就这样笑着充满善意地提醒孩子。我发现,孩子对我不再设防,经常在日记中大肆地跟我"分享"玩游戏的快乐,把我忽悠得一愣一愣的,不过,结尾还是不忘写上一句:"游戏虽然好玩,可是也不要过于沉迷,否则就会被它给吞掉了!古人也说过,'玩物丧志'啊!"嘿,还拿我告诫他们的话来告诫自己呢,我想,这也是给我安慰吧,其言外之意是:老师,别担心,我头脑清醒着呢,还记得回来的路。

富华是个典型的"网迷",熊猫眼最严重,身子本来就瘦弱,脸色本来就不怎么红润,再加上一对熊猫眼,怎么不叫人感到心疼?看着整天一副昏昏欲睡的慵懒样,作业经常不完成,各科老师感到头疼不已。记得有转机的是在一个寒假即将结束的时候,我接到了富华爸爸的电话:"老师,多得你那个飞信信息,说要召开寒假作业交流会。我只是给富华看了一下你发来的信息,就吓得他日夜赶做作业,终于'自觉'地在开学前一天完成作业了。这可是他头一回完成作业呀!"富华的爸爸喜形于色,激动不已,"老师,还是您的飞信管用!孩子变成今天这个样子,我是有心无力呀,要忙生意养家糊口,根本抽不出时间管教孩子。孩子经常玩电脑游戏,直到我们深夜回家才肯睡觉。唉……"第二天,我找到富华,细细地打量他的熊猫眼,"心疼"不已地说:"哎哟,你的熊猫眼又严重了,全是黑色!你昨晚几点钟睡觉呀?""十……二点多。"我摸摸他的脑袋,叹了口气:"睡眠不足,不仅眼睛受累,连这个大脑的发育都要受到影响了,要是大脑发育不良,导致智力下降,那……就太可惜了!"富华一听,眼睛闪过一丝担忧。以后的几天,我都留意他,发现他的眼袋小多了,就对他说:"你昨晚一定没超过12点睡觉。整个人看着精神多了!老师喜欢看到你现在帅帅的样子!"他不好意思地低声回答我说没超过10点呢。

"四眼"小鹏得知我的QQ号,如获至宝,喜形于色地嚷道:"噢,我可以去偷老师的菜了!"我故作神秘地说:"你绝对偷不了我的菜!""为什么呀?我可是偷菜高手哇,大家都说我本事可大了!"他瞪着大眼睛看着我,一脸的疑惑。"因为老师不种菜。""唉,老师,你竟然不种菜,太没意思了!""你为什么喜欢种菜?""挣Q币呀!""老师才不需要Q币呢。我写博客都不够时间呢!写博客,不断地更新博客,吸引越来越多的读者,看,这么高的点击率,今天比昨天又增加了不少,这才有成就感呢,让大家都知道你有多棒。你游戏玩得再厉害,也只是你那几个好友知道而已,还不能明说出去呢，否则非挨揍不可。""四眼"小鹏似乎有点动摇了。

我也能理解孩子们的难处。互联网可是信息的"高速路"呀，引领着潮流的方向，可谓一机在手，尽知天下事。喜欢新鲜事物也是人的天性，更何况孩子！因此，孩子谈论电脑，并以能玩电脑为荣，电脑把孩子的心挠得痒痒的也在情理之中。学校就一位信息技术课教师，学生每周就那么一节信息技术课，老师哪里有时间让他们操练打字啊，学生课余在校时间不长，除了电脑特长学生经常参加训练之外，大多学生是"望机兴叹"的。虽然学生家里大多有电脑，但成绩好的学生，家长控制得很紧，以至于有不少学生至今未能熟练操作文字处理软件 Word；家长管教不严的学生却又热衷于网络游戏、网络聊天、网络乱逛、贴吧胡骂……种菜偷菜、抢车位的不在话下，什么"赛尔号"攻略的满天飞。

其实，与其禁止杜绝，不如理解疏导。学生是一个独立的生命个体，他当然是独特的，老师所要做的，并不是把他们改造得如自己所愿的，而是"把每一位学生作为一个独特的生命个体给予最适切的关照"（麦吉老师语）。那么，老师应该利用一切机会研究学生，找到这个"最适切的关照"，充分利用学生的长处，把他们引导到一个有利于其发展的状态。于是，我向全班学生公布了我的QQ号，孩子们纷纷加我为QQ好友，我借机让男生科代表建了一个班级的QQ好友群。我呢，经常"潜水"，"侦探"他们的状况。清明放假第一天，"四眼"小鹏就在QQ群上大造舆论："群内即将举办打羽毛球赛，下午2点，樟村球场。老师说也参加呢，我们老师的球技可厉害了！要想看老师的精湛球技，不要错过！"结果，同学们纷纷响应。这家伙，我什么时候说过参加啦？他什么时候看过我打球啦？真是吹牛皮不用本钱！不过，我乐在其中！这班孩子，一放假就把作业丢一边去发泄他们过于旺盛的精力了，也没考虑老师知道了会怎么想，很傻很天真！

"既然大家都这么喜欢上网，我们不如开个博客吧，班级的博客，让大家拥有一个展示的平台，怎么样？"我试探着问。"老师，我发现你越来越'喵'了，就是'妙'了。怎么会想出这么奇妙的办法？""怎么建？好玩吗？""博客不是一个人的吗？""老师，我上次在新浪网建了一个博客，可是昨晚却上不去，说我的密码不对。"我干脆腾出了一堂课让他们讨论建班级博客的事情。

他们决定依样画葫芦，跟我一样（省教师工作室），在新浪网站上建立了班级博客。我不急着帮他们申请开通新博客，生怕孩子们想得不周到，只有三分钟热度，让博客"见光死"，得从长计议。

首先,我们讨论的话题是建立班级博客的意义。经过小组讨论,代表发言,主要体现为三个方面:一是用行动和成果说服家长,放心让孩子上网,相信他们不是干坏事,有"博"为证,老师和家长都可以共同监督;二是让每个同学都有自己的一席之地,写写东西,发发趣味照片什么的,记录自己的成长足迹;三是可以做一件自己从来没有做过的事情,很新奇有趣呢,孩子嘛,好奇心大大的有!

其次,讨论博客的更新和管理事宜。学生决定每个星期至少更新一次,自己每天都写"5分钟话题日记",周末了,就好好总结一下,写写自己喜欢的东西,谁勤快,谁写得吸引人都会一目了然,还可以请家长一起写呢。博客管理可以采取小组轮换制度,轮值的小组负责检查和评论同学的日志,推荐写得好的日志。

再次,讨论技术和写博客的时间安排。学生提议,可以请家长和信息技术课老师协助,做好技术链接工作,到时候,每个人都有自己的名字和页面,就可以精心设计了。学生说,信息技术老师不是说我们打字不够快吗?正好,利用上博客之名,让老师在课堂上允许他们写博客日志。

在开通博客之前,我还打算召开一次家长会,告知每一位家长,向他们郑重其事地提出这件事,让家长全力配合孩子做成这件他们都充满期待的事。毕竟,鼓励小学生上网,在开放的平台上耕耘博客,目前还不是一件被普遍认同的事。

今天,我已经向家长发出了征询意见的飞信,不少家长表示认同,但也有部分家长表示担心,担心孩子的学习会受到影响。无论如何,这个螃蟹我可是吃定的了,我只是想给学生和家长传递一个信息:在互联网时代,任何逃避网络的行为都是不明智的,更没有人可以唾弃网络,网络是我们生活的一部分,让我们的孩子和大人一起,过上有意义的网络生活吧。

事实证明,我当时的决定是正确的,随着班级博客的建立与有条不紊地推进,学生撰写博文的热情高涨,博文的点击率获得全线丰收,学生不再讨论"偷菜""游戏"之类的话题,转为对同学博文的欣赏和赞叹,班级学习风气大为好转,学生的学习成绩一路走高。我笑称之为我们班出现了当代的"文景之治"。我知道,这个所谓的当代"文景之治"产生的原因,是教育者让孩子看到了自己,看清了自己的来路,也看到了自己的未来可能性。未来迎面而来,人生活在日新月异的现实社会,对于未来总是充满着美好的向往与憧憬,作为教育者,我们为什么不让孩子们带着梦想前行呢?

2. 用心磨亮孩子心灵的镜子

孩子的心灵有如一面独特而又尚待打磨的铜镜，粗糙、暗淡却不乏明澈，它们需要在成长的过程中反复打磨，经历着一次次摩擦的剧痛，才有可能终成明镜。教育的作用在于磨亮孩子心灵的镜子，作为教育者，唯有用心，才能发挥教育的作用，让孩子拥有能折射生命阳光的心灵明镜。2007年9月，我接手了一个后进生特别多的班级，其中的百般滋味让我感慨，也让我更加坚信这一点。就讲讲其中的三个小故事吧。

"苦瓜脸"终于笑了……

"老师，我孩子的智力有问题，以往的老师都说她不可教。""老师，她一个句子都不肯读，不要说背诵课文了！""从一年级到四年级，她都是全班最差的，每次考试都拖班的后腿。"……听着家长、学生的充满沮丧和嫌弃的话语，每次上课，我都会不由自主地关注着这个名叫小欣的女孩，一点也名不副实，瘦瘦小小的，一副苦大仇深的样子，真的像她妈妈所说的"苦瓜脸"！我发现她上课时，目光总是游移于课堂之外。"她真的是智障？"我决定深入地了解她。

"老师不要求她背诵整段课文，只要她肯出声读就可以了，读一句算一句。你想想办法吧。"我吩咐她的组长。尽管一再放宽背诵要求，还要求组长耐心帮助学习有困难的同学，组长还是一筹莫展："老师，我都想尽办法了，她还是不开口。"我隐约感觉到，组长对小欣失去信心主要来源于以往固有的经验，我决定亲自辅导她背诵。

中午放学后，我特地留下了小欣。"来，老师和你一起背诵，怎么样？"我在她同桌的座位上坐下来，一手扶着她的肩膀，一手立起书。小欣神情虽然依旧有点木然，可她还是伸出了右手，和我一起扶起了她的书。"老师先读一句，你学着老师重读一句。"小欣点点头，我读完一句，微笑地看着她，她不吭声，我放慢速度再读一遍，又微笑地看着她，并鼓励她："看，就这样读，多容易。老师完全相信你能读。""春风能解冻，和煦催耕种。"小欣的声音虽小，却足以令我惊喜万分！一首《四时之风》就这样终于读完了，我信心大增。"老师背诵一句，你也背诵一句，怎么样？"小欣又点点头，我发现，她眼睛似乎比之前有了些神采。我从一句一句到一节一节带着她背诵，然后是她一句一句到一节一节独立背诵，背诵的过程虽然长了一些，可足够让我惊喜了：小欣不仅终于开腔，还能背诵了！这打破了她不能读书也不能背诵的断言。我断定：小欣的智力没有任何问题。

那一次背诵，让不少同学对小欣改变了看法，从惊讶到相信。小欣的变化也让我充满信心，从不敢正眼看我到悄悄地向我提出换座位的要求。经过我私底下多方协调，小欣终于如愿地和她觉得可以信赖的班长晓君坐在一起了。有了晓君这根得力的"拐杖"，小欣重新树立了学习的信心，精神面貌焕然一新，学习不断进步。有一次，我检查课文背诵情况，"老师，小欣早就背诵完了，还背得很流利呢！"组长脸带惊喜地汇报，"是这样的！"小组同学也争先恐后地"作证"。看着小欣若隐若现的笑容，我的心里也乐开了花，赶紧把她作为背诵的先进典型，鼓励全班学生。当小欣单元测验得了70分，全班都轰动了，纷纷为她加油鼓劲。在我用心的安排下，小欣不仅在学习上得到同学的鼓励和帮助，大课间活动也受到同学的欢迎，因为老师总爱跟她一起玩。每当我看到她快快乐乐、神采飞扬的样子，我感到充满了希望。

"我的女儿真的变了一个人，她会笑了，爱说话了，学习有信心了……"

经过多方查找原因，我发现小欣并非是学习障碍者，她的问题不在智力而在情感和心理。由于小欣有留守儿童的成长经历，心理上本来就缺乏应有的安全感，加上学习上的困难得不到及时有效的指导和帮助，学习成绩差而一直被视为"不可教"的学生，这种误解常常使她受到极其消极的对待，内心长期处于极度的彷徨和愤懑之中，因此而产生"我很笨""我学不好了""我是个令大家都讨厌的人"等自暴自弃的消极思想。面对着这样极其需要关怀与帮助的学生，教师唯有用心磨亮她心灵的那面镜子，折射着爱与信心的光辉，才能使进步的希望伴随她重新迈步。

小阳开始若有所思……

"老师，我的孩子在班里老遭人欺负，我实在忍无可忍了！我要向校长投诉！我要让那个捣蛋鬼换班！"小阳的妈妈又一次在我面前暴跳如雷，她没等我说话，转身就冲向校长室。我苦笑着，心里也纳闷不已：靖阳，一个长得黑黑壮壮的男孩子，怎么会老是遭人欺负呢？经过一段时间的多方调查，问题真不少，但问题也并非全是小阳妈妈所说的那样：小阳受人欺负是因为太善良、太老实、太直率。

有一次，班里的小豪同学因为做盲肠切除手术住院一个多星期。刚出院就赶着回学校，同学们都围着他问长问短的，很关心他。小阳也走过来，神情也显出关心的样子，可他一开口，就惹麻烦了："小豪，你终于回来了！你知道吗？我们早就考完音乐了，就你还没考……"他话没说完小豪就"哇"地哭了。我立刻安慰小豪，说音乐老师早就安排好下学期等他完全康复后补考,好不容易才让他平静下来。面对着老师的制止,小阳一脸的茫然,还拼命想辩解:"难道不是这样的吗?"我问他:"你知道自己哪儿做得不对吗?""说实话怎么会错呢?难道我要说谎?"我让他想了半天也想不明白。

一次做练习,我发现小阳做得特别慢,就来到他身边了解原因。原来是笔坏了。我很奇怪,问他为什么不向周边的同学借笔。他说问过了,大家都不肯借。我看着周围几个同学,大家都不吭声,包括班干部。课后我先向那几位学生了解情况,他们都说小阳太可恶了,以前借笔给他,他还嫌同学的笔没他自己的好写呢!因此虽然知道他的笔坏了,都不想把笔借给他。我问小阳:"你知道同学为什么不借笔给你吗?"他还是一脸茫然:"我学习认真,不会撒谎,也关心同学,我觉得自己是个好学生,可是同学们为什么会讨厌我呢?我实在想不明白。"

根据分析,小阳的情况属于自我道德评价能力缺失,不能把自己的表现与相应的后果联系起来进行比较,不能全面地看待问题。我决定采取正反刺激的方法唤醒他,打破他的思想定势。针对他的自我评价——诚实,我先肯定诚实没有错,然后让他思考诚实该怎么表达才恰当,我问他:"当时小豪伤口还没有完全愈合,他得知不能参加音乐考试,心里肯定会着急的,这样会影响他身体的康复。你在说出事实的时候,想过这样的后果了吗?"他说:"没有。""应该怎样做,才是真正关心和爱护同学呢?先应该衡量说话会产生的结果,做好选择,然后再讲。"再者是借笔,我让他思考:"同学借笔给你,你应该首先关注到的是什么,是笔不好写还是同学对自己的关心和帮助?"小阳若有所思。也许他内心还是充满问号,更多的应该是震动。我相信,经过生活的磨炼与老师用心的引导,他心灵的镜子一定会擦亮的。希望他的自我道德评价标准早日确立。

小健开始懂妈妈了……

五年级的小健同学一家是"新莞人"。一家人靠摆摊卖花营生。我让小健带我去见他的妈妈。如果不是样貌相似,我实在不敢肯定眼前这位面容憔悴、头发花白的妇女就是小健的只有38岁的妈妈!在交谈中,他妈妈告诉我,儿子跟她不亲,很少来这里,有时中午送饭给她,可一放下饭就走了,连话也说不上。

我心里有主意了,向小健提出要求:"能不能利用周末半天时间陪妈妈看档口?"小健一听,立刻摇头说:"不行。""为什么?"我追问。"这样没有自由……""没有自由?你妈妈每天要在这里卖花多长时间?""十几个小

时吧。""难道你妈妈就这么傻,不想要自由吗?她到底是为什么自愿放弃了自己的自由?"小健听了,立刻低下头去,若有所思:"为了我们家,为了我……"我再问:"你现在愿意吗?"小健低头不语,他显然被触动了。

站在一旁静静地听我们对话的小健妈妈抹着眼泪,声音哽咽了:"阮老师,太感谢您了。多得您这样教育我儿子……"临别的时候,小健的爸爸送饭来了。我让小健帮忙看档口,好让妈妈安心吃饭。小健默默地坐到了妈妈身旁的凳子上……

离开市场,我感慨万分:现在的孩子家庭责任意识实在太淡薄了,太需要唤醒孩子的家庭责任感了!可是现在不少家长还是认为孩子年纪还小,不必承担也没有能力承担家庭责任,总是认为要等待孩子长大了才可以进行这种意识和能力的培养,不知道孩子需要实践的锻炼,使孩子在不知不觉中淡薄了家庭责任意识,丧失了对家人的关怀,觉得不必也没能力照顾父母。

3. 让学生心平气和地跟你对话

一连两个晚上,小峰的妈妈都向我哭诉儿子被班里某位同学欺负的事情。由于要完成校外任务,前一天我实在抽不出时间回校调查这件事,想不到家长的情绪已经到即将失控的地步了。放下电话,我不由用心琢磨起这件事情来。

其实,一接手这个新班级,我就开始注意小峰了。他是个性格内向的男孩子,学习成绩很不理想。经了解,得知他是外地人,父母在东莞打工,无暇顾及他日常的生活与学习,小峰总是拿着母亲给他的午饭钱买零食吃。看着他那张苍白的脸,一副没精打采的样子,我总担心他的身体:没有充沛的精力,怎么可以把学习搞好?为了帮助他,一方面我提醒他母亲细心照顾他的饮食,另一方面给他调整了座位,让班上一位平日表现很好的男生跟他同桌,一对一地辅导他。采取了一系列措施后,小峰的学习开始有起色了。可是几周后,小峰似乎又回复原状了,我为此疑惑不已。据观察,我发现他的同桌小伟对他的态度似乎有点冷淡,但小伟似乎一向如此,性格使然吧。正想找个机会了解情况,对症下药,问题就爆发了。

第二天一早回校,我就悄悄地向小峰要了同学欺负他的证据———张合谋捉弄他的小字条。字条上是两个同学的对话,指名道姓要捉弄小峰,还约好了时间、地点和做法。这实在是欺人太甚了!到底是谁,竟然敢这样胆大妄为!我非把事情查个水落石出不可。从谁入手好呢?我琢磨着。小峰的情绪已经受他妈妈影响了,未必能够客观地告知一切。我决定从他的同桌小伟入手，因为我觉得小伟平日情绪稳定，很懂事。

我把小伟叫到了办公室，请他坐在我旁边，并告诉他，老师很信任他，想向他了解一下小峰跟同学相处的情况，还声明，只需讲事实与细节，无须做任何的评论。为了郑重起见，征得小伟的同意，他一边讲述我一边做笔录。一开始，小伟说，小峰经常用粗话骂人，踢同学的凳子，全组同学都不喜欢他。全组同学？那岂不是也包括小伟？我心里感觉情况不妙，于是不动声色地说："说说你跟小峰之间的事情吧。"小伟迟疑了一下，还是坦诚相告。在真相逐步披露的过程中，我的内心如同打破了百味瓶，各种滋味齐袭心头，真不好受！实在想不到小伟这么乖的学生竟然做出这样的事情：把小峰的校卡泡水藏起来的是他，把小峰的书包扔进垃圾桶的是他，还有……哎，完了，我内心沮丧极了。可是，在小伟讲述的过程中，我绝不能暴露我内心的任何想法，因为这意味着伤害！还因为，我更想知道小伟为什么这么做。我还是不动声色："告诉老师你这样做的原因，好吗？"果然，原因很多，理由似乎很充分：小峰上课很烦人，经常自言自语；后来越来越烦，无端踢桌子，故意弄湿同桌的桌子；老师不在时，还莫名其妙地大声吼叫……我知道，小峰与小伟都不是坏孩子，这一切显然是沟通失败引起的。看着小伟耷拉的眼神，沮丧等待老师的判决，我依然不动声色。我想，作为五年级的学生，小伟应该知道自己做了不应该做的事情。

从小伟的叙述中，我还了解到我自认为很懂事很值得信赖的组长、同组的班长，也有多次参与捉弄小峰的行为。我强压着内心的震惊与怒火，轻声对他说："小伟，假如你是小峰，知道小组的同学都这样讨厌自己，你会有什么感受？"因为我要做的是让小伟自己通过设身处地地感受、分析，明白其中的问题所在，也只有这样，教育才会真正发挥作用。经过思考，小伟说："假如我是小峰，我会感到不满、害怕、焦虑……"我进一步引导他思考："这与他的令人讨厌的行为有没有关系？"小伟是个聪明的孩子，他立刻醒悟了："也许是因为他不满、害怕才表现出来的。"小伟终于意识到小峰处境的艰难，他表示自己要消除对小峰的厌恶情绪，耐心帮助他，以此帮助小峰消除焦虑的情绪。看到小伟释然离开，我知道，小伟对待小峰的态度会因此改变。后来的观察发现，果然如此，随着情绪平伏下来，小峰的学习开始进步。

对于小组其他同学的教育，我采取了同样的方式，换位思考，将心比心，他们终于学会了从多方面思考问题，彼此不满的情绪都得以消解。老师与学生之间的真诚相待，学生与学生之间的真诚相处，让小组面貌很快发生了变化。

由于年龄和阅历限制，小学生思考问题的角度往往是单向和狭隘的，多

从自身的感受和利益出发,因而容易出现一叶障目的现象,态度和行为上容易出现偏激,不但使问题得不到解决,还因为一时的冲动,采取极端的行为,使事情变得更加糟糕。如果教师处理的方法不对,如缺乏周全的考虑,一味地严厉批评或者讲大道理,问题是不可能得到真正解决的。

教育的方式是多种多样的,核心在于爱。苏霍姆林斯基说,教育者最可贵的品质之一就是人性,是对孩子深沉的爱,兼有父母亲的温存和睿智的严厉与严格的要求相结合的那种爱。作为班主任,要懂得真诚的重要性,才能以爱激发爱,善于在日常工作中从学生的态度与行为中洞察学生情绪的变化及原因。把握学生出现问题的契机,摒弃师道尊严的糟粕,保持冷静客观的态度,采取恰当的教育手段和方式,让学生心平气和地与老师对话,疏导情绪,从中发现自己的问题所在,并在老师的启发下找到问题解决的方法,使事情得以解决的同时,提升思想认识,学会做人做事,学会沟通交往,掌握处理问题的方式,从而培养优秀的思想道德品质。因为真诚的爱,我发现了一种行之有效的教育方式。

4. 永远的老师

小植是我的学生,我是他的语文老师。小植在单元测验写的作文,跟他原先的习作很不同。他试卷前半部分得分并不很高,但作文写得越长,也最感人。我被打动了。于是,我把他的作文录入电脑,并上传到我的博客上。除了对他的作文做了个别字词和标点的修改之外,其余保持原貌。

永远的老师

四(3)班　　小植

我的老师中等身材,人长得挺漂亮,最主要的是她看我们的时候总是笑眯眯的,有如沐春风的感觉。她上课的时候神采飞扬,双目炯炯有神。这个学期开学的第一天,我就觉得她与众不同。

老师每天在黑板上挥笔书写,字都很漂亮,横平竖直,工工整整,就像她上课一样有精神。不知怎么的,我喜欢模仿起老师的字来。用奶奶的话说,我作业的书写好多了。

我一直很怕考试。每当考差了,看着别人得到高分兴高采烈的样子,心里可真不是滋味:都是作文惹的祸!第一单元的测验卷发下来了,一看分数,就像被电猛击了一下,整整扣掉了12分!因为没有达到80分,组长一直唠叨我,更令我如坐针毡。老师看见我垂头丧气的样子,走过来,轻轻地对我说:"小植,还记得老师教给你写作文的方法吗?可以把很复杂的描写方法变成很简单的口令——'5+1'……"我立刻明白过来，原来写人写事就离不开人物的外貌、神态、动作、语言和心理活动，还有通过具体的生活情境写人，这样才能把事情、把人物写具体。以往，别的老师总是一再提醒我们要写具体，可是怎样才能写具体呢，我被搞得晕头转向。老师教的"5+1"真好记！她让我重新读了自己的作文，对号（5+1）入座，我发现，原来自己的作文连"1+1"都没有，怪不得扣分多呢？在老师的指导下，那篇作文终于修改好了。用着老师教的法宝，我越来越不怕写作文了，作文慢慢地好起来，考试的作文扣分也越来越少，有一次还只扣1分呢！

老师让我懂得了写字和作文都是要用心学习的，不学的话就不会做。

还有一件关于老师的事情——

那天，老师为了指导我们写好作文，把她的作文《永远的方老师》投影出来，很认真地为我们朗读，读到最后一句，老师的声音哽咽了，我很清楚地看到屏幕上的那句话："做人要堂堂正正，一丝不苟，要做一个有追求的人。"我们全班同学都被震住了，鸦雀无声，眼巴巴地看着老师。看到同学在埋头抄写着什么，我赶紧把这句话摘抄下来。用心读读这句话，我突然发现自己原来是多么的不懂事，经常很随意地看待自己，因为心情不好就不听课不做作业，无论谁劝都不听。看到别人有爸爸妈妈，我就羡慕得不得了，内心总有一种很无奈很绝望的感觉。我害怕写关于父母的作文，害怕写关于家乡的作文，害怕……因为这一切都是那么陌生。老师经常对我说："小植，其实你很幸福，因为你有爱你的爷爷奶奶，还有同学和老师。""小植，其实你很幸福，因为你父母给了你健康的身体和聪明的小脑袋。""小植，好好地做作业吧，你的成绩会好起来的。""小植，坚强地面对一切困难，需要你拥有一颗强大的心。老师相信你可以做到……"

今天是第七单元测验，写一个敬佩的人，我选择了写阮老师，作文的题目是《永远的老师》，因为我敬佩她，她让我明白了很多大道理和小道理，其中感受最深的是"做人要堂堂正正，一丝不苟，要做一个有追求的人"，这句话给了我很大的启发，老师在我心中的地位变得很高很高。

老师，我的作文写得还不够好，但说的都是真心话；我的成绩还不够好，但我会努力的。我永远爱您，阮老师！

七年前寒假过后我接手了一个四年级的班级，不久就发现一个挺特别的男孩子小植。他的身材相对于班里同学的平均水平而言，算是又高又大，但他坐在第一排；人长得挺帅气，举止却像个幼儿园小朋友，经常吮手指头；头脑蛮

聪明机灵，但学习成绩很差。有时候神采奕奕，认真听课，积极举手回答问题；有时候却萎靡不振，神情黯淡，趴在桌子上如同世界末日即将来临……

这到底是个怎样的学生呢？观察了一段时间，我心中疑团重重，小植就像日本的套娃，不知道套了多少重，而真正的他正潜伏在最里层，诡秘地候着我呢！我希望有机会把他琢磨透，破解他的密码。随着相处逐渐深入，跟他正面接触，也听旁人讲述，我心中的疑团不断消除，但新的滋味不断涌现，我知道，那是一种有心无力的绝望感。

开学初，我要求家长参与孩子的作业评价，以此督促孩子做作业，发现小植的作业没有家长评价，就把他找来询问。他解释说，父母在北京工作，是工程师，平日工作很忙，很少回来。我说，你可以打电话跟他们沟通的，向他们汇报自己的学习和作业，他当时似懂非懂地点了点头，作业却一直没有任何的改变。

期中考试后学校要召开家长会。为了增加亲子沟通，作为副班主任，我精心设计了家长会的活动项目，其中一个重头戏就是教孩子给父母写一封信，信里大致有四项内容：一是问候家长，二是向家长汇报期中考试的各科成绩，详细回顾自己半个学期以来的学习情况，写出自己的优点与缺点；三是跟家长分享一件自己最快乐的事情；四是灵活地引用诗文佳句，向家长表达感恩之情。其他同学都神情愉快地接受了任务，开始动笔写信，只见小植神情冷淡地趴在桌面上，半天不动笔。我悄悄地把他叫出门外，问他有什么困难。他说，父母在北京工作，一直没有回来，肯定不会来参加家长会，而自己又没有他们的地址，这封信不知如何寄出。我跟他说，你奶奶肯定知道的，问奶奶去吧。他似懂非懂地点点头。临开家长会的那天下午，他干脆消失了。晚上，是他奶奶来参加的家长会，他的桌面上并没有放信。

此外，我听到了很多关于他的传言，了解到他的不幸。我知道他所写的所说的关于跟父母亲快乐生活的事情，十有八九都是他想象出来的，虽然，我曾经一度相信他真的跟父母快乐地生活，因为他所写的每一个细节都是那么真切，丝毫看不出破绽。我也曾想过跟他的奶奶沟通，但都无法成功，因为他奶奶已经是垂暮之年却仍然奔波忙碌，无暇详谈。

他的多变，让我对他的即席心理辅导日益经常化：他经常转过头去逗同学玩，我暗地里提醒他：男子汉要自信些，不必总是从旁人的眼里获得肯定……他考试的时候，做得很慢很慢，趴在桌面上半天不动，我鼓励他：在学习上要做一个不怕死的勇士，不要怕出错，努力用学到的本领解决考试难题……相信自己，只要你多读几遍，自然会做了……做完练习了，他先不找组长而直接来到讲台前要老师批改，我会给他详细讲解每道题，让他感受到老师对他的重视……下午上课打瞌睡了，我会提醒他：上课打瞌睡老师也试过，感觉真的很难受。需不需要上洗手间去洗把脸？这样肯定能消除打瞌睡的感觉。

如果走进教室准备上课，骤然发现他神色不对，异常沮丧的样子，我会私底下询问同学：他刚才碰到什么问题了？学生对我如实相告，知无不言：其他老师批评他了……当然，也有说不出原因的，我知道，肯定有什么触动了他脆弱的心灵底线。于是借鼓励全班同学的机会旁敲侧击地鼓励他：谁没有困难呢？其实，没什么大不了的，什么困难都有解决的方法。碰到困难了，我们要在战略上藐视它，在战术上重视它……什么人是真正聪明的人？就是懂得利用周围一切对自己有利的因素解决困难的人，例如……他也蛮机灵的，听出了老师话中有话，"忽"地坐直了，精神状态恢复正常，于是，课终于可以如常开始了。

当他无缘无故萎靡不振的时候，我对他说："小植，其实你很幸福，因为……"

第七单元测验，他的作文给我带来了极大的惊喜。作文题目是《永远的老师》，写的正是我——他的语文老师。作文写得很长，用完所有格子不说，还把留边空隙都写满了。从老师的外貌写起，中间写了两个事例：一是老师提醒他用"5+1"的方法，帮他解决了写作文的难题；二是老师读范文，教会了他做人的道理。结尾，他毫不掩饰地写道：我敬佩我的语文老师，她是我永远的老师！他把我范文的中心句一字不落地引用出来，让我颇感意外！我发现，他大大咧咧的外表下，藏着一颗细腻敏感的心！

最近市里举行亲子电影观后感征文比赛，这类话题当然是他的大难题，他无法写好这篇观后感是意料之中的事情。我选择他的作文进行修改并推荐参赛，也是出于帮助他的考虑。作为小植的语文老师、副班主任，我很想给予他有效的帮助，但如何做到恰如其分，我无法把握好这个"度"。家家都有一本难念的经，托尔斯泰曾经讲过一句很经典的话："幸福的家庭家家相似，不幸福的家庭却各有各的不幸。"其实，作为小植的家长，也很难取舍，也许，他们根本没有勇气思考这样一个问题：小植当下的心理和生活状态是怎样的？这么多年他如何度过跟别人不一样的每一天？当爷爷奶奶老去，小植将来的人生路会如何走？大人的错误选择或决定，给小孩带来的深重灾难，是大人无法预计的。

对这个家庭，我不敢深度介入，只有一个善意的愿望：让小植拥有一个完整无憾的人生。

诗意同行：追寻教育理想国

第三章
辨析：教育的两种关系

人执持双重的态度，因之世界于他呈现为双重世界。

——马丁·布伯

一、我们的教育怎么啦

两年前巧遇了《语文教育虚伪严重 说假话、抒假情盛行》这篇文章，读之思之，颇为感慨，于是我写下了以下的解读与思考。

《语文教育虚伪严重 说假话、抒假情盛行》一文在网上的出现，应该是针对新一轮高考改革方案提出的，对语文教育做出的具有总结性质的回顾与反思，在一定程度上体现出社会各界人士对语文教育的整体而笼统的看法。之所以说是"整体看法"，是因为此文似乎涵盖了社会各界观点，如，一线语文教师"尖锐地指出"、专业人士"针锋相对表示"、教育周刊热心调查所提供的学生"又爱又恨"。之所以说是"笼统看法"，是因为里面提出的四个"（是）……还是……"，所有的引用，基本上属于语文课程边缘或外围的讨论，并非立足于语文科课程本身的思考，因此，这些看法是围观多于学科思辨，泄愤多于理性思考，偏激多于中肯。对于诸多看法，文章作者流露出一定程度的无奈，并做出对各种尖锐偏激看法试图进行调解的姿态。

第一是"人文教育还是政治教育"。作者的这个"思辨"本身隐藏着对"政治教育"的批判，批评的结果是立"人文教育"破"政治教育"。回顾教育产生与发展的漫长历程，除却上古时代教育纯粹为了人自身生存之目的，从奴隶社会到 18 世纪产业革命之前，教育基本上都体现了政治功能，如儒家学派的创始人孔子认为，教育是"仁政""德治"的基础，教育就是要培养"好礼""好义""好信""仁德"等为民上的君子。教育的政治功能极其强大，尤其是在"一切都被颠倒了"的"文革"时期。新时期以来，我国教育的经济性价值随着社会经济的发展逐步被发掘出来，但政治功能依然占据重要的地位，导致语文科从 1904 年独立设科以来一直设定的"培养学生听说读写能力"的既定前提也需要极力辩护和维护，产生了"语文科应该是干什么的"疑问与玄想，或曰"哲学思考"。我们可以明确，语文教育肯定不是"政治教育"，这是不言自明的，但是，我们必须了解语文教育为何始终带着"政治教育"的历史背景，任何抽空前提，脱离具体历史语境的批评，都不是客观的态度，因为这不是语文教育本身的问题。明确了语文教育不是政治教育就等于说语文教育就是"人文教育"吗？其实也未必。"人文教育"的提出，是 20 世纪 90 年代末针对语文教育过于强调工具性而导致人文内涵失落这一状况提出的纠偏，结果这一纠偏在新一轮课程改革中又引发了一边倒的人文教育，从一个极端走向了另一个极端，这本身也是一种矫枉过正的倾向。人教版新课程实验教科书采取主题编排单元教材的方式，就是基于"人文教育"的理念，单元主题均离不开三大交往主题：人与自然的交往（求知）、人与人的交往（仁爱）、人与自己的交往（信仰），从文以载道的角度来看，这本身无可厚非，但"文"毕竟是"文"，不能完全等同于"道"。语文知识系统本身对于人言语能力的培养是否存在必然的联系，也的确值得质疑，有的人天生就能说会道。从语感角度看，个体语感是言语感悟（属于个人缄默知识），语文知识是语言学习（属于社会共性知识），两者存在着直接但不紧密的关系。但是，我们的语文课堂因为人文教育倾向，设计了大量人文主题活动，把语言学习与言语感悟的边界模糊化，也是不妥的，因为这些主题活动的宗旨在于了解社会、感悟人生、体验自然、贴近艺术这些人文主题，不在语文活动本身，对促进学生内在的言语建构和言语素养的提升并无直接促进作用。这样，语文课与其他课程如政治课、历史课、地理课、艺术课的教学又有什么区别呢？刚刚过去的十年新课程改革实践早已证明，这种人文教育也是一种矫枉过正的倾向，导致语文教育走向非语文本体的"泛语文"。

第二是"教材改革还是教学改革"。教材，通俗地说是教学凭借的材料，"所谓语文教材，是指实现语文课程与教学目标，承载、呈现语文课程与教学内容的基本材料或媒介系统，它是课程标准的具体化，是师生实施课程标

准的重要凭借,是实现语文课程目标最重要的课程资源。"① 语文教材就是"用什么去教学生学语文",是学生学习语言文字运用的中介材料和凭借,不代表语文学科课程本身。教学,是教学策略与教学方法的问题,是"如何教"的问题。如果仅仅谈是"教材改革还是教学改革"的问题,至少没有理清"课程内容"与"教材内容"以及与"教学内容"这三者的关系,还是立足于语文教育外围的讨论。"'语文教材内容',长期以来,人们或者将它混同于'语文课程内容',或者将它混同于'语文教学内容',甚至混同于'语文教材中的选文内容'。"② "课程内容,课程论研究中一般称为'课程要素',指特定形态的课程中学生需要学习的事实、概念、原理、技能、策略、态度。""语文课程内容是课程层面的概念,回答的是语文课程'教什么'这一问题;从学生学的角度,它是学习的对象,是对'学什么'的规定。"教材内容,是课程内容的具体体现。学生学习语文课程不可能是学科要素的直接灌输,必须通过具体的事实与现象才能掌握。课程内容必须"教材化",就是通过什么事实和现象使学生学习课程内容。教学内容是教学层面的概念,从教的方面说,主要是指教师为达到教学目标而在教学的实践中呈现的种种材料,它既包括在教学中对现成教材内容的沿用,也包括教师对教材内容的"重构"——处理、加工、改编乃至于增删、更换,它逻辑地蕴含着教师参与课程研制、用教材教和教学为学生服务等理念。③

叶圣陶先生在 20 世纪 30 年代编写语文教材《国文百八课》的时候,曾经为回应某些作者质疑而解释:"语文教材无非是个例子。"既然是例子,合用就好,关键在于是否能发挥"例"的作用。既然是例子,教学内容也未必是整篇课文所包含的所有内容。当前我国的语文教材是文选型教材,因为以"篇"为主的选文涵盖的东西太多太丰富,例子的性质反而不能突出体现,加上内容涵盖面又广,文章所蕴含的意义又深刻,导致了作为例子的语文教学内容的选取无法筛选与聚焦,语文教学容易陷入仁者见仁智者见智的田地,同一篇课文,不同的教师选教的内容不同,教学的策略与方法也不同,让人摸不着头脑,功力稍浅的教师只能是考什么教什么,人家教什么自己也教什么,人家如何教自己依样画葫芦,或者干脆不做任何筛选,课文写什么内容就教什么内容,如,写秋天的雨,就教秋天的雨;写花钟,就教花钟的

---

① 吴忠豪. 小学语文课程与教学 [M]. 2 版. 北京:中国人民大学出版社,2015:31.
② 王荣生. 语文科课程论基础 [M]. 北京:教育科学出版社,2014:270 – 271.
③ 王荣生. 语文科课程论基础 [M]. 北京:教育科学出版社,2014:271.

知识，教完课文，在黑板上留下一个很漂亮的花钟了事；写太阳，就教太阳的"远""大""热"的特点；写荷花，就教学生欣赏荷花的美；教爬山虎的脚，就教爬山虎的脚是什么样的、怎样爬，而忽略了语文科课程本体，把语文课教成思想教育课、历史文化课、科学常识课等。有的由于文本解读功力浅薄，不懂得用心琢磨作者的言语表达（即作者是用什么样的话语表达自己的心意的），把所有的课文都教成（读成）一个模样，更有甚者无视课文的文体共性特征，把说明文教成散文，把文言文教成语体文……如此不着边际的教学，导致学生感到语文课堂既枯燥无味又眼花缭乱，不知道学什么，迷茫至极。教学内容的选取很大程度上影响了教学策略的选取。导致混乱的关键是，把教材内容直接当成课程内容，把教材内容直接当成教学内容。

第三是"传统为重还是现代为重"。作者把这个争论产生的原因归结为"个人偏好的不同"，并以《完善中华优秀传统文化教育指导纲要》对传统文化的"明确要求"得出"所以，你学或者不学，传统文化就在那里"，颇有委曲求全意味的结论，我认为这是有失偏颇的。首先，这不是个人偏好不同的问题。语文教育以传统为重是有着深厚历史根源的。几千年的中国古代语文教育，是集"经史哲"于一身的大语文教育，是百科全书式的教育，是与封建社会的思想道德教育合二为一的，是经义教育的附庸，至清末，随着新学制（"癸卯学制"）的实施，语文教育逐渐从混沌走向了科学，语文教学也从自发走向了自觉。随着1904年《奏定初等小学堂章程》的颁布并推行，标志着我国现代"学科"含义上的语文教育正式成立，关于语文课程，有了旨在"使识日用常见之字，解日用浅近之文理"的中国文字这一科目，在此基础上到第五学年又增设了旨在"养其性情"的"中小学堂读古诗歌法"科目。除了读经讲经，初等小学设立"中国文字"，主要是"俗语"的写作，高等小学与中学设立"中国文学"，主要是文言的阅读和写作。此后的语文课程与教学改革，均在"培养听说读写能力"这种既定疆界内进行。现代文教学的历史是极其短暂的，内容也是单薄的，当然无法与传统教育相比，这是毋庸置疑的事实。但问题不在此，至于用什么样的素材教语文，其实是语文观和语文课程观的问题，是培养学生学习语言文字运用能力还是培养学生文化素养的问题。其次，不应该付之以"委曲求全"的态度。传统文化的前提是优秀，是精华而非糟粕。对于传统文化的传承，是毋庸置疑的。自白话文运动以来，对于文言文和固有文化（国学知识）的争论一直都存在（我发现当前的语文老师对于文言文是存在误解的，以为文言文就是古人的日常用语，其实并非如此，古人的口头表达也是白话，如吃饭，也是说"吃

过了没",只有书面语才是文言,如"饭否")。但无论如何争论,培养学生运用祖国语言文字叙事说理表情达意的能力,是语文教学的首要而核心的目标。培养学生的言语能力,阅读经典、借鉴经典是前提,感悟语言与建构内在的言语系统是关键,运用语言进行实际的言语交际是结果。因此,语文教学活动主要是在具体的阅读与写作练习中,提升学生获得独立的文本解读能力、鉴赏能力和表达能力,让学生在跟古今中外文学作品的层层深入的对话交流中,实现视域融合,反观自我,提升自我,从古今中外精神文化宝库中汲取营养,提高思想文化修养,促进自身精神成长,最终获得言语的自我建构和拥有独立精神。

第四是"语文天下还是数学天下"。这涉及语文教育政策的问题。中国对高考的空前重视始于新时期的恢复高考,反映出国家对人才和知识的迫切需要。高考制度本身没有问题,问题是高考的改革未能跟上社会发展进步的步伐,加上教育投入的不充分和教育资源的不均衡,导致机会缺乏,加上人才意识的偏颇,导致国民对普通高中和学术性大学一边倒的认同,导致学生的出路不断收窄,把学生逼上"学术性人才"的独木桥。从小被灌输"只要好好学习就行"观念的学生,早已失去了选择主权和话语权(自我存在和选择意识),对于自己的学习动力和未来出路在哪里是迷茫和被动的。高考成了家长和学校乃至于地方炫耀自己教育教学成果的渠道,高考也成了教育机构利益链自我保护和寻求利益最大化的武器,至于孩子自身的发展渴求,似乎并没有列入成人考虑范围,最重要的教育主体反而变成了无足轻重被遗忘的一角,被扭曲的高考集体无意识导致了教育的空心化,教育就像龙卷风一样,风暴的周围刮得极其强烈,威力巨大且极具破坏力,但处于风暴中心的区域却是平静的空空然,居于风暴中心的孩子既无法脚踏实地,手中又无可把握之物,无以承受之重和无以承受之轻的两种感觉相互交织和拉扯着,颇感彷徨而失措。以前曾听到一位颇有特权的同行说过:"我们无法控制学生的思想,只能控制他们的时间和空间。"失去选择权、话语权的学生怎么能具备自觉学习和主动前进的力量?怎么会具有创造力和可持续发展力呢?关于语文科和数学科,学习的知识是根本性的不一样,语文与数学的知识形态不一样,数学是真理形态的知识,已有明确的定理和公式,而语文则是一种非真理形态的知识,需要反复感悟和长期积淀。语文教学被诟病最多的是"技术化",即把语文教育降低为纯粹的语言形式的技术操作手段,而无视人的精神存在,无视人文涵养、人文积淀、人文价值以至于语文教育的极其重要性,认为语文教育就是语言训练,把语文教学内容都知识化,导致教材和教参也被神圣化，标准化考试也成了必然选择，语文课也被异化了，语文知识不是顺应人的发展，而是人顺应语文知识以便让其形成体系。根据王荣生教授的研究成果，语文教育研究应该是多层面的，自外而内需要分为七个层面：人—语文活动层面，人—语文学习层面，语文科层面（语文课程与教学），语文课程具体形态层面，语文教材具体形态层面，语文教学具体形态层面，语文教育评价层面。① 如果这几个层面搞不清楚，就会导致语文教学的混乱，不少地方一窝蜂地开展语文大阅读活动，甚至认为语文课堂本身都没有存在的必要了，造成语文课堂空心化，语文教师也不知道自己要教什么了，质疑自己是否有存在的必要了。语文要素的层次结构，第一层是文章与文学，第二层是文化，第三层是语言，站在语文的立场上，最核心的概念是"言语"。② 在母语这个大语境中，学生带着基本的言语表达走进语文课堂，学生在语文课堂中学习的，显然不是学生已有的日常的基本的交际语言与言语表达，而是在此基础上获得进一步提升——借助语文教材习得规范得体的交际语言与言语表达。何为规范？即符合语法规范和社会约定俗成的语言范式；何为得体？即合情合理，在具体语境中既符合自身的审美意愿又与大众的审美意愿相契合的言语表达。从这样的意义上看，学生学习语文，就经历了从日常交际的语言到规范得体的语言的学习过程，学习的主要中介就有语文教材与语文教师。"语文教材无非是个例子"（叶圣陶语），而语文教师就是学生习得规范得体的言语表达的关键引领者。"语言"是一个静态要素系统，包括字词句篇语修逻文，而"言语"是一个动态功能系统，是对静态系统的组织与运用，语文教学是语言要素教学还是语言功能教学，也成为当下语文课本体教学与非本体教学（是不是语文课）的分水岭。语文高考分数拟提升至180分，本身没有问题，关键是考试的内容和方式是什么，要通过考试夯实学生什么样的知识基础。

语文教育深如大海，能否抓住关键，是回归教育根本的唯一通道。当然，语文教育真相就在不远处的前方，我等也只能如同夸父逐日一般，无论如何，一如既往，一切从学生发展需要出发，去研究教育教学。

教育关乎人的生存与发展，教育深入到社会生活的每一个部分，让每一个社会人无条件地整个地处于其内部的盘根错节之中，因此，国家教育政策的动向和发展趋势牵动着每一位社会人的神经。同时，教育又是人的教育，

---

① 王荣生. 语文科课程论基础［M］. 北京：教育科学出版社，2014：11.
② 于漪，刘远. 李海林讲语文［M］. 北京：语文出版社，2008：98.

"人的本质在其现实性上是社会关系的总和"（马克思），因而，社会关系有多复杂，人性就有多复杂，教育也就随之有多复杂。随着政治全球化发展，社会走上了政治、经济、文化等多元化发展的道路，人的多种发展可能性越来越多，人的多元性发展需求也日益凸显。教育作为人发展的中介和主要渠道，也随着社会的多元发展而得到社会各阶层史无前例的重视，为了满足人民群众日益增长的教育需求，学校数量倍增，幼儿园遍地开花，集团化办学、巨无霸民办学校的出现，社会教育机构如雨后春笋般地涌现……教育盛况空前。然而，当越来越多的孩子或"主动"或被动地参加各形各色的兴趣班，投入到各种类型的形形色色的教育机构之中的时候，人们又隐隐发现，在如此繁荣的教育盛况之下，似乎隐藏着许多无法让人心安理得和从容应对的"喧嚣"，各种莫名的焦虑感和危机感悄然产生。

（一）教育的多元焦虑

1. 学校的教育是否满足孩子发展的需要

根据《新华词典》的解释，"学校"指有计划、有组织、有领导地进行系统教育的机构。根据"百度百科"的解释，学校教育是由专业人员承担，在专门的机构进行目的明确、组织严密、系统完善、计划性强的以影响学生身心发展为直接目标的社会实践活动。学校教育体现国家教育方针和教育发展方向，需要承担国家课程的实施，培养全面发展并能适应终身发展和社会发展的人才。由于社会的多元发展，全球化视野的建立，人对自身的认识和对社会的认识都有了不同程度的提高，产生了多元化的认识，人们对教育的认识与思考也有了不同程度的加深，对学校教育的质疑主要体现在教育内容和教育形式这两个方面。对学校教育内容的质疑，如学科课程设置是否科学合理？素质培养的内容是否丰富而充分？特色活动课程能否满足孩子个性化发展的需要？有无设置校内外联动的拓展性课程？对学校教育策略的质疑，如学校是否存在强迫性学习？是否存在单一价值观的灌输？是否压制学生的个性自由发展和独立人格的塑造？是否只是追求升学率而忽略对学习技能和能力的培养？是否只追求分数而忽略学生的兴趣、爱好与特长的发掘与培育？是否注重培养学生的知识性学习而忽略对学生的全面个性发展？诸如此类的质疑，导致人们总是用不信任的眼光去看待学校教育。面对着强大的学校教育制度，有为数不多的人试图挣脱学校教育体系而成为社会人眼中的"另类"，更多的人则选择"夹缝中生存"，试图从社会的教育机构中获得个性化发展需求的满足，把孩子的课余时间都投放到了各种兴趣班和补习班当中，市场的需求效应让各种社会教育机构呈井喷式出现。

当然，不可否认的是，有不少学校的确存在着某种不作为，由于缺乏深入理解国家课程的深刻内涵，只能被动呆板地执行国家课程，不仅没有克服"分科太细"的老大难问题，还因为"应试"而导致教学内容过于狭窄，为考而教导致教学停留在碎片化知识的机械操练上，以满堂灌和满堂问代替了学生的思维锻炼，把丰富多彩的学习内容变成了枯燥无味的练习题，最终学生被终日牢牢地控制在课堂上，被牢牢地控制在座位上，原本丰富多彩的学习活动也变相为日复一日枯燥无味的"坐学""闷学"与"苦学"。由于失去了学生发展的现实性需求和当地教育资源的支撑，原本充满"召唤性"的教育内容便被固化和格式化，本应跟当地资源和实际需要相结合的课程内容处于孤立、静止状态，具体的课程形态失去其本应的个性化和生命化，无法实现分层教学，因材施教更无从谈起。同时，由于学校教育机械执行国家课程，以及理解的偏差和教学模式的固化，让"分科太细"所带来的问题不仅没有得到解决，还有日趋突出和严重之势，导致学校教育无法从学科教学中抽身出来思考教育的应然状态，过于注重学科知识的传授，忽略了学生学习技能的培养，过于注重知识的书面训练而忽略了实践操作的设计与引领，过于注重教师讲授而忽略了学生的学习实践，导致学生眼高手低，高分低能……造成了学校是制造同一模板人才加工场的假象，诸如此类的不当做法，无疑是违背国家教育方针和发展方向的，既导致国家课程无法高质量地实施，又导致家长对学校教育的质疑。

2. 孩子的发展能否适合未来发展的需要

未来迎面而来，随着全球化视野和社会的多元发展，什么样的人才能适应社会发展的需要，适应人对自身发展的期望，社会发展的时间性和空间性变得日益紧迫，孩子当前的学习和发展状态，是否能获得适应终身发展和社会发展需要的必备品格和关键能力？这也是社会人普遍产生焦虑的原因所在。从20世纪五六十年代开始，世界多个国家和组织陆续开始对学生核心素养的研究，从哲学、心理学、人类学等角度对教育进行了全方位的考察。我国对学生发展核心素养的研究，本质上是对"面向未来教育要培养什么样的人，如何培养人"这一问题的反思与追问，是基于全面落实立德树人根本任务、提升我国教育国际竞争力的迫切需要。我国学生发展核心素养，以科学性、时代性和民族性为基本原则，以培养"全面发展的人"为核心，分为文化基础（最初为"文化素养"）、自主发展、社会参与等三个方面，综合

表现为人文底蕴、科学精神、学会学习、健康生活、责任担当、实践创新六大素养和十八个要点，强调知识、能力和态度的统整，其特征主要有整合性、跨学科性及可迁移性，力图实现教育对促进人的全面个性发展的作用。因为教育的灵魂应该是完整的。"教育以人为本"的这个"人"不是具体的某个人，某群人，而是指所有人，具有全民性；这个"人"不是指人的某个或某些方面，而是指全面的整个的人，具有全人性；这个"人"不是指人的某个阶段，而是人生的全过程，具有全程性。然而，《中国学生发展核心素养》的发布又引发了新一轮的争论，不少人质疑这个核心素养因为求全而没有抓住核心，认为这个核心素养无法真正引领学校教育的发展和学生的发展。那么，素养的核心到底在哪里？哪种（些）素养才是真正的核心素养？对于当前全国多个省市地正在实施的新高考改革，高考继续成为社会热议的焦点，"育人"与"育分"之争白热化。这无疑加深了人们对教育的质疑，加剧了家长对孩子前途命运的焦虑。

3. 迫切地寻找适合孩子健康成长的教育

社会的高速发展，让人们无法从容地"静待花开"。人们试图从孩子当前的学习状况"看到"孩子未来发展的种种可能性，他们似乎"看穿"了学校教育的全部，心里反复"掂量"着学校教育对促进孩子成长的分量，他们对学校教育发表自己的质疑、看法和意见，并以"以人为本"之名对学校提出了各种各样的看似合理的"要求"；他们试图以自己的力量影响和左右学校教育的发展方向，选择各种各样跟学校沟通的方式；他们选择了把孩子投放到各形各色的社会机构当中，试图通过各形各色的教育来让孩子寻找到自己的兴趣和特长，恨不得孩子在一夜之间学会十八般武艺，浑身挂满装备，一旦出现某种契机，身上的武器总有一种能破空而出，一击即中。学校教育也从来没有停止过寻找适合孩子健康成长的教育内容和教育方式，从教育主管部门的政策与呼吁，到学校办学者的思考与践行。但如何让学生获得健康成长的教育，似乎永远在路上，学校似乎需要配合所有部门的工作，似乎需要迎合人们所有的教育理想和教育需求，工作内容变得异常臃肿而庞大，工作方式变得异常躁动而茫然。寻找适合学生健康成长的教育一直处于"可为"又"不可为"的矛盾状态中，可为与不可为，需要看教育者对教育理解的深度、厚度和广度：不静下心来做深入的教育研究肯定无法找到教育规律，不潜下心来做育人的研究肯定无法找到育人的有效途径，没有教育情怀的人肯定不会致力于寻找科学育人的教育途径，缺乏教育专业素养基础的学校管理者当然无法站在巨人的肩膀上看到教育的高度，无法掌握教育发展的方向；缺乏教育专业素养基础的学校管理者也无法在岗位管理上有所突破和作为，无法引领探寻教师专业发展和职业生涯规划的方向；缺乏教育专业素养基础的学校管理者也无法深入到教育最基层的单位——课堂，无法引领教师在课堂教学中找到教育的根基所在。站得不高必然导致看得不远不全，深不下去必然导致做得不细不实。学校毕竟不能等同于普通的社会机构，其管理具有专业性和特殊性，不扎根于对教育全方位深度的研究只能导致盲目跟风，变成墙头草两边倒，失去了学校教育在教育中应有的主导地位。国家倡导的"教育家办学"无疑是正确的风向标，应该成为各级政府办教育的重要参考指标。人的发展始终是学校教育发展的核心要素，"育人"是教育的灵魂所在，"教育为了人的发展"是一切教育者思考教育发展的逻辑起点，离开了人教育是不存在的，不是基于人的发展的教育和不能实现人的发展的教育是没有存在意义的。

（二）教育是否切切实实存在着

叶澜教授的"教育形态交往起源说"认为，如果从形态的角度看，教育起源于人类的交往。人与人之间的交往隐含着教育构成中的基本要素（如交往双方、内容、媒体），当交往双方相对特殊化并形成一种以传递经验、影响他人的身心为直接目的的活动时，交往则转化为教育。正是在这个意义上可以说，教育是人类交往的一种特殊形式，交往与教育之间的关系，是一般与特殊的关系。① 按照《实用汉语词典》的解释，交往是指"交际往来"，是"共在的主体之间的相互作用、相互交流、相互沟通、相互理解"。"这是人的基本存在方式，它清楚地昭示了人根本区别于动物的社会性，它反映的是'主体—主体'结构。"② 教育作为特殊形式的交往，伴随着人和人类社会而出现。无论学校还是社会教育机构，无论是家庭还是社会，在生活的每一个角落，教育行为都充斥其间，教育行为每时每刻都在持续地发生着，生活有多广阔，教育的范畴就有多广阔。尽管如此，作为特殊交往方式的教育是否切切实实存在着？其实未必。影响教育发生的原因是复杂而多样的。

一是教育内容的设置是否科学合理。从学校教育来看，各个科目的课程内容设置的目的是促进学生整个地发展，但实际上这些课程内容是否能达成促进学生整个地发展的目的，至今尚无权威定论，学校更多的是执行，执

---

①② 张广君. 本体论视野中的教学与交往 [J]. 教育研究，2000（8）：54-58.

行,再执行。从社会教育机构来看,其设置的课程内容往往跟社会多元发展直接接轨,跟家长对孩子的期望直接接轨,就是社会需要什么就设置什么课程内容,不是显得高大上(各种名目足以满足家长的好奇心),就是特别实用(以订单式或定制式辅导课程,提高学生的学科分数或思维能力),但这些课程能否达成促进孩子全面发展的目的,同样没有权威定论。从家庭教育来看,教育内容基本上跟家庭生态直接挂钩,更多的是体现为家长对孩子的期望值的高低,体现为家长对教育的理解程度的高下,体现为家长对人生境界的追求和对生活的理解,教育内容显得随意而零碎,没有哪一个家庭敢说自己的教育内容是最科学最优质的,即使是孩子学习成绩很不错,能考上知名的高校,至于孩子未来的发展是否符合大众的集体意愿,谁也不敢说,谁也说不准。从社会教育来看,教育内容是最为宽泛的,涉及大众生活的方方面面和每一个环节,主要体现为对社会公德的倡导和对社会公共秩序的遵守,法不禁止皆可为,不被公共秩序规范所允许的不可为,不符合大众道德标准的少作为,社会教育的内容能否达成促进孩子全面发展的目的,更多地取决于社会风气的浸染和家长的言传身教,取决于每一个社会人的真诚付出和共同维护。

二是教育策略的实施是否匹配合理。从学校教育来看,营造优质的育人环境,发挥课堂作为教育的主阵地作用,不断地优化教育教学策略,设计和开展丰富多彩的活动性课程,以教育教学评价指标引领学生发展等,学校的教育策略无疑是日趋丰富的。尽管如此,当这些教育策略转化为具体的教育形态时,对促进学生发展的有效性到底有多大,效果有多好,也难以评估,评价始终成为叩问学校教育质量的有力武器,有效评价是学校难以破解的难题。当前社会对产品生产效益最大化的追求是前所未有的,学校教育也深受影响转而追求"多快好省",最显而易见的是,因为沉重的课程教学任务和教育政策制度的约束,学校和教师往往会选择直奔考试的教育教学方式,而不会选择体验式教育,认为体验式教育尽管最适合学生的发展,但最耗费时间和精力。从社会教育机构来看,其教育策略是灵动多变而又极具针对性的,力图吸引每一个孩子,力图让每一位家长信赖,如动手操作体验、身体机能的开发、兴趣特长的培养、一对一的课业辅导等,但社会教育机构的教育策略无疑又是极具功利性的,教育的性价比和教育效果也颇受质疑,能否真正调动学生自觉学习和自主发展的积极性也存在质疑。从家庭教育来看,教育策略基本处于缺失状态,这跟家长的工作状态、生活状态和情绪状态直接相关,对孩子的要求和对自身的要求不一致,随意性和随机性大,不当教育更普遍存在，家长处于对学校教育的极度依赖和极度不信任的矛盾之中，处于自己的孩子能否比别人的孩子更优秀的患得患失的情绪焦虑之中。从社会教育来看，其教育策略基本上停留在对社会舆论的引导层面，处于维护与改善状态，对公众缺乏明确而具体的要求，教育效果更多地取决于大众良心和家庭教育的效果。

（三）案例：我之所思

1. 学生获得的是知识还是信息

在芬兰进行教育考察的时候，一位德高望重的数学教授为了帮助我们辨析"信息"与"知识"，说过这样的笑话：传说在芬兰边远地区的一个小学校里，一位数学老师这样教孩子学习分数加减法——分母与分母相加减，分子与分子相加减。教师日复一日、年复一年地教，学生日复一日、年复一年地学，师生双方均丝毫没觉察到有任何问题。直到有一天，国家教育督导前来学校检查，发现并纠正了教师的这个错误。教师懊恼之余想出了一个既可纠正自己长期所犯错误又可顾全面子的办法。第二天，教师很高兴地告诉学生：昨天晚上他有幸得到了上帝的指引，上帝指示说从今天开始，分数加减法不再是分母与分母的加减、分子与分子的加减了，而是要这样做加减……

从以上的笑话联想到日常的教学，便会产生一连串的问题：什么是知识？什么是信息？知识与信息有哪些区别？教师在教学中所教的内容是否都可以算是知识？学生在教学中所获得的是知识还是信息？

关于"什么是知识"的问题，世界上至今也没有一个统一而明确的界定。根据《现代汉语词典》（第7版）解释，知识是"人们在社会实践中所获得的认识和经验的总和；指学术、文化或学问"。从词源的角度看，"知识"可分为"知"与"识"。"知"从"矢"从"口"。"矢"指"箭"、"射箭"，"口"指"说话"。"矢"与"口"联合起来表示"说话像射箭，说对话像箭中靶心"。"知"的本义是说得很准（如成语"一语中的"）。"不知"或"未知"就是指话没有说准，就好像射箭没有击中靶心。箭有没有射准，可经由报靶员证实；话有没有说准，可经由公众检验。"识"的繁体写作"識"，从"言"从"戠"，"戠"从"音"从"戈"，本指古代军队的方阵操练。"音"指教官口令声，"戈"指参加操演军人的武器。随着教官指令，军阵会出现整齐划一的团体动作。因此，"戠"字本义是"规则图形及其变换"。根据《新华字典》（1998年修订本）解释，"识"指知道，认

得,能辨别;所知道的道理,如常识等;见识,辨别是非的能力。

"知识"的经典定义来自柏拉图。知识必须满足三个条件:①它一定是被验证过的;②它一定是正确的;③它是被人们相信的。这也是区分科学与非科学的标准。从"主—客"两个关系的认识论出发,知识是人类在实践中认识客观世界(包括人类自身)的成果,它包括事实、信息的描述或在教育和实践中获得的技能。知识是人类从各个途径中获得的经过提升总结与凝练的系统认识。为大众所公认的"知识"定义是:符合文明发展方向的,人类对物质世界以及精神世界探索的结果。知识也可以看成是构成人类智慧的最根本的因素,知识具有一致性、公允性,判断真伪要凭逻辑而非个人立场。布卢姆在《教育目标分类学》中认为知识是"对具体事物和普遍原理的回忆,对方法和过程的回忆,或者对一种模式、结构或框架的回忆"。虽然知识的定义在认识论中仍然是一个争论不休的问题,但知识起码是科学的,在相当长的历史阶段中能经受得住实践检验的。知识可分为陈述性知识、程序性知识和策略性知识。

"信息"一词在英文、法文、德文、西班牙文中均用"information"呈现,日文中为"情报",我国古代用的是"消息",根据我国《现代汉语词典》解释:信息指"音信;消息"。"信息"作为科学术语最早出现在哈特莱(R. V. Hartley)于1928年撰写的《信息传输》一文中。信息论奠基人香农(Shannon)认为"信息是用来消除随机不确定性的东西",控制论创始人维纳(Norbert Wiener)认为"信息是人们在适应外部世界,并使这种适应反作用于外部世界的过程中,同外部世界进行互相交换的内容和名称",两种定义均被作为经典性定义加以引用。

信息与知识有着密切的关系,而又有所区分。两者的不同体现在两个方面,一是在社会运用层面处于不同的层次,信息是有意义的数据,即以有意义的形式加以排列和处理的数据;知识是有意义的信息,即可以用于生产的信息。信息必须经过加工处理、应用于生产,才能转变成知识。二是公共性与内在个性的关系。信息具有公共性,产生并大量存在于社会的各个领域,是一个社会共同系统,每一个社会人均可以通过多种途径获取信息。当下是信息爆炸的时代,海量的信息不再呈线性增长状态,而是呈指数型增长。当信息经过每个个体的头脑处理过后,才能成为知识,如关于事实、过程、概念、理解、理念、观察和判断等个性化的或主观的信息。信息一旦经过个体头脑的处理,就将成为个体的内在知识,即隐性知识;当隐性知识经过清楚表达并通过文本、计算机输出结果、口头或书面文字或其他形式与其他人交流，就又转变成显性知识，即信息；当信息的接受者通过对信息的认知处理并使其内在化，显性知识（信息）就又将其转化成隐性知识。如此循环便形成了知识的传递过程。因此，信息具有公共性，是共性化的，而知识是个性化的，要想使一个人的知识对其他人也有用，那么就必须通过一种方法，使其他人能够阐明并得到知识。在这个知识传递的过程中，任何大量"囤积"信息本身是没有价值的，这些信息只有通过反思、启发和学习过程被每个个体予以有效处理，才能有用。教育心理学也认为，个体通过与环境相互作用后获得的信息，在心理学上称之为"知识"。

综上所述，我们不妨从以下三个方面审视教学中教师教的与学生学的到底是知识还是信息。

一是教师教学的内容是否能确保是正确的，被验证过的，而不是道听途说的或人云亦云的所谓信息或消息。著名数学家、哲学家怀特海说过："在训练一个儿童的思维活动时，我们需要特别注意的是——那种我所说的'呆滞的思想'（inert ideas）——那些仅仅被大脑所接收却没有经过实践或验证不具有普适性的知识。就是说正确的知识必须实用过，验证过，并能在不同的条件下都能成立，'放之四海而皆准'，套用现在时髦词汇就是'普世'。"①

二是教师所教的是否经过了教师的内化理解和感悟过程，并通过与学生交流对话的方式准确地把知识传递出来。陶行知先生在晓庄师范学校推行的教育根本方法之一"以教人者教己"，就是要求教人者先将所教材料"弄个格外明白"，自己先做学生，然后再做先生。显而易见，如果教师自身缺乏理解教材的能力，缺乏个性化的理解和感悟过程，或者理解和感悟的程度和深度不够，甚至是理解的方向有误，那么，无论其教学多么精彩，课堂气氛多么热烈，都会对学生的学习造成无以弥补的缺陷。

三是教学的过程是否从师生的普通交往转化为特殊的交往，即是否"形成一种以传递经验、影响他人的身心为直接目的的活动"②。陶行知在晓庄师范学校对教师所要求的"为教而学"，即先明了所教对象为什么而学，为什么要学，怎么学、为什么要这样学等问题，才能实施教学，让所传授的显性知识（信息）通过跟学生个体进行对话交流，产生相互作用，促进学生个性化的理解和内在感悟，从而内化为个性化的隐性知识，并通过实践体验，外

---

① 怀特海. 教育的目的 [M]. 庄莲平，王立中，译注. 上海：文汇出版社，2012：2.
② 张广君. 本体论视野中的教学与交往 [J]. 教育研究，2000（8）：54–58.

化为显性知识,通过输出与输入的循环转换,实现显性知识与隐性知识的螺旋上升。教学切忌只停留在信息的表层交换上,停留在师生之间的普通交往上,如把教学变相为只是教师的自我理解、自我陶醉和自言自语;或者变相为学生的囫囵吞枣、死记硬背,囤积大量毫无价值的信息而没有激活思维。

2. 语文课堂"语文却不曾来过"

在多年的语文教学中,我遇到过来自学生、教师、家长的种种困惑,记忆颇深的有如下两个片段。

"所积累的好词好句怎么都用不上"

2007年我刚接手一个新班级,语文科代表小何同学一脸困惑地前来找我,他的困惑是自己在此前按照老师的要求摘抄积累了不少的好词好句,但写作文的时候,发现这些好词好句都用不上。小何的问题和困惑引起了我的重视与思考,我相信,小何的问题和困惑具有普遍性。为了解决小何提出的问题和困惑,我翻阅了大量书籍,终于寻找到产生问题的原因,并寻找到解决问题的对策。其实,教师在引导学生积累好词好句的过程中,因欠缺对语文的本质性理解,导致了机械性积累,即让学生积累死的语言,这些所谓的好词好句对于学生而言是毫无生命力的。问题的核心在于学生因缺乏跟文本对话、体验和言语感悟的过程,没有激活文字背后所隐藏着的大量而鲜活的生活情景,因而作者言语运用及其匠心并没有入脑入心。什么是写作?简而言之,写作就是运用自身积累的语言创造文本意义的过程。写作的确需要积累语言,问题是这个积累语言的过程必须经过学生知识内化的过程,必须实现所积累语言跟学生的生活体验的相互作用;这个积累的语言必须经过了语境还原与对话体验,必须跟学生的生活体验相对接,必须跟学生的情感和思维产生碰撞。如果这个积累的过程仅仅是学生的"搬字过纸",即单纯的摘抄文字,那么,学生所积累的语言均是冰冷而无生命活力的语言。无法跟鲜活的现实生活相沟通的语言又如何能够激活学生的内心视像?又如何能让学生怦然心动?又如何能帮助学生建构起自身的言语表达系统?这些所谓积累,顶多是学生囤积起来的信息碎片,这样的机械积累越多反而对学生的语文学习越加有害。

"学语文就只是做练习题吗"

前几年的一个普通工作日,我正在班里给学生上课,无意间发现教室外面走廊上静静地站着一位女生。下课了,我走出教室准备回办公室,"老师,我是小晶。"原来静待的人是已经升上初中的学生小晶。"老师,我发现自己现在不会学语文了,"小晶哭丧着脸说,"请老师帮帮我,让我重新找到学习语文的方法。"经过了解,原来小晶同学在大量的练习题海中迷失了方向,丧失了学习语文的信心。"老师,难道上语文课就只是做练习题吗?您不是教过我们要很深入阅读课文,跟课文对话的吗?"我理解她的困境,开解她说,语文课从来不排斥做练习题,但做练习题绝对不是语文课的要务。我本人也曾有几年的中学语文从教经历,我的做法跟别的教师不同,除了复习考试阶段,其余时间我是极少让学生大量做练习题的。根据小晶的讲述,她所在的学校语文课基本上每堂课都需做大量的练习题。一开始,她没觉得有什么不妥,但久而久之,她发现自己的语文能力不但没有在做练习题中得到提升,反而有下降的趋势,后来她甚至都不知道如何学语文了。为了帮助她重拾信心,我便从学语文最基本的要领讲起,其实是跟她分享阅读与写作的经验,把她带回到学习语文的幸福时光。小晶从一开始的静心聆听,到后来的积极回应,自信的微笑重新洋溢在脸上:"老师,我终于又知道怎样学语文了!感谢您!"看着她挺直腰杆离开的背影,我相信她一定能找回到学习语文的康庄大道。

其实,追求高升学率无可厚非,关键是如何提高升学率,是靠榨取学生的体力做大量的练习题,还是引领学生掌握科学的学习之道。也许升学率压力山大,学校早已失落了让学生从容学习、从容阅读、从容上课的环境,取而代之的是应考冲刺的喧嚣与浮躁。不知从何时开始,学校不再是从容优雅、静谧美好的学习天地,取而代之的是弥漫着应考硝烟的主战场;课堂也不再是教师、学生、文本三者对话交流的空间,不再是"泉涓涓而始流,木欣欣以向荣"的理想状态,不再是师生共同沐浴在智慧的阳光中生命悄然拔节的幸福天地;我们的教师也失去了往日的优雅从容,失去了往日的耐心引导和静待花开。素质教育从来不排斥考试,素质教育的关键在于引导学生全面和谐发展,在于提升学生的学习能力和学习品质,在于提高学生举一反三、融会贯通的能力,在于点燃学生的智慧火花,以真挚的情怀激发学生积极向上的勇气和力量。

怀特海明确提出自己对教育的看法:"自我发展才是最有价值的智力发展。""教育是教人们如何运用知识的艺术。""最理性的教育取决于几个不可或缺的因素:教师的天赋、学生的智力类型、他们对生活的期望、学校外部(邻近环境)所赋予的机会,以及其他相关的因素。"他还一针见血地指

出:"激发学生的求知欲,提升其判断力,锻造其对复杂环境的掌控能力,使学生能够运用理论知识对特殊事例做出预见——所有这些能力的塑造,不是单靠几张考试科目表中所体现的几条既定规则就能传授的。"[1] 如此看来,以做练习题取代课堂的教与学,是无法做到实现学生的自我发展、无法发挥教师的天赋、无法促进学生的智力发展、无法激发学生对生活的期望、无法塑造学生的全面的能力的。

3. 所有的数字都能相加减吗

前几天听了一堂数学课,教学内容是学习并掌握"6 的组成"。课堂教学活动非常丰富,如,让学生用 6 个"苹果"图片进行多种情况的分组与合并,然后说出"6 可以分成几和几,几和几可以组成 6",并念至熟练;师生、生生两两进行手指游戏,如同石头剪刀布的方式,一位同学伸出手指,另一位同学必须伸出能组成"6"的手指数;进行书面的画圈分组,把总数为"6"的图案分成各种组合,如"1 和 5""2 和 4"等。这节课在课后评研时获得了一致的好评,认为这节课的数理清晰,学生的体验活动丰富,很好地掌握了"6 的组成"。我提出的"所有的数字都能相加减吗"的问题引发了老师对该课设计的重新思考:首先,教学"6 的组成"的前提是明确这个"6"到底是什么?是表示数字符号"6"还是表示数量关系的"6"?其次,让学生筛选哪些"6"是由几个事物组成的,哪些"6"是需要由事物组成的。再次,从实物数量的分组过渡到符号数量的分组,再过渡到数量意义的分组。那么这堂课存在的问题就变得显而易见了:学生的学习自始至终都停留在对"6"的抽象数量拆分和组合上,学生记住的是抽象的数量关系,而非跟他们生活体验和经验相契合的数量关系,这也回应了一位老师的教学困境:尽管学生在学习"6 的组成"之前已经学过了"4 的组成""5 的组成",但学生一旦脱离教师的牵引,在数量的拆分与组合仍然存在困难,这说明学生并没有真正掌握数量的组成。不是在辨析数字和数量基础上的数量教学,反映出数学教学存在的带有普遍性的弊端:从抽象走向抽象,让数学的教学永远停留在抽象的层面,停留在数学知识的传授的层面,违背学生的认知规律,脱离学生真实的生活环境和具体的生活体验,当教师的教无法跟学生的学达成一致,其后果是给学生学习数学制造了障碍。

著名数学家、逻辑学家、哲学家和教育理论家艾尔弗雷德·诺思·怀特

---

[1] 怀特海. 教育的目的 [M]. 庄莲平,王立中,译注. 上海:文汇出版社,2012:9 – 10.

海在其著作《教育的目的》的前言旗帜鲜明地指出:"学生是有血有肉的人,教育的目的是为了激发和引导他们的自我发展之路。从这个意义上来说,我们也可以得出一个结论,那就是老师也必须有活跃的思想。本书断然反对灌输生硬的知识,反对没有火花的使人呆滞的思想。"①"数学是由数字关系、数量关系和空间关系所构成。""在教育中,我们从特殊到一般。所以,孩子们应该通过简单的例题的练习来学习使用这些概念。我的观点是,学习数学的目的不是盲目堆积特殊数学定理,而是最终认识到,之前多年的学习说明了数字、数量和空间的关系,这些关系才是最为重要的。"②尽管数学是训练学生抽象的概念的学科,但并不等于教师在教学的过程中全程以抽象的数字关系,让学生掌握抽象的数量关系。

4. 是什么钩住了小女孩的脚

一天,在笔直的湖边小道上,我偶遇了几位带着孩子晨运的家长,他们与我擦肩而过,我发现,前方不远处落下了一位七八岁的小女孩。这位小女孩倚靠着栏杆一脸好奇地俯视着湖畔,一动不动的仿佛全身心都被吸引住了,她还试图呼唤逐渐走远的家人和同伴:"哎,快过来看呀,这个到底是什么呀?"小女孩不断地呼唤她的家人和小伙伴,试图让他们回过身来,跟她一样关注她的新发现。远处传来一声呵斥:"看什么看,再不跟上来,我们就不要你了!"小女孩急得直跺脚,哭丧着脸跟了过去。

见此状,我心生好奇,来到小女孩刚才站立的位置俯视下去,只见湖畔的泥地上蹲着一只巨大的癞蛤蟆,青灰色的身体长满了疙瘩,肚子一鼓一鼓的。我从未如此近距离地观察过一只癞蛤蟆,也从未见到过长这么大的癞蛤蟆,不禁也被吸引住了!看着行色匆匆的已经走远的那群人,我不仅惋惜起来:他们没有看到那只巨大的癞蛤蟆,当然也不知道到底是什么钩住了小孩子的脚,他们执拗地按照自己的步伐节奏完成他们的晨运旅程,却让他们失去了一次陪伴孩子增长见识的极好机会!在成年人心里,小孩子所遇见的、所好奇的一切都是幼稚而微不足道的,因为他们自认为已经洞悉孩子成长过程中的一切经历,他们对孩子所好奇的事物早已不再好奇,因而他们对小女孩的呼唤置若罔闻,甚至认为是小孩子顽皮不听话,故意玩些小把戏以

---

① 怀特海. 教育的目的 [M]. 庄莲平,王立中,译注. 上海:文汇出版社,2012:前言.

② 怀特海. 教育的目的 [M]. 庄莲平,王立中,译注. 上海:文汇出版社,2012:111.

诗意同行：追寻教育理想国

引起大人的注意。当然，小孩子能有什么重要的事情呢？从出生到成长，周围事物有什么不会引起他们的好奇心呢？孩子如同"十万个为什么"，每天总有问不完的问题，要是你把这一切都当真，重视孩子的每一个问题，并保持足够的耐心去聆听去解答，那么，就算是每天给你36小时、72小时也不够用啊……也许，家长们跟孩子相处的这些经验告诉他们，孩子的一切都不可当真。于是，面对着孩子的反复呼唤，家长早已失去了耐性。于是，那位觉得自己的孩子特别不长进，不像亲朋好友家孩子那么懂事紧跟上大家的行进速度，让自己的面子过不去的家长，便顷刻间率性做出毫无商量余地的决定："再不跟上来，我们就不要你了！"

然而，正是这只癞蛤蟆，极其可能为孩子开启一个充满未知的、充满神秘色彩的大自然世界：这只小东西到底是什么，它为什么会长成这样子，它肚子一鼓一鼓地到底是在干什么……也许她曾在某本童话书中看到过癞蛤蟆的形象，也许她曾经听别人说过癞蛤蟆这种小动物，而眼前的这一切，开阔的湖面、狭长的湖畔跟她是如此靠近……眼前的这一切，对于小女孩而言是那么的不可思议！她多么希望有人能为她释疑解惑！家长也许不会想到，一只癞蛤蟆对于小孩子而言到底有多么重要，他们不知道，孩子有着跟大自然、跟周围的万事万物交往的强烈需要，也许这只癞蛤蟆就是打开孩子跟大自然交往大门的"钥匙"，当这只癞蛤蟆进入孩子的视野范围并为之关注的时候，孩子已经清晰地表达了自己需要跟大自然交往的强烈愿望。家长的率性决定，让他们无法了解孩子所表达的意愿，蛮横地切断了孩子跟大自然对话交往的通道，导致孩子失去了跟大自然交往的宝贵机会，也让他们自己失去了引领孩子从多角度认识自然、提升智慧、丰富情感的大好时机。

在孩子成长的过程中，成年人往往扮演着怎样的角色？是居高临下的权威者，还是俯下身段的同行者？如此看来，教育无论在哪个历史阶段、哪个领域、哪个生活片段，都是极需要去用心揣摩的。

二、两种关系的教育图景

如何让教育回归本位？回归到人性、社会性和自然属性？教育宗旨归根到底是促进人的全面发展，让教育内容适应教育对象的发展需求，让教育行为合理而自然地产生，让学生兴致勃勃而又轻松愉快地学习，让学校、家庭、社会回归各自的职责本位，回归三者之间的共存点，深入了解、充满期待、和而不同，摒弃互相质疑、互相施压、互相抨击的不和谐状态，保持清醒而友好的对话与合作状态，给学校、给家庭、给孩子减负，这也是社会和谐发展的必备因素。

当今社会正处于科技日益繁荣发展的时代，人类创造物质财富的能力远远超越了以往任何一个时代，人类探索大自然的领域之深入之广阔也远远超越了以往任何一个时代，人类对幸福美好生活的渴求程度也远远超越了以往任何一个时代。在这个时代里，物质不可谓不丰富，探索交往的领域不可谓不宽广，然而，当人们在不断地创造和享受物质财富的过程中，却饱尝无法找到精神家园和精神自由的失落感，对所拥有的一切怀有太多的不踏实，对生活的方方面面有太多的不满足，在与他人的多角度多方面的比较中产生太多的焦虑感，以至于在日复一日的努力向前中忘记了自己从哪里出发、出发的初衷，不明确自己在这个世界中何以存在、以何存在、于何处存在。奥地利哲学家马丁·布伯（Martin Buber）在他的哲学著作《我与你》中开宗明义地说："人执持双重的态度，因之世界于他呈现为双重世界。""人言说双重的原初词，因之他必持双重态度。原初词是双字而非单字。其一是'我—你'。其二是'我—它'。""这并不是说，在原初词之外有独立存在物，前者只是指云后者；原初词一旦流溢而出便玉成一种存在。""称述一原初词之时，人便步入它且驻足于期间"① 这里的"我—它"和"我—你"之别，并不取决于人与世界万物的区别，而取决于人对世界万物（包括对人）的态度。人对世界的双重态度决定了世界对人的二重性，也就是说，世界万物对于人而言，到底是"它"还是"你"，取决于人对世界万物的态度。

（一）"我—它"关系和相应的教育图景

马丁·布伯把当今世界危机产生的根源归结为西方近代哲学的世界观，即"我—它"关系的世界观，他指出，"人无'它'不可生存，但仅靠'它'则生存者不复为人。"人为了生存不得不留存于"它"之世界，但如果生存仅仅是为了满足自己的欲望和需要，把他人他物当作是自我占有的对象，把人生当作是以他人他物为手段（中介）的活动，为索取更多的利益而不择手段，而不能怀有一颗仁爱、仁慈之心，那么，他就不能称之为"人"。

---

① 布伯. 我与你[M]. 陈维纲，译. 北京：商务印书馆，2015：5-6.

在布伯看来，"我—它"关系中的"我"是世界的中心，是认识世界万物并把世界万物当作改造与使用对象的主体；"我—它"关系中的"它"是被"我"认识的、经验到的世界万物，即是被主体认识和征服、为"我"所用的对象（客体）。"我—它"关系是一种主体与客体相互对立而不是相互交融的关系。在这样的关系中，"我"和"它"处于不平等的状态，自始至终，"我"是主动者，而"它"是被动者。人从"自我"出发感知探寻外在的世界，而把我感知到的外在于"我"之世界经验到"我"的内心，以为由此就把握了世界。其实，"我"所经验到的世界跟在"我"之外的世界显然不是同样的东西，这个经验到的东西永远都只是世界的表象，全是物的堆砌，其中掺杂着太多的意图和目的之类的中介，没有赤诚的"相见"，更无法达到彼此的尊重、理解和包容，与"我"产生关联的一切在者都沦为被"我"经验和利用的对象，是"我"满足自身利益、需要和欲求的工具，"这就构成了西方近代哲学无法跨越意识与存在、自我与世界的鸿沟"①。

"我—它"关系的世界图景应该如同我国哲学家张世英教授在《哲学导论》中所指出的："最糟糕的是人们普遍缺乏万物一体的境界，大家都以自我为中心和主体，以他人他物为客体和被利用的对象，于是产生这样的社会现象：大家都埋首于眼前物质利益的追求而缺乏自主的意识，什么同类感，什么普遍的道德标准，都茫然无所知。"②

这也揭示了"我—它"关系的教育图景：教育者与受教育者双方不是交融互通关系而是对立关系，教育者以自我为中心，把受教育者当作是观察、认识、改造的对象，甚至是可被利用的对象，不关注受教育者的发展需要，包办代替，忽视教育者的话语权和主动权，施以单方面的开发甚至是某种利益的索取，无法让受教育者发现自身存在的意义，产生生命成长的自觉。教育的价值取向偏离"育人"本质，教育的目标不是基于人的发展，而是追求某种教育理念，如片面追求高分和高升学率，把人当成是知识的容器和提升升学率的工具，大量灌输知识，而不是让人在知识的学习中唤醒生命自觉，激发积极进取的精神，提升人的综合素养和精神境界；追求教育的特色发展是基于某种教育理念或是纯粹为了标新立异，而不是基于人的个性特长发展，把人当成是学校发展特色的工具和手段；育人方式不是基于人这个独立

---

① 孙向晨. 马丁·布伯的"关系本体论"[J]. 复旦学报（社会科学版），1998（4）：93.

② 张世英. 哲学导论[M]. 北京：北京大学出版社，2016：75.

鲜活的生命个体而引导其进行内部体验，而把人当成是未经打磨的原材料去做外部的改造加工，各层面的教育机构因此沦为人才的专业加工厂；教育实践不是立足于真实具体鲜活的现实生活，而是基于某种理念的异化的虚拟的教育教学情境。

（二）"我—你"关系和相应的教育图景

马丁·布伯认为，"泰初即有关系。"① 这种关系是"我—你"关系，是人类应有的一种真正的基本关系。这种关系跟"我—它"关系截然相反，体现了"我"对世界万物的尊重，只有处于这种关系当中，一切才是活生生的、现实的。"我"是如何产生的？布伯说，"人通过'你'而成为'我'。"也就是说，"我—你"关系先于"我"而存在，只有说出"你"，只有跟"你"赤诚地相遇，"我"才能出现。这个"你"又是什么？"凡称述'你'的人都不以事物为对象。""言及'你'之人不据有物。他一无所持。然他处于关系之中。"② 这里的"你"不是指在某时某地出现的实体的人，而是指人的灵魂深处的能做出自我决定的自由意志，这个"你"不可为经验，不可被描述，可以说是人亲身体验的极为纯净本真的瞬间片刻，只可意会不可言传，人能让发自本心的意志和慈悲情怀主宰自己，进入物我不分之关系当中，此时，物不再是物，而是跟自己同样是具有主体性和独立精神的、跟自己休戚相关和息息相通的真实的存在。人在什么情况下才能跟"你"相遇呢？布伯说："凡真实的人生皆是相遇。"③ 可以是在怦然心动（感动）的一瞬间，也可以是在开诚布公交流的时候，总之，这种"相遇"是纯全本真、直接无间的，没有任何目的意图横亘于其中；这个"相遇"是互为主体的，不仅表现在人与人，同时也包括人与物、人与己，"爱仁立在'我'与'你'之间。""在仁立于爱且向外观照的人之眼目中，他人不再被奔波操劳所缠绕。任何人，无论其善良邪恶，聪慧愚钝，俊美丑陋，皆依次转为真切的实存。"④ 也就是说，只有通过仁爱、仁慈，人和"你"才能相遇，这是人与人、人与物、人与己在灵魂深处的直接见面，在这里，双方都是自由自

---

① 布伯. 我与你［M］. 陈维纲，译. 北京：商务印书馆，2015：21.
② 布伯. 我与你［M］. 陈维纲，译. 北京：商务印书馆，2015：7.
③ 布伯. 我与你［M］. 陈维纲，译. 北京：商务印书馆，2015：14.
④ 布伯. 我与你［M］. 陈维纲，译. 北京：商务印书馆，2015：18.

主的，双方都是可以相互回应的，在这种境界里，世界万物都是有意义的，即使是一棵树、一块顽石，都可以"点头"示意；这种"相遇"只属于"现时"，"现时并非指我们观念中眼下呈现的'已逝'时间的终点、时光旅程里凝固的一瞬，它是真实活泼、沛然充溢的现在。仅在当下、相遇、关系出现之际，现时方才存在；仅当'你'成为当下时，现时方会显现。"① 现时是本真的、原初的、纯粹的呈现，任何一种对话都需要一种回应，等待着相遇者的回应，任何等待与回应都指向未来，因此，现时是向未来展开的一切可能性。

"我—你"关系的世界图景应该是这样的：人与物、人与人、人与己都有相互间的关联与应答。人与自然相互关联与应答。人生活的世界，是人与物相互尊重、相互交融的产物。①人与天地万物不是对立的，而是一气相通、融为一体的，人对万物有同类感，以仁民爱物的态度相待，人能从物中获得震撼的力量，聆听到物的"回应"。②人与人的相互关联与应答。这种关联公开敞亮，人包容和理解他人的相异性和独特性，人与人之间保持自由讨论、平等对话、和而不同。③人与精神的相互关联与应答，"此为朦胧玄奥但昭彰明朗之关系"②，精神是人的根本，人聆听来自内心的遥远的召唤，跟自己的灵魂对话，并让发自本心的意志和慈悲情怀主宰自己的思虑和行动。

"我—你"关系的教育图景是我们所期盼的，首先是教育者与受教育者的生命与生命的真实相遇。教育者不把受教育者当作是认识和改造的对象，而是结成不可分割的整体，彼此感受对方生命的律动和成长的拔节，师生敞开自己，共同沐浴在智慧的阳光和清泉，交融于生命成长的呼唤与应答中。其次是教育中交往的双方互为主体，互相作用、互相交流、互相沟通、相互理解，而又保持着各自独立的人格精神。教育者自觉提高自己的学识、专业素养和人生境界，尊重独立的生命个体，聆听来自每一个教育对象的心声，并用自己的学识、智慧和勤勉的态度，点燃学生的智慧，激发学生对美好生活的向往和追求；不断提高道德修养和人格品质，引领学生对美好情操的感悟和体验；不断充盈自己的情感和精神世界，用爱培育爱、激发爱、传播爱，通过真情、真心、真诚拉近跟教育对象的距离，把自己的温暖和情感倾注到每一个学生身上，用欣赏增强学生的信心，用信任树立学生的自尊，让

---

① 布伯. 我与你 [M]. 陈维纲，译. 北京：商务印书馆，2015：15.
② 布伯. 我与你 [M]. 陈维纲，译. 北京：商务印书馆，2015：9.

每一个学生都健康成长，让每一个学生都享受成功的喜悦。再次是教育双方的相遇，不仅是知识的传授，还是智慧的碰撞；不仅是智慧的碰撞，还是情感的共鸣；不仅是情感的共鸣，还是灵魂的共振。教育以"育人"为根本宗旨，以激发人的自主、自律和自觉为根本任务，发掘适合学生学习和进步发展的教育内容和教育策略，实施能够与学生生命和智慧成长产生核磁共振的教育方式和教育行为，教育最终回归到促进人的全面和谐个性发展的本源状态。

（三）案例：我之所获

1. 在那段青涩的岁月里收获美好

从教第二年的秋天，我的人生终于掀开了新的一页，我终于可以教自己心仪的本行学科语文了，此外，还头一回担任班主任。记得我在学生们的默默注视下战战兢兢地走向初一（4）班课室的时候，双脚分明在发抖，因为我不知道自己将会被交付给谁，会有一段什么样的语文教学和班主任的经历。手哆嗦着打开了课室的门锁，学生一拥而进，而我，却不敢抬头正视他们。

虽然已经有了一年任教初二历史的经历，对于讲台，我依然觉得很陌生；面对学生，我依然觉得很茫然。一年的历史教学，丝毫没有给我成功感。也许，学生并不会真正记住我，会考结束，他们便会把我忘得一干二净。事实如此，一名学生20多年后与我重逢，除了记得我是个初出茅庐的长发及腰的女老师，戴着深度近视眼镜，长着一张圆圆的、有点儿婴儿肥的脸，便没有其他的任何记忆。其实，刚毕业的那一年也是我人生中最茫然的备受煎熬的日子。

那年初夏，当校长宣布我任教语文学科并担任班主任的那一刻，我内心感慨万千：我终于有机会从事我最喜欢的语文教学，拥有属于自己的班级！那年暑假，对未来教学生活的向往与憧憬占据了我整个心房，我倍加珍惜备课的每一个日子，用心地研读教材，一丝不苟地写好每一篇课文教案，反复推敲每一个教学环节，思忖着如何自圆其说，做到滴水不漏，整个备课本被我写得满满的。我想象着自己未来的教学场景，我如何用心地教，学生如何认真地学，似乎一切都那么完满。的确，那时候，我太想向别人证明——我是行的！

至于如何开始了新的教学旅程，我似乎已经淡忘了，只记得自己迫不及

待地上语文课，也像其他语文老师一样，先完成文言文，再开始第一单元语体文的教学。魏巍的《我的老师》一文深深地打动了我，可以说，在往后的20多年的教学生活中，我一直受到这篇文章的影响，在我每一个教育和教学的细节，她都会从灵魂深处跑出来，告诫我该怎样做一名老师，让我在感激与愧疚中前行。

每当朗读魏巍的《我的老师》这篇文章，泪水总充盈于我的心底。虽然平生只教过一次这篇文章，但文中的蔡芸芝先生早已渗进心底，我也如作者魏巍一样，深深思念着这位温柔而美丽的老师。

当时，我应该很用心地教这篇课文，对蔡老师是发自内心的爱与敬佩。以至于一位女同学在日记中写我，是如此的印象：阮老师很特别，不像其他老师那样喜欢教训学生，她没有什么废话，一上课就很用心地跟我们讲课文……我觉得她多么像文中的蔡芸芝先生！

那时候，我对学生充满了期待，希望他们将来都成为出色的人。而那个班的学生似乎并不领情，他们总是很顽皮，不听劝告，总是把我气哭。看着他们可以预知后果的行为，我苦口婆心地劝，总是为他们的未来担忧：这可怎么办哪！

多年前回了一趟家乡，当时我所教的班的班长得知我回去了，在一天内就召集了20多人。回到我们曾经共同待过的地方，学生纷纷告知我当年被他们蒙在鼓里的很多真相，其中一个足以让我感慨万千。

"老师，我们现在郑重地向您道歉！"站在学校过去的操场边上，一位男生向我鞠躬。"老师，把您吓哭了，我是同谋者，有罪……"另一位男生也跟着鞠躬。周边学生不禁哄笑了起来，我也笑了。

"老师，知道我当时有多恨您吗？""主犯"说。

"你为什么恨我呢？"我不解。

"我以高分考进二中，应该是年级数一数二的学生，却一直得不到你的关注，选班干部没份，参加校运会也没份……于是，我就自暴自弃，变成了全班最调皮的学生……"

"那天晚自修，我把一条毛毛虫夹进了你的备课本中。你一翻开本子，立刻吓得大叫，哭着跑出了课室。"竟然有这样的细节？我全忘记了。他说后来回家跟姐姐说起这件事（他说姐姐也是我的学生，我教过她历史），被姐姐狠狠地批评了一顿，还买了水果带着他来向我赔礼道歉。这个环节，也早已淡出了我的记忆。他还说，当时我原谅他了，让他出一期班级黑板报作为补偿。

这位学生后来考上了广州美术学院，现在也成为一名成功的老师。到他的"广美艺术概念馆"参观，那盛大的培训场面令我震撼。人头攒动，两层楼的大厅密密麻麻地坐了100多位学生，大多是为明年1月份的美术专业试做准备的。学生坐着小板凳，专心致志地描摹着。他的培训很有系统性和针对性，让学生有一个很清晰的努力方向。

"其实，我还是很感激老师您的，因为您发掘了我的美术潜能，让我从此踏上了美术这条路。"

对此，我是印象深刻的。在学校周年校庆的绘画比赛中，我为他修改过画作，送去评比，经过很曲折的评审过程，他的画作获得最高的奖项，还意外地让大家认识了他的漆画——当时相当罕见的画种。对于他后来的发展，我还是很有信心并且充满期待的。他的个性比较倔强，认准了一定会朝着目标前进的。这一点，我没有看错。

教那个班，没有任何的技术含量，有的只是一颗真诚的心。学生活跃，多才多艺，还很不服输。班级的学习成绩开始一直处于落后，初一结束时成绩赶上来了，到了初二，各学科成绩大获全胜，并一路走高。到了初二第二学期，班级成绩在年级中遥遥领先，年级前十名占了7名，第一名的学生总分远远超越第二名的。看着光荣榜，我同样也是感慨万千！

如今，我的学生都成人成才了，活跃在各行各业，包括让我倍感头痛的顽皮学生，都事业有成。如今，他们都围着我，簇拥着我，有别于女生的细腻温柔，男生依然是那样爽朗、活泼，他们坦诚地跟我分享事业的成与败，毕竟走过了20多年的光阴，他们从毛头小子长成了大男人。他们喜欢自己的老师依然年轻，还亲切地呼唤我为"美好同学"。

关于对他们的记忆，我发现没有一个学生留给我不好的印记，他们是那样真实地生活着，那样稚嫩地活在我的记忆中，在那段青涩的岁月里给我一段极其美好的人生。每每想起他们，我的心便会变得柔软起来，也让我获得启示：每一位学生都是独立的生命个体，不容忽略。

同学们，是你们带我走出了人生的迷茫期！感谢你们容忍我教育起始阶段的肤浅与幼稚！感谢你们让我的教育生涯充满亮色！感谢你们给予我坚持前行的希望和勇气！对此，我心存感恩！

呵，那段青涩的岁月，沉重而开朗。

我对首次担任班主任的那班学生充满了无尽思念，跟他们一直保持着紧密而友好的关系。每每想起他们，我的心依然会变得柔软起来。在随后的教学生涯中，我也遇到了让我牵肠挂肚的学生，那是我来东莞之前教的那两个

班的初二学生,学期末他们得知我要离开学校、离开他们,个个神情凝重,还有的女同学忍不住哭起来。我同样感谢他们,感谢他们留给我对中学任教时光的美好记忆。带着这份记忆,我勇敢地踏上教育的新征程。以上经历,也给予我无穷的启发。

第一,教育的精彩来源于真实的学生。相信每一位教育者都渴望遇到好学生,孟子以"得天下英才而教育之"为人生之乐。然而,什么样的学生是真正的好学生?什么样的学生会成为未来的栋梁之材?这一切,我们往往不得而知。于是,我们往往变得战战兢兢,心怀忐忑地迎来一批又一批的学生,满怀感慨和复杂的心情送走一批又一批的学生,教学的日子总是伴随着生气、郁闷,愉悦中总带着点说不出口的愧疚与遗憾……其实,学生无所谓好,也无所谓坏,学生只是一个真实独立的生命个体,承载着他的过去与对生活的感悟和经验,真实地来到我们跟前,真实地生活在每一天。这就需要我们看到学生最为真实的样貌,真诚地跟他们相处,引领他们真实地踏上学习的旅途,既享受阳光带来的温暖,也无惧风雨的打击,跟学生一起,共同接受生活的磨砺,让学生成长为更好的真实的自己的同时,老师也成为更好的真实的自己。教育的精彩恰恰来源于真实的师生,因为真实的师生让教育充满了未知的可能性,让教育的过程充满了生成的惊喜,收获着生命共同成长的无限喜悦。

第二,教育的意义来源于本真的教学。德国哲学家海德格尔认为:"真"是指"存在的无蔽";"本真",即是指"生存可能性的无蔽展开"。本真,对于生活而言,就是勇于承担责任、追求真理(真实);对于教育而言,就是教师将知识的渴求和探索融于简朴、真实的教学情景中,师生共同沐浴智慧的阳光和知识的清泉,生命在悄然拔节,达到"木欣欣以向荣,泉涓涓而始流"的理想状态。课堂教学是师生知识与智慧的增长点,也是生命和价值的增长点。学生是一个个鲜活的生命个体,是充满尊严的生命存在。学生是独特的,教学的奇迹源于教师利用一切机会研究学生,给学生予"最适切的关照",唤醒学生的生命体验。课堂教学是教师、学生和教材三者之间的对话。我尤其重视课前的文本解读,在深度解读中找到教学的切入点。多年的教学实践,使我养成了从孩子的视角体验生活的习惯,学生也积极向我表达自己对生活的理解,提出他们的学习思路。由于备课时充分考虑学生的需要,以至于我的课堂教学充满了生命激情的交流。学生都爱上我的语文课:"阮老师的课就像一个拥有巨大吸引力的磁场,不知不觉间就被吸了进去。""每一次上阮老师的课,都是头脑风暴啊!"以至于学生对我的课堂教学评价大多是：轻松愉快、个性飞扬、风趣幽默、激情满怀、睿智灵动……

第三，教育的魅力来源于师生的真诚相待。学生的学习潜能是无限的，关键是教师要俯下身来跟孩子对话，同时也让孩子心平气和地跟老师对话。我曾经有过不少让班里孩子参与备课的成功经历，孩子的参与，让我的教育教学充满了灵性，以至于无论我去哪里上课，总能紧扣学生的心弦，满足学生所需，最大限度地调动学生的学习积极性。无论是自己的班级还是第一次见面的学生，都会向我表示："阮老师，我爱上您的语文课！"当我真诚地向孩子们道谢时，孩子们这样回应我："老师，别客气！您平时跟我们坦诚相待，我们也应该如此呀！"除了感动，我还能说什么呢？做老师的，还有什么不可以跟学生坦诚相待的呢？古人说得好，"教学相长""三人行，必有我师焉"，我和学生不就是成长的同路人吗？学生还说："老师，您不是一个人在战斗！以后无论您要到哪儿上课，我们都愿意做您最忠实的军师！"我幸福得快要晕了！真诚相待，携手同行，可以让教育达到至真至善的美好境界。

2. 放牛班也会有春天之体验成功喜悦

2004年的法国音乐电影《放牛班的春天》（Les Choristes）讲述的是辅育院的一群被大人放弃的野男孩，被音乐老师马修改变了命运，同时，也改变了马修自己的命运的故事。2007—2009年，我和我任教的班级也经历了"放牛班的春天"的故事。

2007年秋，跟我搭班的班主任手气实在是"好"得不得了，随手就抽中了那一个同事们唯恐避之而不及的"烫手山芋"。对于这个班我可谓是久闻大名：成绩历年来在年级铁定垫底，老师换了一茬又一茬，班级成绩却丝毫不见起色。这个班就像是深陷水底淤泥的大石头，没有人知道它到底何时才会重见天日。苦笑着拿起该班四年级期末的语文成绩单，毫不例外年级排名垫底，平均分经四舍五入达到80分，跟年级最好的班相差近10分，5个不及格，如果每10分是一个台阶的话，那么，从10多分到50多分，每一个台阶上便各"站着"一人。这个班成绩年级垫底还不算，整天硝烟弥漫，危机四伏，不得消停："老师，某某打我！""老师，不得了了，班里又打起来了！"急匆匆走到教室，一片混乱，打架的、围观哄闹的，乱作一团……讲道理，听不进去；惩罚肇事者，产生不了任何震慑力。今天的围观者，明天会变成被围观的人，就这样，同学与同学之间似乎势同水火，又同病相怜，他们似乎深陷于种种纠纷却无力挣脱开来的蛊惑之中……

作为学校主管教学教研的教导主任，该班的语文老师和副班主任，在严峻的形势面前，我无可逃避，只能选择涉水"迎战"！

"老师,他们又打起来了!"学生跑到办公室找我。"班主任呢?"我正忙着手头的工作。"我们找过了,没找着。再说了,即使找到了他也不会理的。"怎么会这样呢?我心里嘀咕着。急匆匆赶到教室,硝烟刚刚消散,气氛依然十分紧张,学生个个处于极度亢奋状态。一问,原来英语老师及时赶到,拉开打架双方,暂时平息了纠纷。上课铃响了,我决定以上课来暂缓他们的紧张情绪。"老师,听说有人打我儿子!"不久,小荣妈妈突然出现在教室门口,脸上充满了愤怒的表情。瞬时,教室闻声涌动,亢奋状态溢在一张张小脸上。我用眼神抑止他们即将喷涌的嘴巴,平静地对学生说:"同学们,小荣妈妈需要了解刚才发生的一切。你们都是见证者,请大家拿出日记本,用笔还原现场。"我知道,一旦让他们七嘴八舌地说,场面无法收拾,到时候他们讲不清楚,小荣妈妈听不清楚,事情就无法得到妥善解决。"小荣妈妈,我相信班上每一个同学都是诚实的,他们会用笔把自己刚才看到的和听到的如实写下来。请您移步到我办公室,坐在我的座位上稍作等候,5分钟后我会让学生把日记本给您送过去。"5分钟日记,是我在这个班布置的家庭作业之一,好处有三:一是让学生回顾自己一天的经历,即使能产生一丁点儿的反思就很不错了;二是纯粹让学生每天练手,顺便暴露错别字,我好帮他们收拾收拾;三是我想从中更多地去了解他们,潜入他们的生活当中。今天的5分钟日记我决定让他们在课堂上完成。一声令下,学生投入专心致志的书写状态,个个奋笔疾书,大气都没喘一下,丝毫不存在平日东张西望、抓耳挠腮的举动,全场鸦雀无声!5分钟一到,组长在一片意犹未尽的眼神中收齐日记本,科代表捧着日记本小跑着奔向办公室。我们继续上课。临近下课,小荣妈妈又出现在教室门口,一脸歉意:"老师,真的很不好意思!那……我先走了。"对于小荣妈妈态度的180度转变,学生和我都看在眼里。我不知道学生到底写了什么,会让小荣妈妈的态度如此的截然不同。尽管这样,我依然不动声色,把课上完,然后带着学生满脸的期待回到办公室。桌面上,学生的日记本叠得整整齐齐的。翻开日记本,学生的日记写得工工整整的,日记所描绘的详细程度,足以体现学生诉说之迫切。我一本一本地仔细翻阅,试图还原我刚才没有看到的一切:"……小荣像一条疯狗,向小恒扑过去……"尽管我要求学生只讲事实,无须带上任何的个人情感,学生还是不由自主地表达了个人的评判。我心情沉重,怒其不争,哀其不幸,但还是决定不陷入学生熟悉的套路。我把一个个描写得神情兼备、绘声绘色的"好句"摘录出来,做成PPT,准备下午的日记展示。

学生似乎经历了漫长的等待,下午当我捧着批改好的日记本走进教室,学生个个眼神充满期待，激动而又竭力保持克制。我开始点评他们的日记，努力做出纯粹点评日记写作的样子，边讲边呈现 PPT，带领他们"欣赏"好句，学生好几次忍不住笑出声来，打架者脸红耳赤，一脸愧疚。见此状，我自己都几乎要忍俊不禁了。"现场还原大家都做得非常出色！看来同学们都具备当一名优秀侦探的潜质！"我表扬学生，"但是，这打的动作嘛……呃，实在是不够漂亮，有点儿愧对观众啊！"全班哄笑。"武打电影有很多打斗的镜头，为了让演员的武打动作流畅漂亮吸引观众，一般会请来武术指导，简称'武指'。哎，我们班这两位同学打得如此难看，主要是因为没有'武指'啊！"全班哄笑。"如果下次再打，能否先请个'武指'，让自己的动作流畅、漂亮些？"全班哄笑。

"老师，我下次不打了。"

"真不打了？"我看着打架双方。

"真不打了。"他们不约而同地说。

"为什么不打呢？"

"因为我们没有'武指'，肯定打得不好看……"连打架者自己都笑了。

当他们也知道出丑了，我就知道他们以后都不会再打架了。事实证明，果然如此。我告诫学生，没有足够的把握，千万别动手，否则只有出丑的份儿，一切都会被同学如实地记录下来。

面对着整天闹哄哄的班级，前三个单元丝毫不见起色的学习成绩，看着他们茫然而又不屑一顾的表情，我每每陷入绝望的境地。我研究发生在教室里的每一场"风波"，总想看穿每一位学生，这样的日子让我备受折磨，双耳失聪了好几回。我发现学生的基础知识几乎空白，要什么没什么，做什么错什么，有个别学生几乎可以算作"文盲"，"运气"也差得不得了，四选一的题目任他选，他总会把错的都选中了，而落下对的那个答案；学生没掌握任何的学习方法，不会朗读，不会默读，阅读能力几乎为零，考试只能瞎猜乱碰；写起作文来完全不知所措，挠破脑袋也挤不出几句话；学生对考试极其恐惧，一到测验就开始双手合十嘴巴念念有词，祈祷上天保佑他考好。我同情他们，细细琢磨他们，竭力寻找帮助学生摆脱困境的突破口。白天，努力平伏学生的应激情绪，因为这班孩子稍有风吹草动，情绪马上失控，我在照料他们情绪的同时，悄悄地渗透知识，引导其思考；晚上，回顾学生的表现，不放过任何一个举动、任何一个眼神、任何一句话语，用心琢磨研究每一位学生，诊断其"病症"，寻求医治良方。我尝试着做了以下几件事情。

一是帮助学生重建集体观念。班级的状况是烽烟四起，此起彼伏，破坏

性的情绪和举动此消彼长,学生显然不会对班集体负责,那么,他们能否对小集体负责?我决定切断他们彼此相互牵制的联系,建立小组,把各类学生"圈进"了一个个小集体里。我把这种办法美其名曰"小组合作,同伴互助",具体的做法是:相连的三个座位为一组,即每组六人,借鉴西周"诸侯自治"的方式,把学生切分为八个小组,引领组内互帮互助,推进组间良性竞争。借鉴陶行知先生的"小先生制",建立兵教兵、兵帮兵、兵强兵的小组互助机制,组长是由小组成员推选出来的"带头大哥",扮演着《天龙八部》丐帮乔峰帮主的角色,作为教师辅导学生的助手和组员总教头的角色,小组成员个个是"官",人人管事,各显所长。背诵,在组内完成;考评,小组集体捆绑;辅导,同桌从早到晚全程跟进;自评作文,实行圆桌共议。当然,在这个过程中,新手上路,难免磕磕碰碰,如组长缺乏信心,总觉得自己不行;学习有困难的学生太多,"导师"有心无力,可谓是泥菩萨过江,自身难保;也有不少学生尚未学进去,蠢蠢欲动地试图故伎重演,煽风点火,伺机浑水摸鱼……但是无论如何,学生在我的软硬兼施的推动中逐渐学会了合作和自我控制。

二是教学生学会思考。我借助思维导图,一篇篇课文的板书都被我画成了一幅幅生动活泼的图文并茂的思维导图,如《晏子使楚》,我画了一只大螃蟹,以螃蟹的脚爪相对象征晏子与楚王的针锋相对。学生被这样的板书所深深吸引,欲罢不能,他们也试图画思维导图,于是,我引导学生用思维导图把自己的阅读成果和写作思路呈现出来。每一次习作,我总是容忍学生把时间"浪费"在兴致勃勃地画思维导图上,说实话,学生画的思维导图可真漂亮!让我记忆颇深的是那位一写作文就害怕得浑身筛糠般发抖的学生,竟然在我的启发下通过画思维导图的方式想象了一个狗喝醉酒的故事,她从醉醺醺的狗的视角出发,看到的、听到的、想到的变形构思,汇成奇趣无比的情景,听着她绘声绘色的讲述,看着她散发出光彩的眼睛,我知道她一定能成功。果然,当我鼓励她把这个奇特无比的故事写出来,她做到了。从此,这位学生不再害怕写作文。每一次习作我总用眼神"询问"她,她都用坚定而自信的眼神回应我。

三是引领学生在体验生活中找回自我。针对学生的实际需要,我设计了《我爱我家——共建理想家园》的综合实践活动,让学生通过设计调查问卷,了解家庭境况;"跟父母上一天班",引导学生体验父母的工作;"学当一天小管家",根据家庭经济状况,策划一天的生活开支,到菜市场买菜,回家独立做饭,从早餐到午餐和晚餐,照顾家人一天的生活;"种植美化家园",让学生和家长一起通过种植盆栽建设绿色小庭院,共同美化家居环境。活动相当成功，学生在具体的生活事件中全身心地投入生活体验，学会了责任担当，改善了亲子关系。

　　四是改善学生家庭学习和成长的环境。在关工委领导的指引下，我以樟村中坊为试点，从硬件建设到软件建设，深入家庭指导，打造家庭图书角，建立学生独立学习的空间，建议家长订阅报刊等，推进"学习型家庭"的创建。"学习型家庭"的创建也非常成功，学生家庭读书氛围逐渐浓厚起来，健峰同学成为活动的最大受益者，他父亲的态度从一开始冷漠沉默到后来的热情健谈，家居从凌乱到井井有条，简直是脱胎换骨，他的学业成绩飞快地进步，人也开始变得活泼开朗和自信。

　　"阮老师，你到底使用了什么魔法，让我女儿变得如此爱上学爱读书，还能考到90多分？"期中考试过后，小尧爸爸来到我办公室，掩饰不住内心的喜悦，而又一脸不可思议的表情询问我。老实说，我对小尧的关注度并不是特别高，因为这个小女孩本身就比较乐观开朗，我无法明确自己到底在哪个方面特别地帮助过她。因此只好含糊其词，让他回家问女儿，孩子说出是什么就是什么。其实，我哪有什么魔法，自己所做的一切都是因为满足学生成长的实际需要。学生所给予我的考验是极其严峻的，我唯有战战兢兢地用心应对，兵来将挡，水来土掩。总而言之，学生的成长与转变来之不易，我可是费了"洪荒之力"啊！小尧爸爸说到孩子前两年的成长坎坷，感慨万分：女儿读三、四年级的时候，每次考试只能考70多分，从来没考上过80分的，孩子不愿意上学，每天早上都赖床。绝望之际，他自己曾经好几次想让女儿转学到别的学校去，但因为校长是自己的好朋友，所以总是犹豫不决，加上校长向他保证过，等孩子上五年级就一定会安排全校最好的老师教。事实果真如此，女儿如今终于遇到好老师了，他也脱离苦海了。看到女儿不断进步，从70多分一直上到90多分……这一切在前两年可是想都不敢想的。从小尧爸爸的讲述中，我感受到他作为父亲的辛酸和不容易，然而，有谁能感受到老师的不容易？感受到孩子的不容易？我相信，会有很多父母也有小尧爸爸一样的感受，面对着不想上学的孩子，面对着成绩毫无起色的孩子，内心充斥着无力感而备受折磨。

　　期中考试过后，家长纷纷前来找我：

　　"阮老师，我的孩子自从来到您的班级，我不用再为他写作文头疼了！"

　　"阮老师，我的孩子之前从来都没考过90分，怎么他现在总能考到90多分？这太神奇了！"

　　"阮老师，我终于知道我的孩子原来是会笑的。"

诗意同行：追寻教育理想国

"阮老师，感谢您这样教我的孩子！"

……

我能感受到家长们内心的激动和感慨，我同样也是满心激动和感慨。我不敢有任何的松懈，尽心陪伴孩子们成长。六年级毕业考后学生家长纷纷打电话给我说，到中学报到看到的考试成绩不对，低了很多分，家长说他的孩子毕业考分明考了95分，怎么注册表上的成绩才只有90分？一开始，我也以为是中学搞错了，询问同事之后才发现问题所在。原来，电脑派位是在毕业考的第二天，毕业考试的成绩还没改出来，只好用六年级第一学期的成绩进行电脑派位。天哪，学生在六年级第二学期的学业成绩又往前进了一大步！5个不及格的现象早已不复存在，平均分也上到了92分以上。看着自信满满的学生和满怀喜悦的家长，我深深感受到"苦尽甘来"的万般不易，倍感并肩作战、血肉相连的战友情谊！

"放牛班也会有春天"的故事至今已时隔10多年，我不知道那班孩子和家长是否还记得当年的情景，总之对于我而言是刻骨铭心的。我想把这个故事写下来，但因为日常的繁忙琐碎，总无法如愿，如今，我决定把它写在这本书里。毕竟是有一段时日了，很多细节不甚了了，为了不搞错对象，我试图从毕业照上跟他们"见面"，遗憾的是因为变换单位搬运物品的缘故，无法如愿，好在我有收集资料的习惯，在"我任教的班级"文件夹里找到了他们的部分资料：单元测验成绩电子统计表、学生的军训日记、《城南旧事》《红岩》读书交流会、"读书与成长"故事、《赤壁之战》课本剧自主创作及表演、"地球一小时"环保体验日记、《拥抱爸爸》流动日记、心灵成长日记、文明书信、优秀作文选编、自主实践活动评价、感恩故事之"家务事，我会做"、古诗词背诵大赛、汉字知识擂台赛、书法鉴赏、小组合作科学小课题探究之"小胚胎的故事"、小组合作感恩小课题探究之"寻找生命中的守护天使"（PPT）等，还有我自掏腰包购书赠送给学生的自选图书书单。

见字如面，一群真实而鲜活的孩童群像再一次浮现在我眼前，如见其人，如闻其声，我仿佛再一次经历我们共同的经历，见证了他们成长的生命轨迹。打开五年级第一学期前三个单元的测验成绩统计表，一股久违的沉重和压抑感扑面而来：平均分分别是79.86分、83.64分、80.97分，最高分和最低分的分差值分别是42.5分、30.3分、46分，总有三四个学生不及格。再见如此成绩登记表，我真不知道那段使尽浑身解数"拉牛上树"的日子是怎么熬过来的。然而，他们一步一个脚印的成长足迹，依然撼动我的心房，时刻提醒我作为师者的天职所在。请容许我呈现他们努力的部分细节。

军训日记
难忘的军训（小豪）

为期三天的军训终于在庄严的检阅中结束了，远远望着即将离我们远去的教官们，我如释重负，兴奋的同时又有些不舍，"立正……稍息……向右看齐……"的口号声仿佛依然在耳边回响，我不由得下意识地在心里默念着，身体也似乎在自觉地复习着……

整整训练了一天，我的立正、踏步、转向的姿势才得到教官的勉强认可，看着那刻板得近乎残酷的教官，我的心经常提到嗓门眼上，生怕自己表现不好，个人被惩罚不必说了，影响到班集体的声誉可不好。训练的第一个环节是踏步，我自认为踏步最容易了，听到教官一喊口令，立刻踏起来。正当我有点走神的时候，耳边一声大吼："你出去！"噢，只见班上一个男同学被教官揪出了队伍。看来，教官要"开杀戒"了！我心里一惊，刚才的放松劲儿早就飞到九霄云外了，赶紧集中注意力继续踏步。"踏，踏，踏……"看，现在大家可认真多了。接下来是转身训练，大家严格按照教官的要求，边喊口令转身："一——二！"教官喊："声音不够响亮！"我们再喊："一——二！"一次比一次响亮，我们的喊声在空旷的操场上回荡……

下午，操场上如热锅一样，我们比热锅上的蚂蚁还要糟糕，说不得，动不得，更逃不得，大家都像一尊尊雕像，纹丝不动地"站军姿"！"不幸"很快降临在我旁边的一位同学头上，一只不知趣的蚊子不知何时停留在他的手背上，他却浑然不知，我在一旁暗地里为他着急：要是因此不幸染上了登革热，可就麻烦了！我额头上的汗珠都要冒出来了。"站好，我们要像军人一样严守纪律！"教官又下命令了，大家一听，都不由自主地挺直了身体，我更加不敢动了，大气也不敢喘一口。我转动眼珠子看同学的手背，嘿，好家伙，那只蚊子不知什么时候飞走了！我不禁在心里欢呼起来……哈哈，蚊子也被我们的军威吓倒啦，不敢在此地久留呢！

军训虽然已经结束，可这段短短的经历早已牢牢扎进了我的脑海中。我懂得了严明的纪律是一切胜利的保障。今后，我要时刻以军人的作风衡量自己的思想与行动，把纪律与责任铭记心中。

感恩故事两则
（一）拥抱爸爸（小尧）

昨天，老师布置了一项很特别的作业——拥抱父亲。晚上，我期待着爸爸能早点回来，好让我拥抱他一下，完成作业。可是等到10点、11点、11

点半……最后，我只好垂头丧气地上床睡觉。我睡得一点也不好。

我爸爸是个"工作狂"。我每天能看见爸爸的时间绝对不超过2个小时。爸爸是音响设计公司的总工程师，白天，他要在公司上班；晚上，要到演出现场做音响总监。往往我睡觉了，爸爸才回家。他在外面吃的盒饭比妈妈煮的饭还要多。

前几天，我和妈妈正在看"神七"升空，爸爸也赶回来看，他说这是国家大事，不能不看。尽管如此，他还是一边工作一边看，我常常提醒：爸爸快看，就快点火了……爸爸，火箭进入轨道了……"神七"升空后，爸爸又不见人影了。

今天我早早就起床了，因为我要赶在爸爸上班前拥抱他一下。可不幸的是只听见爸爸的汽车离开院子的声音，我再次失望了。中午回家，嘿，爸爸在家！可他躺在沙发上睡得正香，听着那轻轻的鼾声，我实在不敢惊醒他，就拿被子给爸爸盖上。我好长时间没有这么近距离观察爸爸了。爸爸脸上的皱纹怎么这么多了？白头发也有不少！记得7岁那年，爸爸带我去广州动物园玩，跟我一起骑大象，一起喂羊吃草，那时，他的脸还很光滑，头发又黑又浓……刹那间，各种说不清的感觉涌上心头。

晚上，我终于又看见爸爸了！但是公司老总催爸爸去工作，爸爸连饭都来不及吃，就要走了。

"爸爸，等等！"我急忙说。"什么事？"爸爸头也不回地问。"爸爸，我……能拥抱……您吗？"我的声音怎么会这么小？我突然感到不知所措，喉咙好像被什么堵住了。

"什么？"爸爸显然没听清楚我的话，他回过身来，见我不吭声，赶紧朝我走来，"孩子，到底发生了什么事？"我什么也没有说，马上扑进了爸爸的怀里，双手抱住爸爸。"爸爸，我要拥抱您。"

我的作业终于完成了！

噢，爸爸的怀抱虽然还是那么温暖，可身体没有以前结实了。我紧紧地抱住爸爸，心里涌起千言万语：爸爸，让我好好拥抱您吧，您工作太忙，太累……在爸爸的怀抱里，我哭得一塌糊涂。我发现，当爸爸不容易。

爸爸，以后，我能每天都拥抱您一次吗？

（二）拥抱妈妈（小丰）

老师布置了一个特别的作业——拥抱父亲。我避重就轻选择拥抱妈妈，不就是拥抱一下嘛，这有何难？然而，话说得容易，做起来真难。在这11

年里，我和妈妈只抱过几次，这几次都是因为我受伤了，妈妈把我抱住，一边轻轻拍我的背，一边安慰我说，不怕不怕……

这几天，我一直寻找拥抱妈妈的理由。

实在是太难了！我只好选择趁妈妈不备随便抱她一下，应付老师算了。妈妈总是忙碌，似乎没有停下来歇息的时候，一回到家，不是洗菜煮饭就是搞清洁，好像有忙不完的事情。有好几次，我试图靠近她，可都被她那莫名其妙的目光阻挡了前进的道路，反而弄得自己手足无措。

那熟悉的身影又随着那炒菜的香味忙起来了。我借帮忙端菜的机会靠近她。这一次，也许是我做得足够投入，没有引起妈妈的怀疑，没有再用莫名其妙的目光看我。我终于跟妈妈靠得很近了，只要我稍稍张开双臂，就能顺利完成作业。就在我思绪含糊的一刻，一股浓浓的汗臭味直钻鼻孔，我这才发觉，妈妈早已汗流浃背！啊，妈妈，您每天给全家人做饭，都这么汗流浃背吗？我心底涌起一种迫不及待的冲动——拥抱妈妈。

我轻轻靠近妈妈，手却轻轻拍了她一下。妈妈好像有点惊奇，又有点生气。她肯定在想：没看见我正忙着吗？女儿怎么这么任性呀！干什么呢？我轻声对妈妈说："妈，我们拥抱一下，好吗？"我心里像揣了个兔子一般，剧烈地跳动着。妈妈好像不相信自己的耳朵："说什么呀，妈正忙着呢。再说，浑身臭汗的，拥抱什么呀！要不……今晚等妈洗完澡再……""不，妈妈，我现在就要抱您。"我张开双臂，不由分说，紧紧地拥抱了妈妈。

我的泪水夺眶而出：妈妈，对不起……妈妈，您太辛苦了……

妈妈的白头发多起来了。曾几何时，我叫她去美发厅染发，妈妈却说，她染发不好看，不自然。其实，还不是在为家里省钱，把买汽车而欠的款尽快还清？

妈妈脸庞的皱纹多起来了，鱼尾纹、折纹、螺旋纹，各色各样的都有，再没有了当年的风采。曾几何时，我叫妈妈去美容院，把皱纹抚平。她却说："我不需要什么高科技，我就是我！"其实，妈妈还不是想一心一意地照顾我们老小几个，舍不得把钱和时间放在自己打扮的份儿上？

我和妈妈像很久以前那样拥抱着，过了好久。我觉得全世界都欢乐了。这个充满深情、真挚的拥抱，给了我很多的感受。就像季羡林的《怀念母亲》一文中所说的——有点说不出的味道，浓浓地糊（hū）在我的心头。

诗意同行：追寻教育理想国

"寻找生命中的守护天使"

——2008年5月汶川地震小课题合作探究案例（节选自耀华小组汇报的PPT）

小组成员：耀华（组长）、小睿、嘉欣、小健、彩红、继恒

前言：感动有许多种，对一件事情的感动，对一句话的感动，对一个微笑的感动……每一个感动背后，永远有一个守护着生命的天使。

"他也许以前只是一个非常调皮的孩子，也许他的学习不像你想象的那么好，也许地震前夕他还在惹妈妈生气，也许他从来就没有过明亮的誓言，也从来不会想到会在那样危急的时刻奋不顾身的后果，但是他真的去做了，就像一个大人那样。他并不是那种很强壮的孩子，电视上他的身体显得那么柔弱。但就是他，毅然决然以他瘦弱的身体分别两次从灾难中救出两个生命。两个正值阳光灿烂的生命，被另一个阳光儿童用超乎想象的力量从死神手里抢了回来。事后，记者采访他，他竟然比大人还成熟，丝毫没有受宠若惊的感觉。因为，在他看来，这是再正常不过的基本道德，那种情况下，必须要救，无论如何都要救！不用别人命令，不用考虑抉择，义无反顾，责无旁贷。也许有一天，身边的同学也能成为我们的心中的英雄，守护的天使，只要我们有一颗善良的心，你也可以成为别人的守护天使！"（耀华《人们叫他小英雄》）

"我总感觉他像一座沉默的山峰，从来都不会表白自己，也不会故意去宣传自己。他失去了15位亲人，这当中包括他唯一的儿子。他在北川中学救助孩子，当他安抚着他们的时候，心中一定在流血。他多么想念自己的孩子啊，那个曾给他带来希望的少年，那个比他还高出1厘米的小小男人，那个听话的学习优秀的学生。但是，现实是残酷的，儿子永远不存在了，而自己还没有见到他的尸骸。大哉斯痛，痛哉斯伤。他把这一切深深埋在心里，用无休止的抢救来回避创伤。他先后救出了50多条生命，这是他目前唯一能做的。他每天只能休息两三个小时，他像一架不会停止的机器，将一个又一个挣扎在死亡线上的生命从死神手里夺了回来。记者采访了他，记者已经泪湿沾襟，记者问了他一个很傻的问题：你心里难道不痛吗？他无奈地笑笑，说：怎么会不痛呢？痛在心里！他的眼里闪动着泪花，一边用手指着自己的心脏。作为一位父亲，他不是失败的，他值得他的儿子和我们骄傲。这么铁铮铮的汉子，不正是一位守护生命的天使吗？"（小睿《铁铮铮的汉子》）

学品修正篇

为"K"反思（子强）

"小强，你又把'竹字头'写成'KK'，结果又被老师罚啦！哈哈……"

熟悉的话从我耳边响过，我不禁垂头丧气：又是这句话！这句话我经常听到，还是由不同的人说呢，每次都在我被老师"惩罚"之后说，真是雪上加霜！这次会是谁呢？当我转过去时，那人早已溜之大吉，不见项背。我气愤之极，不禁大声吼道："是哪个混蛋，不但叫我'小强'（蟑螂的代名词），还笑我写错字。写错字又不是我的错，是我迫不得已才写错的……"说到后面，我的声音小得只有我自己才能听得到。显然，是我自己底气不足啊……

上课了，我心里还在琢磨：我写错字的理由是迫不得已，这说得过去吗？其实我真的不想把字写错，可是我为什么每一次写"竹字头"的字，总把"KK"大人请来呢？是他太帅了吗？也不是啊……直到放学，我还在想，为什么做作业的时候，我总是不管三七二十一把"竹字头"写成"KK"呢？

到了第二天，小毅看着我又被罚写"竹字头"的字，他说："你写'竹字头'挺快的嘛。"我说："当然，你要能写成我那么快还得多练20年。"他说："那就谢天谢地了，我不用和你一样把KK大人请来。"我一看我的本子，晕，我怎么一不留神又把"竹字头"写成"KK"了呢！

回到家我还在想：到底是我的错还是"K"的错呢？我想：肯定是"K"的错，非得把"竹字头"挤走，可是要是我不请它来，它又怎能为所欲为呢？做完作业我对自己进行了反思，把"KK"写一遍，再把"竹字头"写一遍，我发现写"K"真的方便很多。哦，我终于知道了，原来是我自己贪方便才惹的祸！我下定决心：一定要好好写"竹字头"，把"KK"大人赶出家门口。

我写"KK"比"竹字头"最多快两三秒，而且我要那么多时间也没别的用处，既然那样，我倒不如把时间用在写好我人生中的每一个"竹字头"上。

心灵成长篇

读书与成长（小睿）

在这充满节奏美的篇章里，隐藏着多少鲜活的秘密？令多少颗渴求知识的心灵怦然而动？书让我们见证了友情，见证了坚强，见证了人类前进的步伐……书中的文字，无疑是美妙无比的。今天，在书墨的余香中，我发现了

鼓励是最贴心的力量。

轻轻翻开饶雪漫的《花糖纸》,欣赏故事中每一个个性鲜明的人物,她们是一群比我大不了几岁的青春少女,正在自己成长的道路上品尝着那青涩而甜蜜的味道,如绽放的花儿迎来不同的每一天,既会遇到风雨,也会迎来明媚的阳光。章小引,一个喜欢怀旧的女生,心中充满了挥不掉的美好情怀,她时常被往日的友谊感动着,同时,她也令别人感动着。在朋友病危的时候,她毫不犹豫地伸出双手,以一颗真诚之心,把处于死亡边缘的小男孩拉了回来,让他重新感受生的温暖。我不禁感叹:鼓励,这就是你不灭的魂吗?

我神游在属于章小引的世界里,品尝着她略带着苦涩的泪水,听着风吹过枫林的轻响,以及枫叶随着章小引的叹息轻轻飘落的声音,我的心又多了一份承载,在我成长的道路上,也必然会充满青涩而甜蜜的味道。那我将会遭遇什么事情?我会如章小引那样沉着应对吗?我会在自己需要鼓励的时候或者别人需要鼓励的时候,鼓励自己与别人吗?

在懂得与好书结伴成长的日子里,我的心灵世界逐渐扩大,逐渐豁朗起来,我走出往日的郁闷与狭隘:大自然气息的变幻牵动着我的心,让我感受到春天的活泼与生机,秋天的收获与启迪。书中的故事、人物常常成为我梦中的主角,章小引、安妮、吉利伯特、小豆豆、小英子……"小睿,你一定行的!""小睿,让我们做好朋友吧!"同学的每一句话语、每一个举动牵动着我的魂……我感激每一个风和日丽的日子、每一个关心的亲朋好友、每一个启迪我心灵成长的师长、每一个让我产生情感共鸣的书中人物……

在书海中畅游,我还读懂了,在一个个真诚鼓励的背后,隐藏着一颗颗宝贵的宽容之心。对自己宽容的人,懂得鼓励的力量,会毫不犹豫地鼓励自己,能够从多个角度乐观而冷静地看待成长中的各种遭遇,得意时不骄纵,失意时不沮丧。对别人宽容的人,更加懂得在别人需要的时候给予鼓励。无论是《花糖纸》还是《绿山墙的安妮》,不都在告诉我们阳光总在风雨后吗?只要我们怀着一颗宽容之心,就会在成长的道路上走得轻松自如,迎接每一个挑战,成长为阳光少年。

当书香弥漫整个校园,弥漫社会的每一个角落,宽容就成为人们快乐的源泉。批评太多、褒扬甚少的社会是会令人绝望的,前进中的每一个人,尤其是我们这些对世界充满好奇与恐惧的少年儿童,更需要真诚的鼓励。让宽容之心创造无穷的鼓励力量吧。让我们的社会更加文明、更加美好!

品行至善篇

(一) 给家长的一封信之"给东莞文明加分"(浩玲)

亲爱的朋友：

　　你好！

　　朋友，我们的家乡东莞正投身于创建全国文明城市的光荣行列，这是多么值得我们每一位莞乡人自豪的大事呀！你知道吗？这是属于我们每一位莞乡人应该努力承担的责任与义务。作为小学生，我们要积极参与到创建活动中去，从自身做起，从小事做起，为东莞文明加分。

　　我为自己自豪。在水痘疫情在我们班迅速蔓延的时候，我肩负起班干部的职责，每天组织同学搞好班级卫生和个人卫生；组成学习辅导小组，每天通过电话慰问患病的同学，告知其上课的进度和学习内容，让他们安心养病；向老师汇报同学的状况……

　　我为自己自豪。在汶川地震赈灾捐款活动中，我慷慨解囊，捐出了自己多年储蓄起来的零用钱。你知道吗？这些钱我是从五毛一角节省下来的。在我心中存在着一个极大的梦想，我要为实现梦想做准备。为了省钱，我学会了在网上购书，选择最低折扣的好书购买；我学会了精打细算，货比三家，从不与别人攀比。为此，我获得了"吝啬鬼"之"美誉"。然而，当我毫不犹豫地捐出了我所有"财产"时，我的美誉增添了令我自豪的内容——"慷慨的'吝啬鬼'"。

　　我为自己自豪。因为我始终没有随手扔出一块废纸，没有抢占一个公交车座位，没有说一句侮辱别人的话语，没有在别人面前炫耀自己……

　　作为小学生，我们所能做的并不多，但在每个平凡的日子里，做自己应该做的事情，不做不应该做的事情，我们也能为这座美丽的城市画上绚烂的一笔。

　　我的朋友，东莞因什么而文明？东莞因你、我而文明。让我们行动起来吧！为东莞增添美丽的色彩！

　　祝

身体健康！

你的朋友　浩玲
2008年8月18日

(二) 不自由的母亲(小健)

　　今天，我去了我妈妈每天都要工作的地方——花园菜市场。因为我参加

了学校《我爱我家——共建理想家园》的综合实践活动，我的任务是亲身体验妈妈的工作——卖花。

妈妈每天都早出晚归，早上7点多就出门工作了，晚上11点多才回家休息。我每天跟妈妈见面的时间不足两三个钟头。有时，我中午送饭给她，也是放下就走，母亲也没机会跟我说说话。因此，我和母亲并不亲近。

今天中午，为了完成老师布置的活动任务，我来到了妈妈卖鲜花的档口。妈妈见我来了，还留在她的身边，似乎觉得很奇怪："儿子，今天你怎么……"看着我又不知要说什么好。我想：老师不是说过体验的时间不能少于一个小时吗？我灵机一动："妈妈，你教我包扎鲜花吧。"妈妈一听可高兴了，赶紧做示范，很快就包好了，十分好看。我还以为很容易，学着妈妈的样子包扎起来。我实在没想到，妈妈做来简简单单的事情却那么难，那张报纸仿佛要与我作对，怎么都包不拢。最后，我费了九牛二虎之力，才勉强包好，样子十分难看。妈妈安慰我："你才第一次包呢。妈妈头一次包还不是这样子？"

一个钟头时间真难打发。最辛苦的就是坐在那座位上守着，看着花，都把椅子坐烫了，才坐上半小时，我如坐针毡：这样坐着与坐牢有什么两样呢？一点自由都没有！凳子与家里的一样平整，可怎么就坐得这么难受呀？身旁的鲜花似乎一点儿也不美了，鲜花的香味也跑得无影无踪。我好像听见了时间那沉重的脚步声。我只有一个念头——时间过得快一点，让我快一点离开。

一个钟头终于过去了。我如释重负，离开了座位。回头看着妈妈，她正在平静地坐着，还不时地给鲜花浇水，整理花草。我心里不禁一动："哦，妈妈，难道妈妈就不辛苦吗？"我问母亲："妈，你不觉得自己很不自由很辛苦吗？"母亲平静地说："什么是自由？什么是辛苦？我从来没有想过这个问题。""难道你就不需要自由？不觉得自己辛苦难受？"母亲眼神愣愣地看着我："儿子，妈妈不需要自由，也不觉得辛苦。"可我分明地看到了她闪烁在眼眶里的泪花！

与母亲的16个钟头相比，我的1个钟头又算什么呢？母亲守候花档的时间比我长得多。我明白了，母亲是为了这个家，为了我，心甘情愿地放弃了自己宝贵的自由！默默地承受着所有辛苦！

母亲不能像我们这些小孩一样，整天只顾吃喝玩乐，到处跑，到处乐，她只能坐在那小椅子上，静静地等待顾客的到来。在位置上要么就是看着店，看有没有顾客。要么就是剪剪花枝，要么就拿货……在16小时内干这么多的活，实在疲惫不堪啊！

今天，我终于体会到母亲原来是这么不自由的。母亲为了这个家，为了我，连自由都可以放弃。

我已经长大了，应该懂事了，我有责任为母亲分担，我要努力学习，我要和父母一起，努力建造我们理想的家，一个充满温馨、充满爱的家！

"160工程"读书活动总结篇（节选）

（一）晓琳组

组员：伟琪（副组长）、洁文、婷婷、海珍、炜婷、丽芳

在一个阳光明媚的早晨，轻轻打开书香小组的大门，迎面扑来阵阵书的清香，传来朗朗的读书声，组员们正在专心致志地读书，品味书海的韵味，领略书海的真谛，看到这一切，作为组长的我，心里有说不出来的畅快。

我们开展了三次交流会，每个组员利用寒假时间做好了规定的任务，其中有：每人制定一份读书成长规划和读书目标，收集精彩片段，第一次活动的感受，好书交换看，展示学习成果等多项任务。在这么多的任务中，我们互相交换看法，相互交流意见，明白自己的不足之处，不断丰富自己的经验。在这个过程中，我们完成了小组手抄报，里面全都是我们小组组员看了这么多书的经验和心得体会。

这次活动，我们收获颇丰，比如：阅读时要及时做好笔记，重点突破隐藏在文字背后的意思，阅读方法结论，散文怎样去抓住主旨等。我阅读了一篇文章《砌墙工人的命运》，里面写着：三个工人在砌一堵墙，有人问："你们在干什么？"第一个人说："你没看见我在砌墙吗？"第二个人说："我们在盖一栋高楼。"第三个人说："我们在建设一座城市。"10年后，第一个人在另一个工地上砌墙，第二个人坐在办公室中画设计图，第三个人是前两个人的老板。读完这个故事，我不禁叹息道，只是短短的一句话，就可以改变一个人的一生。第一个人是应付式的回答，所以他的生活也是简简单单的应付，毫无任何上进心；第二个人的回答就看出了他的上进心，但缺乏动力；第三个人乐观自豪地告诉我们"我在建设一座城市"。虽然三个人的意思是一样的，但是前两个人缺乏了自信心与乐观。其实一个人的成功与失败，就在平时生活点滴中清晰可见，只要肯乐观去面对生活的难题，你就会发现其实坚持是一种幸福。

在开展小组活动交流的时候，我看了看组员的读书成长规划和读书目标，虽然写得不是很充分，但是也有一些地方值得我们学习，我们的组员每

天肯花一个小时坚持读书，把读书笔记好好记上。在"好书交换看"的时候，我发现组员都会把读完每个故事的体会记录下来，有的时候我们还会把自己一些好的体会在交流会上跟别的同学好好交流，这样可以取长补短。但是我们有些地方做得不够好，还需要好好改进，如同学在参加交流会的时候不够积极，有的时候某些同学有事可能来不了；每次交流会的时间都比较短，所以我建议，要提前跟同学打声招呼，让她知道什么时候要来开交流会；交流会的内容还可以比较丰富一些，生动一些，在这样的学习环境下才能学好。

在这次的活动中，我们真正体会到了"畅游书海，领略真谛"。

（二）建佳组

组员：小毅（副组长）、小健、志兴、瑞鋆、振锋

今年寒假，我们的学习小组展开了一次读书活动，我和组员都从中得到了很大的帮助和启迪。

活动刚开始的时候，组员们都在紧锣密鼓地准备阅读书目，我选了《明朝皇帝朱元璋》，小健和小毅选了《绿山墙的安妮》，振锋选的是《童年》，瑞鋆读的是《小猫出生在秘密山洞》。

在寒假里，我们碰了几次头，交流阅读的进度。看来大家还是挺积极的，不但认真阅读了，还按照老师的要求写了好几篇精彩片段赏析和人物评价。到了正月十四，活动总结交流会开始了，我们邀请了阮老师参加。我们精心挑选了花园小区的一处休闲凉亭作为交流地点，那里风景优美，适合书香风雅。在大家认真、紧密的准备下，每人分享的想法和体会都精彩极了。我们不约而同选择了"人物评说"，如《绿山墙的安妮》的吉尔伯特、安妮，《童年》中的外祖父、舅舅，《小猫出生在秘密山洞》的千年老龟，最后是我说的朱元璋。老师一边听我们汇报读书收获，一边引导我们进行评论。在老师的启发下，我们学会了抓住人物所做的事情和细节，全面地看待人物，因为人物的性格往往是多方面的，同时，人物性格会随着故事发展而发展，如安妮，小说就写了她的成长历程，从一个爱幻想、爱说话的小女孩逐渐变成爱思考、处处体谅别人和关心别人的姑娘，老师说，安妮的成长是很有代表性的，从她身上我们可以借鉴成长的经验呢！我们很赞同老师的看法。

这次活动让我们懂得看书要细致认真，不能囫囵吞枣。如小毅，由于在阅读时欠缺思考，对人物的分析就很肤浅，他说林德太太不好，不关心安

妮,总说安妮长得难看,让马修不要领养她。很明显,他就没有全面看待人物,其实在文章的后面部分有不少描写,可以看出林德太太是个善良的人,如热心公益等,她之所以开始那样对待安妮,是出于对马修一家的关心,担心他们会受到这个性格不羁的小女孩的伤害,加上她心直口快,没有关照到安妮的感受,这也只能说明她比较粗心吧。小健感慨地说:"我以前似乎读了很多书,现在看来,我其实只看过这三本书,书必须用心读,才会有所体会。我懂得今后应该怎样读书了。"

通过评论人物,我们还感受到做人应该乐观面对一切事情,不应该消沉、坠落,否则永远只有失败;人不应该太过重视金钱和利益,而应该多为别人着想,所谓"人人为我,我为人人"。如我讲述明朝皇帝的一生,让他们知道了做人不能太自私,只重视自己,而忽视了以前曾帮助过自己的人,要懂得感恩。大家听了都说:"是啊,我们也有这些小毛病,一定要及时改正才行啊。"

这次活动也有不足之处,虽然我们都得到了不少启示,但在语言表达方面还做得不足,比如不能把自己的想法完整地表达出来,所积累的词语太少,总是用"那个……那个……什么……"来代替所要表达的意思,而且所举的例子都比较少,说服力不够强。我们决定,在以后的学习和生活中,我们一定要多看书,多收集资料,争取做得更好!

重新翻阅2007年9月至2009年7月"放牛班"的成长素材,我感慨万千:我无法一一再现学生生命悄然拔节的每一个瞬间,也无法洞察学生生命成长的拐角处,曾经发生和经历过的一切似乎早已经渐行渐远了,然而,这一切始终真实而鲜活地存在于当下,永不消逝,永不褪色。重温他们的文字,一股清新而温馨的气息扑鼻而来,沁人心脾。学生幽默风趣的文笔让我忍俊不禁,学生真情流露的话语让我由衷赞叹,学生严谨的学习态度和真诚的自我剖析让我佩服……我突然感到如此地思念他们,对他们是如此牵肠挂肚,我甚至为自己当年所落下来的一丁点失误都感到羞愧与不安,祈求获得他们的谅解。时光一去永不回,生命轨迹如同划过天空的雁痕也无法重见,然而,纯全本真永溢心底。

3. 你是我最期待的小伙子

在20多年的教育生涯中,我遇到过各种类型的学生,经历过形形色色的教育事件。2010年我多次应邀到别的镇区上示范指导课,其中4月7日在东莞市某镇区小学六(1)班上的课,课上所遇到的人和事印象尤为深刻。

"也许这是他终生难忘的一堂课！"一课终了，学生离开后，电教室里议论纷纷。我虽然不知道老师们议论的那位男同学叫什么名字，且叫他小T吧，但是我分明地感受到老师们由衷的惊讶。"他可是我们学校有名的差生呀，总是考十来分！怎么他这节课会表现得这么出色？阮老师，您可真神啊！""还有，那个女同学和这个男同学，他们上课从来不举手发言，我甚至平时都没怎么听过他们开口说话，可刚才却那么踊跃举手发言！真奇怪！"

其实，这是我外出上公开课最难堪的一节课！学生刚才在教室跟我见面，我们上第一课时，学生对我充满好奇，积极地跟我互动，然而，他们一来到电教室，背对着他们学校的老师们，却像换了个人似的，个个噤若寒蝉，呆若木鸡，启而不发！直到课的中段，才陆续有人举手，然后是越来越多，到课后依依不舍地离开……我内心感慨万千。当我听到校长说："我们的学生胆子太小……"我委婉地回应："是你们的学生太淳朴。"接着我坦诚地猜测："我觉得学生不是怕我，而是怕在后面听课的你们。因为他们刚才在教室与我单独相处，相当'放肆'！"老师们都会心地点头笑开了。

面对着老师们的惊讶和疑问，我做了如此答复："因为我看待他们的目光是没有颜色的。对于令你们都感到惊讶的那三位同学，其中有两位我做了特别的关照。"我最早并没有注意到那位腼腆的女同学，只是课中我跟她的目光对接的时候，发现她的目光闪烁了一下，趁着学生读书思考，我来到她身旁，轻轻拍了拍她的肩膀，说了几句鼓励和表示信任的话语。她的举手发言，在我看来挺自然的。至于小T，我是一早就关注他的了。当我独自一人走进六（1）班这个陌生的教室，除了他，其他同学都向我投来好奇的目光。小T长得黑黑的，高个子，耷拉着脑袋，没精打采的样子。跟学生交流的时候，我便"无意"中来到他的身边，邀请他发表看法。他摆出一副满不在乎的不羁样，没正眼瞧我。我发现他的发言思路清晰，而且常有与众不同的见解。我马上断定这是个很"重要"的人物。于是，凡是遇到其他同学无法一下子回答的问题，我都请他回答，嘿，他果然不负众望呢！于是，我由衷地称他为"我最期待的小伙子"，全班同学虽然有点惊讶，但也似乎被他的出色表现所征服，没有表示"异议"。

在电教室，我多次邀请"我最期待的小伙子"回答大多数同学感到颇费心思的"难题"，在我的临场点拨之下，他的发言越来越精彩，表现越来越出色，我甚至坚信，这才是他的本色！在我的鼓励下，他竟然奇迹般地获得了同学们由衷的掌声（注明：我的课堂从来都是很少使用掌声鼓励的）。虽然他对同学们的热情鼓励依然不屑一顾，掩饰得很好，但我分明看到了他有点儿泛红的双眼里，闪烁着异样的光彩：委屈与自豪、动情与克制、感激与不屑……各种复杂的情感交织在一起。我想，此时此刻，他的内心一定如同潮水翻涌，撞击着岸边的礁石发出一声声巨响……尽管他离开教室时努力克制着自己，没有像其他同学那样回过头来再多看我一眼，我还是分明感觉到了他的万般不舍。

其实，我能够理解老师们的惊讶与不解。跟学生相处久了，彼此之间知己知彼，难免会戴上"有色眼镜"，尽管老师自己也知道不应该如此，还是难免真情流露，被自己的话语、表情、眼神、行为所出卖。阿德勒和戴克斯等心理学家认为：人是一个自主的动物，人在一生中的主要目标就是寻找归属感。小孩子天生是敏感的。他们当然能分明地感觉到来自老师的态度与价值判断，知道自己在老师心中所处的位置，有自知之明。有的成为老师贴心的"小棉袄"，有的跟老师保持适度的距离，有的敬而远之，有的则表现出叛逆不羁……无他，老师的态度在很大程度上决定了一切！虽然是学校行政，但我一直是在教学第一线，并且一直视课堂为自己生命的增长点。尽管如此，学生跟我的距离依然有近有远，为了使他们向我靠拢，我一直做出各种努力。如果说我跟其他老师不同的，就是我看待每一位学生，都是平等的，都是充满鼓励的，尽管我清楚他身上的所有缺点。

当然，这需要老师本身的教学功力。当这位教师成为该门学科教学的专家，他往往能够在上课的过程中，从烦琐的教学问题中释身出来，不必过多地关注教学过程与学科教学问题本身，而更多地关注学生，并由此带来更好的教学效果。我且不说自己是否已经成为教学专家，但我每一堂课的教学都经过"特殊备课"，以至于我的课堂教学都是充满了生命的对话，激情的交流。以至于学生给我的课堂教学评价大多是：丰富深刻、个性飞扬、风趣幽默、激情满怀、极其投入、活灵活现……这个班的学生也如此。第一课时上完，学生排队去电教室，有一位排在队伍后面的女同学，在匆忙行进间忍不住对我说了一句悄悄话："老师，你真幽默……"

回到学校我跟校长说起了这件事情，校长沉默片刻，说："你挽救了他。他应该会一辈子都忘不了你。"其实，我并不期待他感激和记住我，如果我能在他生命成长的拐角处搀扶过他一把，让他的人生之路从此发生改道，就问心无愧了。

我坚信，教育即生长，课堂即生活。课堂教学是师生知识与智慧的增长点，也是生命和价值的增长点。学生是一个个鲜活的生命个体，是充满尊严的生命存在。学生是独特的，教师所要做的，并不是把他们改造得如自己所

诗意同行：追寻教育理想国

愿的，而是应该"把每一位学生作为一个独特的生命个体给予最适切的关照"（麦吉老师语）。教学的奇迹源于教师利用一切机会研究学生，给予"最适切的关照"，唤醒学生的生命体验。

课堂教学是教师、学生和教材三者之间的对话。我尤其重视课前的文本解读，在深度解读中找到教学的切入点。多年的教学实践，使我养成了从孩子的视角体验课文里的世界的习惯，学生也积极向我表达自己对课文的理解，提出他们的学习思路。由于备课时充分考虑学生的需要，以至于我的课堂教学都是充满了生命激情的交流。学生都爱上我的语文课，以下是我跟学生真诚相处的两个片段。

"三只眼睛阅读法"

我以现代教学论为引领，构建起交往型探究性学习模式。在"沟通"与"合作"教学活动本质的探索中，我们师生共同"发明"了"三只眼睛（肉眼、心眼、天眼）阅读法"。那是2006年初夏的语文课，正当我得意忘形地跟学生聊着《西游记》二郎神的天眼如何了得，有一位学生惊喜万分地举手："老师，这跟您教会我们阅读的方法很相似！""何以相似？"我诧异。"老师，您不是经常提醒我们吗？在读书过程中要用一只眼睛看文字，用另一只眼睛看文字背后隐藏的信息，用第三只眼睛看自己是否悟文、悟情、悟意、悟法。这第三只眼睛就相当于二郎神的'天眼'呀！"我恍然大悟，大呼"妙哉"！学生深受鼓舞，掌声雷动。随后，我们还发明了"无师自通学习法""作文动态构思法"，易学易记易用，学生在探寻学习妙法中享受学习快乐，有效促进自主学习方式的形成。上了中学的学生，多数会回来跟我分享语文学习的快乐："老师，您教的读写方法特别好使，我的语文成绩一直很棒，尤其是作文！"哪个学生"迷路"了，也会回来找我"温习温习"，重拾自信，充满欣喜地重新上路。

"是您，带领我们走到了一片葱绿的芳草地……"

综合实践活动是开放课堂，发掘学生的学习潜能的最佳方式。当学生独立思考的成果得到尊重，求知的欲望得到满足，自学能力得到提高，他们就会逐渐从亦步亦趋的必然王国进入到掌握学习规律，驰骋于学习天地的自由王国。在"新世纪，我能行"体验教育活动中，学生的调查报告《爱我母亲河，保护水资源》获得省一等奖；在广东省中小学校"弘扬中华美德争当现代公民"主题教育活动中，学生的调查报告《来自东江的报告》获得省二等奖。学生在其中一份调查报告"后记"写道："在小学毕业前夕，我们终于完成了东江水环境及其整治的访问调查任务，收获实在太多，留下的思考也很多。在调查访问的过程中，我们各方面的能力都得到了锻炼，如联系自来水厂，一开始我们计划到市第三自来水厂参观，在电话联系中得知该厂正进行某项过程，不便参观。怎么办？总不能放弃吧，老师鼓励我们'另谋出路'，正好秋莹同学的爸爸在东城自来水厂工作，可谓'山重水复疑无路，柳暗花明又一村'，问题很快得到了解决。我们懂得了'纸上得来终觉浅，绝知此事要躬行'，就让这份环保调查报告记录下我们稚嫩的生命足迹吧。我们衷心感谢阮老师：'感谢您对我们充分的信任，感谢您对我们所作的细致入微的指导！是您，带领我们走到了一片葱绿的芳草地；是您，让我们稚嫩的人生充满丰富的色彩；是您，让我们升腾起无比的自信；是您，让我们拥有了展翅高飞的翅膀！'"

诗意同行：追寻教育理想国

第四章
借鉴：教育理想国之他山之石

  教育的目的非是要告知后人存在什么或必会存在什么，而是晓谕他们如何让精神充盈人生，如何与"你"相遇。此即是说，要随时准备为人而转成"你"，向他们敞开"你"之世界；不，不只是准备，要反复地亲近他们，打动他们。

——马丁·布伯

一、芬兰教育全球第一的秘密

  在经济合作与发展组织（OECD）每三年举办一次的针对15岁学生的能力评估测验（PISA）中，芬兰连续几年位居榜首，教育已经成为芬兰成功的代名词。芬兰教育成功的奥秘是什么？这是世界各国都极力探究的问题。2015年11月下旬至12月中上旬，作为广东省新一轮中小学"百千万人才培养工程"第二批教育家培养对象，我有机会参加芬兰培训项目，继2012年9月后再一次踏上芬兰国土，再度触摸芬兰教育，以期更深入探寻这个奥秘，汲取芬兰教育成功经验。

  尽管芬兰的学校大多已时至期末测试阶段，他们还是对远道而来的好学者们热情地敞开了大门。在18天的芬兰培训里，我们考察了两所大学，访问了Sylvaa等12所中小学，参观了多个博物馆和各级图书馆，聆听了9个芬兰教育主题讲座和各中小学的学校课程改革介绍性讲座，进入课堂听课10多节，与教师、留学生座谈近20次，多层面多角度地了解芬兰概况、教育发展与课程改革历程、各学段学校的教育功能和特点，具有一定的深广度。芬兰教育理念主要体现为以下三个方面。

（一）全民教育的理念

芬兰和美国的教育都体现了优质教育和先进教育的特色，但与美国置于国家竞争力的教育不同，芬兰教育本身就具有竞争性。坚持平等精神、一个都不能少的理念一直贯穿于芬兰政府教育改革脉络当中，这是促使芬兰的教育改革与政策不断走向成功的核心价值所在。教育公平，是芬兰优质教育的基石，其教育理念的精髓就是"不让一人落后"（No child left behind）。基于此，芬兰的教育理念具有全民性的特征。

1. 举国重视教育

1917 年国家独立后不久，芬兰政府于 1921 年开始施行九年义务教育，并在 20 世纪 60 年代确立把普及教育至于国家政策中心的战略，1976 年开始采取小学基础教育和初中综合教育连贯的九年制义务教育体制，1998 年颁布《基础教育法》，不遗余力地在全国上下推行 7~16 岁义务教育。芬兰教育由教育部整体负责，教育委员会制定教学大纲，地方政府组织实施，教育经费由中央和地方政府分别负担 57% 和 43%。2004 年的教育投入占国内生产总值的 6.1%，此后逐年提升。芬兰普及教育的宗旨不在于让学生提高竞争意识和考取好成绩，不给学生任何升学和获取证书的压力，而在于满足孩子的求知欲，循序渐进地学会知识和技能，促进自身发展。

我们的教育访问活动主要集中在坦佩雷市，所参访的学校，除了学前教育少量收费之外，其余各个学段，包括大学，学费都是全部由政府承担，据说在芬兰大学留学的外国学生也获如此待遇。中小学提供免费午餐，小学以就近原则入学，地方政府还为 5 公里以外的学生提供免费交通或交通补贴。所不同的是，义务教育阶段的学校（7~16 岁）是真正意义上的全免费，不仅学费全免，还为学生提供所有的学习用具用品。学校规模不大，全部实行小班化教学，教育资源充足均衡，Sylvaa 学校是市长亚力先生兼任校长的初中，也是如此。12 月 3 日我们在 Naistematka 小学一年级一个班听了芬兰语和数学两节课，目睹了这一切。该班教室里共 20 张课桌，分成 5 组摆放，只 16 名学生在上课，同行翻译告诉我，还有 4 名学生应该是到特殊教室上课去了，因为芬兰学校都设有特殊教室，专门辅导学习困难的孩子。教室如同生活小空间，教学设备和生活设施一应俱全，教室大部分墙面张贴着学生作品，地柜上整齐地摆放着各式文具，学生可随用随取。芬兰小学采用包班制，一位教师任教多门学科，我们听课班级的芬兰语和数学都是同一位教师教，芬兰语课堂上，还有辅助教师配合教师教学，巡视各个小组，学生有不会的，就马上蹲下来指导；做得又快且好的，教师就引导他做更难的，一切都在悄然中进行。尽管是一两节课，我们看到不同程度的学生都在进步。

2. 全民教育体系

所到中小学，校长都会为我们介绍学校的办学情况，介绍内容除了本校办学规模与特色外，芬兰校长还都会运用到一个框架图，这个图是芬兰国家"二元制"教育体系（如图4-1）。架构图分自下而上三个层面，最底下的第一层面是九年义务基础教育，儿童6岁接受学前教育，7岁进入9年一贯制综合教育；第二层面是高中教育，初中毕业后学生自主选择分流，或进入普通高中，或进入职业高中，普高和职高也可以实现双向选择，普高的学生可以根据自己的需要选修职高的技术课程，职高的学生也可以选修普高的课程，或者两者都选择；第三层面是大学教育，学生三年高中课程结束后，选择进入学术类综合大学或职业技术类应用科技大学，进入大学后学生也可以像高中一样，在两种大学之间选修课程或转换调整。初中毕业生进入普高和职高的数据一直在变化之中，2003年以前，53%的学生进入普高，33%的学生进入职高，4%继续第10年级（补习为主的学习以便次年能升高中），还有8%的学生不愿意直接升高中。2011年的数据呈现（见图4-1），进入普

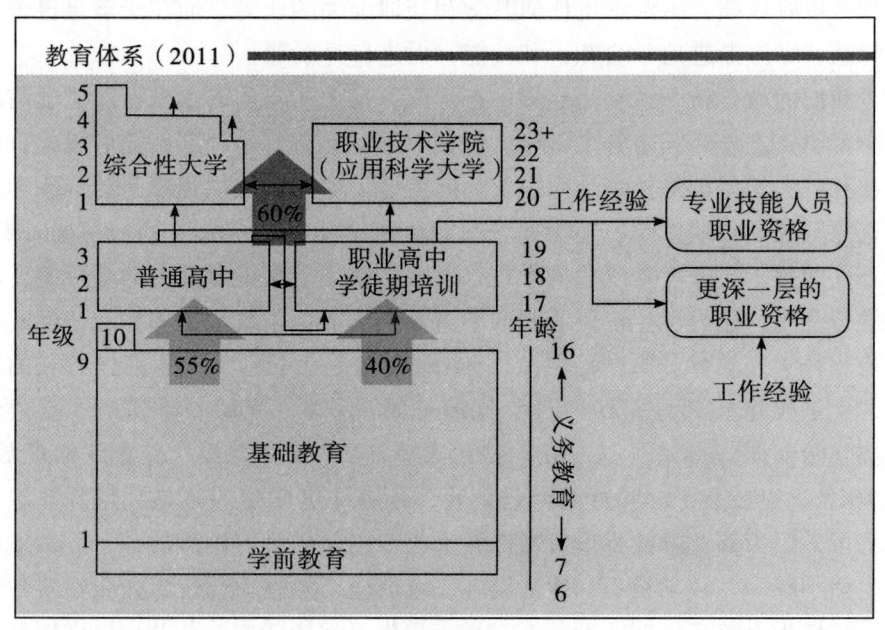

图4-1

高的学生占55%，进入职高的学生占40%。80%的高中生进入大学，部分高中毕业生会暂时就业以获取工作经验。中国在芬兰的留学生普遍反映，芬兰学生有不少是工作了好几年之后才进入大学的，他们阅历丰富，知识全面，动手能力很强，中国留学生无法与之相比。

从芬兰教育体系可以看出，芬兰教育涉及社会各个年龄段，因为芬兰人认为："学习无处不在，孩子从出生第一天起学习就开始了。"从芬兰学校的校长自觉使用全国教育体系图可以看出，芬兰教育和课程改革早已深入人心，获得学校和教师的广泛认同和自觉参与。当我们问及"芬兰的课程改革遇到了哪些困难"时，得到如此回答："没有遇到困难，我们对每十年一次的课程改革都充满了期待和热情，甚至感到很兴奋，因为课程改革让我们拥有了不断反思和改进的机会！"

3. 全民参与教育

根据Muotialan小学莱娜校长介绍，我们了解到芬兰教育的参与者不仅仅是学生，他们更加强调学习者、家长和社区共同参与。芬兰的家庭教育虽然没有形成完整的体系，但是教育内容很丰富，涉及孩子成长的方方面面，如自然教育、运动教育、礼貌教育、挫折教育、生活技能教育、社会公益教育等，尤其以阅读教育最为突出。家庭阅读环境至少在四个方面对儿童阅读产生影响：一是家庭所拥有阅读材料的数量；二是父母与孩子一起阅读的次数；三是父母进行阅读指导和鼓励的次数；四是父母作为榜样参与到阅读的程度。芬兰女性接受教育权利的地位突出，自1987年起，女性获得大学学位的比例已超过男性，这使得女性在学术界的表现也更为突出。芬兰家庭本来就有阅读的传统，再加上高学历、多学识的母亲，更有耐心和能力指导、鼓励和陪伴孩子阅读，有利于孩子培养阅读兴趣和习惯。芬兰作为世界上拥有图书馆最多的国家，各级图书馆包括学校图书馆都对外开放，定期开展丰富多彩的阅读分享活动，给家庭的阅读教育提供了极大的资源保障。调查显示，41%以上的芬兰中学生，最常从事的休闲活动就是阅读。美国心理学家科尔曼在研究中发现，在决定儿童的学习成就方面，家庭因素比学校因素更为重要。无疑，先进的家庭教育文化，让家庭教育成为学校教育的必然延伸，成为芬兰教育不断成功的推动器。

(二) 全人教育的理念

人，在芬兰得到的是无与伦比的珍视。当不少国家在实行精英教育时，芬兰却反其道而行之，不带头、不鼓劲、不排名、不提倡精英教育，完全尊重孩子的兴趣、个性、天赋才能和选择权。无论是学校还是家庭，无论是教师还是家长，都能做到以人为本，尊重人的天赋和特长，从来不主动强加给孩子学习任务，而是千方百计为孩子兴趣的发展创造条件，让孩子有充足的时间和空间去挖掘和发展自己的兴趣。孩子在主动学习的状态中获得的知识量肯定是最大的，而且还因此培养了终生学习的能力和习惯。

1. 关注每一个孩子的健康成长

芬兰学校从不以办学规模论英雄，全都小而精，无论是小学、初中还是高中，规模都不大，班额小，师生比很高。我们参访的第一所学校萨斯塔玛拉市的 Vammalan 高中，建于1904年，有100多年的历史，在校学生400名，25名教师，在芬兰属于中等规模的普通高中。"芬兰优秀校长"Satu 女士的 Ylojarvi Yhtenailkoulu 综合学校，共有750名学生，40个班，在85名教职工当中，60名任课教师，20名助教，5名行政管理人员，学校还设有4间特殊教室。学生作为社会个体，充分感受到社会和学校的关怀，社会对学校、学生的支持，成为最突出的校园文化之一。芬兰学校和教师都没有选择学生的权利，学生就近入学，都可以接受优质均衡的教育。在 PISA 测试中，芬兰校际差距不到5%，无论是首都赫尔辛基还是地处偏远北极圈内的中学，测验成绩都相差不大。小规模办学，小班化教学，绝不放弃学习慢的学生，想尽一切办法提高学习困难学生的学习能力，教师没有赶进度的压力。芬兰教育真正做到了"有教无类"和"因材施教"，让每一位孩子都从从容容地学习、健健康康地成长。

2. 为孩子的学习提供优质的教育资源

学生学习的主要中介是教材和教师。芬兰的教材可以说是世界上最合用的，芬兰全国教育委员会不统一审查教材，所有教材都由出版社自行组织优秀的学者和教师团队编写，学校和教师有选择教材的权利，有些学校还编写自己的教材和教材辅导材料，设计融合式课程，不断丰富教学内容。因为竞争激烈，不同出版社出版的不同版本的教材使尽浑身解数不断改进，芬兰因此存在一种奇特现象，就是优质教材往往成为畅销书。芬方邀请了数学和英语两门学科的两位教材编者为我们做讲座，数学教材的编写者是一位奶奶级的大学教授，而英语教材的编写者则是一位初中教师，在学校任教德语和英语。他们都带来了纸质教材和配套使用的电子教材，进行实操演练展示。我们发现，芬兰教科书制作精美，音色兼顾，图文并茂，充满艺术美感，难得的是教材与练习本实现了合二为一，教材里的练习设计充满童真童趣，孩子可以在游戏中快乐地开展两两合作学习。

芬兰教师资源优质丰富，教师资格准入门槛可以说是世界上最严苛的。

自1979年起，芬兰教育委员会就将中小学教师定位为"研究型"，芬兰《基础教育法》明文规定，所有学前教育、义务教育、高等教育、成人教育的教师，必须具备硕士以上学历，并通过教师资格考试，才能申请教师职位，应用科技大学毕业的学生可以在职业高中任教。在中小学参访过程中，我们进一步了解到，学前教育和小学教师需要获得教育硕士学历，中学教师需要获得专业硕士学历。我们参访的学校校长都认为，芬兰课程改革和教育不断往前推进、芬兰学生不断进步，主要是因为教师具有极高素质和宽广的知识面，运用新教育理论和先进教学手段改进教学的创新教育能力强。

3. 为孩子的多向发展提供丰富的课程

我们在Pirkkala Naistenmatka学校的介绍中，清楚地了解了芬兰学前教育和小学教育阶段的课程与学时。在学习芬兰语、数学、艺术、手工、体育、音乐、宗教等主要课程的基础上，学生还要学习英语、地理、生物、历史、物理、化学和瑞典语。学生一周学时为：1~2年级20小时、3~4年级24小时、5年级25小时、6年级26小时。在Muotialan小学，我们深入了解到，芬兰的课程设计基于建构主义理论，强调的是学生学习交往和做中学，培养自我评价、获取信息、学习、判断性思考等能力，三个知识结构图表明他们对知识渐进性建构的理解（见图4-2至图4-4）。

图4-2

图4-3

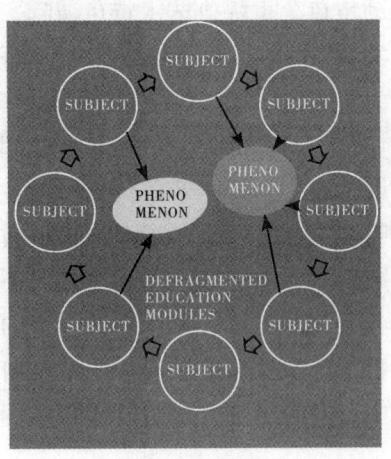

图4-4

图 4-2 的四个空心环代表知识状态，四环交织在一起，指的是学前阶段（6 岁前）的知识边界模糊而融合。因此，对孩子灌输识字、抽象计算等知识是无效的。图 4-3 的四个空心环变成四个实心环，指小学阶段（7～12 岁）的知识已有学科分化，但知识仍处于融合状态，适合开展融合式教学。图 4-4 指中学阶段（13～16 岁）知识开始明确分科，但又有模块将学科融合起来，知识之间的相互关联和相互作用凸显，适合开展更高层次融合式教学。由此可见，芬兰的中小学教育基本上采用融合式教学，让学生在跨学科整合、知识与生活整合中体验做中学，循序渐进地建构起知识能力体系。如小学六年级物理融合式教学，学生到商场看灯，首先探究：哪一种灯更加节能？一度电在每一种灯持续的时间长短差异，原因是什么？其次是学习走向运用，每人得到虚拟货币若干，可以比较选购家用照明：买哪一种会更加合算、更加节能环保？这样，知识、生活和环保意识都融合进来了。我们在维普兰中心小学的木工课堂里，体验了刺激而好玩的木工课程，尝试使用现代科技与传统技艺相互配合的设备设施；在学校的家政教室里同样大开眼界：厨具设备现代化，学生分组实操，或烤土豆，或切三文鱼，或烘焙爱心饼干、艺术蛋糕屋。在香气缭绕和欢声笑语中，我想起了芬兰校长所言："如果孩子能在玩、动、制作中学习到知识与能力，我们为什么不这样做呢？"

芬兰的学前教育和义务教育阶段实行全科教育，旨在给足学生发掘兴趣和自主选择的时间和空间，为高中的发展取向夯实基础。因此，芬兰的特色教育、技能教育都在高中以上才会得到充分体现。我们在坦佩雷和赫尔辛基参访的 5 所高中（4 所普高，1 所职高）各有特色：Vammalan 职业高中是体育运动特色，也提供艺术特色课程、网络课程和远程课程，实现跨地教学资源的共享；Sammonkeskus 高中是音乐与舞蹈特色，无论从舞蹈编排，还是技术和力量表现，简直堪比专业舞蹈演员水平；Tammerkoski 高中是视觉美术特色，学生作品的大胆前卫与技艺超群，让人仿佛置身于艺术高校！赫尔辛基万塔市高中是舞蹈音乐传媒特色，一流的设备，由学生全程负责的歌舞剧每年吸引全国五六千名观众前来观赏，每年举办三天两夜的"疯狂电脑日"，吸引附近区域的学生前来开发电子项目；Vammalan 职业高中的专业跟社会各行各业完全接轨，学生在课堂上的练习作品成为市场畅销商品，他们甚至参与各国高科技研发项目……学生何以能够多向发展，是因为教育给予了他们自主选择的机会，也给予了跟他们的需要相契合的学习资源。

(三) 全程教育的理念

1. 完善的早教系统

芬兰有着非常完善的早教系统（0~6岁），政府提供托儿所的目的也是为了让年轻的父母可以返回全天工作的岗位。我们在12月9日考察的坦佩雷大学教师培训学院附属学校Muotialan小学兼作芬兰教师专业培训基地，作为芬兰课程改革的排头兵，这所小学幼小衔接教育特色显著，年级包括早教（0~3岁）、幼儿园（3~5岁）、学前教育（6岁）和小学一、二年级（7~8岁）。学校的幼儿部按照儿童年龄进行分区域培育，设有0~1岁的育婴室，孩子或抱在老师怀里，或自己在木地板上爬行，或自己玩玩具，都很乖，很安静。在这所小学的更衣室里，笔者目睹了震撼的一幕：6名1岁多的小孩各自坐在一堆衣服上面，有条不紊地把衣服一件一件往身上套，从连体冲锋衣到雨衣，从双重帽子到雨鞋……两位保姆式教师，也只有在孩子无法做到的环节才出手相助。穿好衣服的小孩陆续走到出口前的衣柜脚下静静地坐着，耐心等待尚未穿戴完毕的同伴，才1岁多的小孩子呵！待同伴都穿戴整齐，老师便领着孩子一个跟一个走出室外，到储备室取玩具，如小推车、小塑料桶和小铲子等，到校园露天沙地上玩耍。走在最后的那位小孩不断地回头看我，我朝她摆手道别，她也向我招手道别，因为光线很弱，我不知道她是否看到我充满赞许的目光……心里念想着，一不留神，我撞到了雨棚的铁柱子上，左侧眉骨、颧骨和嘴唇马上受伤！要知道，天阴沉沉的，寒风刺骨，正下着冷雨！据了解，这里的孩子每天上下午都各有一个小时的户外活动时间，无论下雨还是下雪，照玩不误。

2. 终身学习的理念深入人心

"活到老学到老"的哲学理念在芬兰人心中扎根已久，并深深融入每个人的生活中，芬兰的成年教育系统非常完善。2012年9月，我在赫尔辛基的高中数学课堂上，遇到了奶奶级高中女生；在2015年12月3日参访的Sammonkeskus高中，也获得了清晰的数据，该校除了800名在校学生之外，还有1500名的成人学生，分别在白天和晚上学习。12月10日参访的Tammerkoski特色高中也有成人学校，我们目睹了带着孩子前来上课的爸爸妈妈们。

在芬兰短短18天的参访，给我们带来的震撼与启示是巨大的，我们更加明确，教育重点不是教，而是学；学习是孩子的天性，应该得到激发与引领；教师本身就是具有创造力的职业，我们不能让它变成工业化教书匠；教

育需要社会各界共同参与，共担责任。让我们也如芬兰一样，几个成年人合作起来，专心、专业、专注地，共同培育一个孩子。

二、成长案例：生之所能

（一）当老师不在的时候……

《当老师不在的时候……》是我外出参加教研活动，留给学生的日记题目。

本来可以跟别科老师换课，但最终还是决定不换，改为安排学生在上午和下午的两堂课内分别自主完成"读书积累"和"作文誊写兼评议"两项作业。晚上的家庭作业虽然同时布置在课内作业安排纸上，但由于没有做特别的安排，科代表还是习惯性地到了下午放学时才布置家庭作业。

没有换课，也没有请别的老师帮忙代为照看，刚上五年级的学生在老师不在的情况下，会产生什么样的状况呢？他们会自觉地做作业吗？虽然不是第一次外出，但平常大多会找别科老师协商换课或者让别班的老师代课。尽管是有意而为之，在外出的当天，我的内心还是感到惴惴不安。当然，同时也充满了期待：学生就如我所期待的那样自觉，我的科代表和组长有足够的组织力、领导力和震慑力，或者科代表能够明白我所布置的家庭作业的意图，提前布置作业，并提醒同学们注意：其实，老师是在考验我们……

第二天，我怀着忐忑不安的心情打开学生的日记本。第一本日记是铭明同学的，他的题目是"当老师不在的时候，我很乖"，我悬起的心稍微放下了一点点。铭明同学是班里最爱说话的男孩子，上课时不太容易控制自己，经常是老师一开口，他就迫不及待地跟着同时开腔，有时还手舞足蹈的，只好停下来等他说完。他倒是很醒目呢，老师刚一停下来，静静地看着他时，他就自动闭嘴了，装作很无辜的样子。如果铭明同学都能很乖，那其他同学应该都很自觉了吧。第二本是华禧同学的，他的题目是"当老师不在的时候，我有点不自觉"，好家伙，竟然如此直言不讳！他写道："当我得知老师又外出了，眼前再也没有那双严厉而充满洞察力的眼睛，心理防线一下子消失了，我顿感轻松自在，不由大呼：'自由万岁！'做作业的手没往常抓得紧了，总想边做作业边找人聊天。等了不一会儿终于有人开口讲话了，接着声音越来越杂，越来越响，心思便不放在作业上了，反正老师不在，作业做不完老师也不知道……"看着他的日记，我却生气不起来，毕竟是小孩子，童言无忌啊，还很真实地反映了当时班里的情况和自己的表现。但是，到底是谁那么放肆地带头讲话呢？我还真想把他揪出来，让他好好地领教一下我的教育手段！

终于在日记中出现了"告密"者，一位挺乖的女同学。她把当天发生的事情娓娓道来："上午，班里还是挺安静的，大家都在做读书积累本，因为科代表说过了，做不完作业就不准放学。可是到了下午的作文誊写与评议课，教室就像炸开了的锅，闹哄哄地一发不可收拾。也许是有人看到那些上午没有做完积累本的同学照常放学的缘故，心想，没有做完作业，还不是照样可以放学？科代表哪里奈何得了我！于是，上课铃一响，某某和某某这俩男生就开始像发疯一样张牙舞爪地'活跃'起来了，你唱我和地肆无忌惮扯起来：'赛尔号……''别吵了！别吵了……你们要是没完成作业，我可要向老师投诉你们……'唉，科代表吼也吼不住呢！先是唱单簧的后是群声乱奏，七嘴八舌聊天的声音越来越响亮，就像不断有轰炸机在身边盘旋，轰炸……我的注意力不由得跟着他们跑了，跑了很远很远，我的嘴巴虽然没动，但心里不知道跑到哪里了，魂魄也不知道跑哪儿去了，只感觉脑袋眩晕眩晕的，整个人变得飘忽起来，手也不听指挥了，时写时停，惶惶然如同丧家之狗。好不容易回过神来，哎呀，时不我待，都快下课了，我的作文还没有誊抄完毕！我心里那个害怕和后悔呀，无法用语言来形容！"

再看看被称为"疯子"的那几位男同学，他们写了什么呢？都是轻描淡写的话，大致是班里有点儿吵，自己有时候也忍不住说上几句……我的科代表呢，她的内心强大得很，心地也善良得很，并没有向我投诉谁违反纪律，只是在日记本写着今天班里同学的纪律一般，有几个同学不够自觉。也许，她也害怕承担不负责任的罪名，或是担心被我判定为无能之辈。

最终，我没有公开学生的日记，没有表明我布置这个作业的用心，也没有特别找那些违反纪律的同学谈话，只是让没有完成作业的同学留下来完成作业，当然少不了被同学称为"疯子"的学生，他们没有流露出任何不满情绪，乖乖地埋头苦干，拼命补救，也许是因为他们有自知之明了吧。在后来的一次外出送教，我让学生写了日记姐妹篇，题目是"当老师外出的时候，为什么不跟别科老师换课"。那天，再也没有出现"疯子"事件了，班级纪律异常地好，几乎人人自律，大家都如期地完成了学习任务，偶尔出现有同学想故伎重演，也被旁边的同学用眼神禁止了，不敢轻举妄动。也许，学生们已经领悟我的良苦用心了。

（二）莞如同学在家长会上的发言

那天晚上按既定计划，我要前往市内某镇一所小学做家庭教育讲座，这是事先安排好的工作任务，对方学校也早已向家长发出了通知。可正好碰上我们学校工作调整临时安排这个时候开家长会。前一个学期恰逢我有任务外出，也没能参加家长会，听说家长因为没有见着语文老师意见蛮大，我们学校的家长历来重视孩子的主科学习。这一次还是没能跟学生家长面对面交流，家长又会产生多大的意见呢？我的心不由得收紧了。经过一番思考，我决定请语文科代表代替我，向家长汇报我们班语文学科学习情况，让他们放心。莞如和勉超两位科代表都听明白了我的意图，在我的指点与鼓励下，尽管愉快地接受了这个任务，但还是深怀顾虑。对他们而言，毕竟是第一次，任务的艰巨程度非同一般。本来，我还不大放心，盼咐他们做好准备，下午到我跟前来模拟一次，可因时间关系计划落空了，因为我5点钟得准时出发。临出发前我来到教室外边，用目光"询问"了一下科代表们，他们用自信的目光回应了我。

在外校做完家教讲座回来已经很晚了，一直没等到他们给我发来的信息，我的心一直悬挂半空。第二天一大早匆匆赶回学校，两位科代表都不在教室。在早操的队伍中搜索他们的身影，发现勉超同学在，我赶紧前去询问。勉超同学的回答令我感到有点儿失望，他昨晚竟然没来参加家长会，原因是父母都临时有事外出了，他来不了！我的心一下子悬得老高：如果莞如同学也出现类似意外的话，那后果绝对是不堪设想！看来，我又得面对家长电话的狂轰滥炸了！我实在不敢往下想。早操后赶紧回教室找莞如。莞如一见我，一副洋洋得意的样子，神情兴奋雀跃不已。她告诉我，昨晚她完满地完成了任务，家长会效果意料之中的好。好家伙，自信得很哩！莞如还把她昨天傍晚写的家长会发言稿交给我。看完她的发言稿，我内心有说不出的自豪与兴奋，真想告诉所有人，我的学生太棒了！征得莞如同学的同意，我把她的会议发言稿发到博客上。以下是莞如同学在家长会上的发言稿。

各位家长：

大家晚上好！我是五（1）班语文科代表詹莞如。今天是老师和家长沟通交流的日子，可就像刚才那位来我们学校做家庭教育演讲的专家一样，我们的阮老师也去其他学校给他们的家长做演讲了。尽管如此，我相信我们

（我和勉超同学）也能让大家充分了解您的孩子在学校学习的进程。

先请问一下大家，有家长对我们语文老师的教学方法不满意的吗？趁今晚老师不在，你们尽管提出来，由我代替老师作解答，我一定能给大家一个满意的回答。

（预留环节：家长提问……我来解答）

好的，家长们问得很好！现在我来一一解答大家的问题。今天下午我利用课余时间采访过我们班里一些同学，了解到他们家长对语文老师的不满主要体现在以下这几个方面。

1. 经常让同学开展什么综合性课外学习，这样会影响学生的学习。

对于这个问题，我的解答是：老师这样做，是为了让我们更好地理解课文，通过开展"综合性课外学习"切实培养我们的拓展能力、组织能力、创造能力、表演能力和自主学习能力。语文老师的职责应该是教我们怎么学，而不是像母鸡孵小鸡一样，或者只把课文学完就算了。阮老师在课堂上教会了我们很多语文知识和学习方法，还精心组织我们开展一个个活动，目的是让我们在实践中运用知识和方法，提高我们的语文能力和综合素养。这一点希望家长能够提高认识，积极配合。

2. 经常"留堂"，没有按时放学，很担心子女。

也有同学向我反映语文作业有点多，还挺麻烦复杂的，例如要自己编剧本，要排练表演，要搜集资料，要读那么多课外书，每天都要写读书笔记等等。情况的确如此，但是，我希望家长能够理解。所谓的"留堂"，其实更多的是让我们留下排练表演，分享读书收获，小组交流学习经验，有时候甚至是组织我们看电影写影评。做这么多事情，我们收获到的也多！这是其他班级、其他跟我们同年级的学生无法得到的！希望家长能够理解。至于上课偶尔出现拖堂现象，也是因为老师全身心投入上课的结果，我们大多都没有意见，因为老师的课堂实在是太精彩了，我有时候都忘记下课了。上课时，老师不仅教我们学课文，还教我们学习方法。我们一下子无法解决的问题，老师从来不直接把答案抛给我们，而是引导我们思考。老师的课常常渗透着教育理想，让我们学会怎样对待学习。老师留堂，当然还包括让那些没有完成家庭作业的同学补做完作业，让学习好的同学跟老师一起辅导成绩差的同学。

对于这个问题，我觉得不全是老师的责任。各位家长，你们在家里是否也要检查孩子的作业？能否跟孩子一起学习，而不是当甩手掌柜，只会把孩子往学校推，往老师身上推？不要说没有时间，你们可以把浪费在看电视或

者做一些没意义的事情的时间用在这个上面。同时,也不用以自己学习没有用这个借口不学习。"活到老,学到老"这句名言会使您终身受益!看见孩子们进步,是我们家长共同的心愿。

3. 我的孩子学也学了,可是学习、作文成绩总上不去。

这应该是极少数同学的情况。在我们班,进步的同学很多,如明铭、泽荣、照钦、滨雨等同学,进步就很大!就说照钦同学吧,上学期根本不会写作文,这个学期他能写出一篇篇生动的、感人的作文来。比如《孩子,让我来照顾你》这篇,在他的笔下,父子亲情多感人啊!事实胜于雄辩,为了让同学们不断进步,我们语文老师一直在努力,她鼓励我们:不放弃任何一次努力,不抛弃任何一位同学!实话告诉大家,老师从来不会等到要上作文课的时候才集中指导作文,为什么呢?因为在平时,在学课文时,在我们展示流动日记时,在跟我们交谈的时候……老师时时刻刻都在指导我们写作文的方法、作文的诀窍,可谓是见缝插针啊!等我们写作文的时候早已水到渠成了。同学们都觉得老师指导得很具体、很实在,很有用,我觉得自己就是最大的受益者。

请问大家,还有哪些家长了解我们语文老师指导我们学习、作文、考试的方法?(很少)这说明平时您跟孩子的沟通太少了。心与心的沟通才是及时了解孩子和帮助孩子进步的唯一桥梁啊!

关于这一点,我需要提醒各位,家长不仅要理解老师的做法,还要承担自己教育孩子的责任。大家可能认为,儿女已经交给学校、老师了,学校和老师就要负责孩子的一切,孩子怎么样都不关家长的事。其实不是这样的,家长每天也要做作业,你们每天的作业就是:真诚地跟孩子沟通,和孩子一起学习。希望你们不要不做作业哦!

这次学校举行的语文竞赛,我拿了全年级第一名。我的语文考试成绩一直不下90分。可家长们要注意一点,孩子也有考不好的时候,最好不要过多地责骂孩子,甚至打孩子,因为这时候孩子最需要得到的是家长的支持和鼓励。在我们班上,一些同学形象地称家长会为自己的"受难日"。在我家里,要是我考砸了,父母从不打骂我。只有在这样的环境中,我才能健康成长。如果像某些家长那样不管不顾的,我现在也考不到这样的成绩。家长们应该多陪伴孩子,相信您的孩子会越来越听话的!

还有看课外书工程,家长们一定要支持。这个"闲书"的用处可大了!记得在考试的时候,老师们经常会出些课外知识考我们。因此,那不是"闲书",而是考试帮手!我3岁就学会了认字,书从此成了我成长的好伙伴。

还有一点，就是帮助您的孩子拥有积极乐观的心态和自信，这是孩子成功必不可少的成分。

这个学期，老师引导我们开展男女同学流动日记PK活动，我们当然热情高涨。大家千万不要以为这个活动是没有用的，实际上可大有好处。家长最担心的写作文，老师就是在这儿指导的。这不同于一般的习作，因为流动日记写的是你们孩子真实的生活，是他们的所思所想，流动日记PK是孩子自由发展的一个舞台。为什么要男女PK呢？我的理解是为了增加大家共同参与的信心与勇气。在这片作文奇地中，大家都开放了自我，原先十分胆小的一些同学，如嘉敏、嘉瑞、靖雯，她们开始不敢写，不敢读，可是，一旦饱尝胜利的果实后，她们就不再害怕了，学习成绩自然也提高了。同学们表现得非常好：诗歌、散文、童话故事、科幻故事……几乎每个同学都找到了自己的金子。我们班的流动日记最特别的地方是"赏评"这个环节，在我们同学一次次的评价中，好的做法，同学们都吸收了；不好的地方，同学们在以后的作文中也不再犯了。

请家长放心，我们五（1）班正在茁壮成长！

祝家长们天天顺心，子女天天开心，日日进步，事业飞黄腾达！

我的发言到此结束。谢谢大家！

这场家长会后，莞如同学成了学校里的小"名人"，同学视她为偶像，更愿意听从她的指挥；老师和校长对她刮目相看，言谈间也对她称赞有加。事后我满怀歉意地向校长汇报这件事情，希望由学生代替我开家长会的做法能得到他的谅解。谁知校长竟然笑眯眯地对我说："我知道了，可以谅解。昨天晚上我不放心也在你们班教室后边听呢，莞如同学讲得蛮好的，很多家长都说这个女同学很不简单，讲得既在理又得体。"听得出来，言语间流露出赞叹之意。莞如也真的令我感到额外佩服：她怎么小小年纪就懂得了"没有调查研究就没有发言权"的道理，还运用得如此顺当，在这么短的时间里不仅做好了事先调查，还做好了充分的应对准备，在家长面前毫不胆怯，应对自如。

（三）"老师，您不是一个人在战斗！"

学生的学习潜能是无限的，关键是教师要俯下身来跟孩子对话。2009年3月，我应邀到市内某镇上做《北京的春节》示范课。当我把精心备好的教

案在自己班上课的时候，发现学生的课堂参与度大不如前，心里纳闷不已。更想不到的是，一下课，学生纷纷抗议："老师，您怎么可以这样上课呢？跟您平时上课就像两个人似的。您平时的智慧和幽默都跑哪儿去了?!"见此情景，一个念头产生了：何不让学生给我当当"参谋"？作为同龄人，学生最清楚自己需要些什么。我们师生的对话摘录如下：

我：能给老师这堂课提提建议吗？（诚恳地，眼神充满期待。）

学生：（齐）能！（个个眼睛发亮。）

我：好，有想法的同学请举手。（"刷"的一下子"小手如林"。）

我：（提醒）同学们，老师可是要到别镇的学校上课呢，对那里的学生一点儿也不了解呀。我们可不同，大家知己知彼的，早已有默契……

学生：咳，老师，您就放心吧，我们提出的建议保管令您满意！

……

洁尧：老师，在学习"元宵"部分，您直接让我们写话，我当时觉得有点为难。

我：是什么令你感到为难呢？在这里，老师不可能详细讲解，因为时间不允许。那么，如何做到让学生不感到为难呢？

洁尧：老师，您可以这样做，多放点图片，让我们充分感受到元宵的气氛，因为在我们东莞，元宵的气氛并不十分浓厚，我们需要多感受些。此外，在播放图片的同时，老师可以配乐朗读课文，把我们带进北京元宵的氛围中。在写话之前，你还可以提醒我们用上文中那些让我们一看见就能触发想象的词语。

我：（惊喜）妙呀，这么难的问题都被小梁老师给解决了，你比老师厉害得多啊！我也要拜你为师！

洁尧：老师，别客气！您平时跟我们坦诚相待，我们也应该如此呀！（除了感动，我还能说什么呢？做老师的，还有什么不可以跟学生坦诚相待的呢？古人说得好，"教学相长""三人行，必有我师焉"，我和学生不就是成长的同路人吗？）

学生：老师，您不是一个人在战斗！以后无论您要到哪儿上课，我们都愿意做您最忠实的军师！

（我幸福得快要晕了！）

事实如此，学生真是我上课的军师和好帮手。每一次应邀外出送教，备课环节都少不了学生的参与,他们会从自己的学习实际出发,通过自主合作自查,发现识字的难点和课文学习的难点、需关注的地方,告诉我他们需要解决的疑难和困惑,因此我的教学总是贴近学生的需要,总是贴近学生的心。学生也期待我回去跟他们分享课堂教学的经过,看看他们的预测是否准确,每一次我们师生都在体验成功的喜悦中互相鼓励。学生的语文学习能力快速提升,他们也会向我提出体验上课的请求,看到他们自信满满的样子,我满心欢喜,哪有不答应的?当他们准备上课了,我就转变为"军师"的角色。久而久之,学生学会了解读文本,学会了备课,学会了上课,还学会了编制作业题和考试卷。期末复习我们班模拟考试卷都是学生出的。记得有一回,期末考试课内阅读选的文段恰好是我们班上学生在模拟试卷出的段落,题目竟然也相当地接近,结果考试成绩异军突起,师生备受鼓舞,学习热情从此一路高涨。

(四)"老师,我们要来个男女生大PK!"

流动日记大PK是我们班学生的创举。顾名思义,"流动日记"就是流动着的日记,是学生轮流书写,轮流呈现,既是学生记录自己生活点滴的日记,又是学生集体生活体验的汇集。教师精心设计的流动日记,从更宽广的角度展现学生学习、生活与成长的过程,是一个集学生的观察体验、自由畅写、坦诚交流的开放平台。这种无痕化的习作方式切合小学生的好奇心和好胜心,他们都渴望上台展示自己,乐于跟同伴分享自己的思考和发现,期待着听众的回应和反馈,满足自己在成长过程中的对话与交流的内心需要,又可以在与同伴比较和同伴评价中不断进步。

经过一段时间的交流,学生们觉得每天只有一位同学上台展示太不过瘾了,提出进行男女生PK,非决出个胜负不可。PK初期,同性之间毫不例外地产生盲目的性别维护,可不到两个星期,女生阵营终于出现"叛徒",公然支持男生的日记,她的据理力争与客观评价赢得了全班同学的掌声!我大力表扬这种"叛变"行为,让学生明白取得胜利要凭真本领。此后,学生解除了思想束缚,点评精彩纷呈。为了取得流动日记PK的胜利,学生从个人单打独斗到小组团队合作,并肩作战,颇有"田忌赛马"的精彩,亦有孙膑暗地里出谋划策的睿智。一个同学在日记PK中取胜,不仅会赢得小集体的欢呼,更会得到大集体的高度赞誉。同学的客观评点与老师的公正裁决,同伴的煽风点火和老师的推波助澜,使胜者千方百计保存"革命"成果,败者百折不挠,愈战愈勇！流动日记大PK不但让学生在书写中渗透与内化写作知识，快速地形成作文能力，还极大程度地激发了学生的团队意识和习作乃至于创作的热情！

"我们要共写一本童年的书！"学生热情高涨。

写作是高层次的对话，没有什么比写作更能发挥教师实施教学引领的作用。鼓励学生书写属于他们自己的"童年之书"，既可以唤起学生个体对生活的体验，又可以唤起学生集体对学习志趣的认同；既可以让学生获得个体生命尊严的存在感，又可以激发学生强烈的集体荣誉感，让孩子获得共同的语文知识和精神成长，开始属于他们有别于同龄人的语文生活和思维方式。"共写一本童年的书"在孩子们心中引发了更大的写作热情。以下是我鼓励学生写书的一段对话：

我：同学们每天的日记都很精彩，给大家带来了很多快乐和启发。老师很想把这一切永久地保存下来。我们把日记写成一本书，一本满载我们成长快乐的书，怎么样？（眼神充满期待。）

学生（不可思议）：什么，我们也可以写书？

我：美国的中学生能把日记写成一本书，叫《笨小孩日记》，成为誉满全球的畅销书，我们为什么不能？

学生开始议论纷纷：是啊，他们行，我们怎么就不行？我们的日记也写得很好啊！喜欢听同学的日记，如果写成书，也一定很吸引人……

我：有信心就有成功的希望！我们的日记写得很棒，很值得拿出来跟更多的人分享，传播一份快乐，可以收获无数份快乐呢！那么，我们的书取一个什么名字好？

学生出谋划策，踊跃发言：我们都是聪明的人，就叫"聪明小孩日记"吧！我们每天都在日记PK，PK太过瘾了！不如叫"聪明小孩PK日记"？或者叫"让我们PK"……

我：同学们果然聪明过人！

学生（稍存疑虑）：老师，我们该怎样做，才可以实现大家这个共同的梦想呢，毕竟写书不是一件容易的事情啊！

我：是啊，时间不断在流逝，我们刚才讨论的那一分钟已经永远成了历史。我建议大家先把已有的日记手稿变成电子文档，今后还可以不断修改润色，再说，我们不少同学脑子比手快，一不留神，"现场创作"成果就被清风吹散了……

（学生心照不宣，哈哈大笑起来。）

写一本书谈何容易！如何帮助孩子们实现他们的梦想呢？除了不断地进行写作积累别无他途！我知道学生一直很喜欢看我的博客，经常上去溜达留言，那么，这个积累就从写博开始吧。学生跟我不谋而合，也想到开通班级博客的办法。我指导他们分工合作：科代表负责开通班级博客，同学各自输入日记，由科代表负责上传。也许是养成 PK 习惯了，男女生竟然分开两个博客，组成两个博客 PK 阵营，他们说，既然是开放的博客平台，那么，浏览量也要 PK！

（五）面朝大海，春暖花开

2010 年 12 月，我遇到了一件至今让我惊异且倍感温馨的"怪事儿"，当时我把它记录了下来，并发表在我工作室的博客上。

面朝大海，春暖花开
——写给学生们的一封信

亲爱的孩子们：

虽然我们只相处了短短的一年时间，虽然我们只分开差不多一个学期，但我们彼此之间的友情却超乎了寻常的深厚。

虽然我千方百计地阻止你们的"莽撞行为"——给我开生日 Party，但你们却表现出超乎我意料之外的固执。圣诞节前夕，看着你们如潮水般涌进我办公室，给我送各种各样的小礼物，摆满了一桌子。听着一声声喊着："老师，祝您生日快乐！"我心里暗暗叫苦，我不断纠正你们："我的生日还没到呢！""老师，我们喜欢这样，我们提前给您过生日！"你们一定要我当着你们的面拆开礼物，我也要你们在小礼物上写上名字，我是怕自己记性不好……

这段时间，我发现你们总是神色诡异地在我办公室前来来往往，探着小脑袋，冲我露出神秘无比的笑。老天才知道你们到底想干什么！甚至还有人朝我工作室的门缝投进不署名的贺卡："老师，我要拥抱您！感谢您……"有位男生由同伴陪着，快步走进办公室，向刚从五年级教室回来的我递过生日贺卡，我连忙说："谢谢你！不过我的生日还早着呢……"他朝我笑开了："老师，我知道。不过我怕到时候，您的办公室要被同学们挤爆了，我挤不进来，您也看不过来。只好提前……"看着他们离去的身影，我心里既温暖又感到不知所措。

终于来了几位女生，开门见山地跟我说："老师，我们全班同学都商量好了，要给您办一个生日Party。您喜欢什么味道的生日蛋糕？草莓味还是巧克力味？还是……"我目瞪口呆，这是我从教21年来头一回碰到的怪异事情！一下子，我的嘴巴无法正常言语："只要是你们喜欢的老师都喜欢……"

孩子们欢呼起来：

"哈哈哈，这几种都有……"

"可是，老师觉得这样做不妥当。再说了，我的生日还有一段时间才到呢……"

"老师，我们决定了，已经打电话去订蛋糕了！"

"老师，您就允许我们这样做吧……"

孩子们撒起娇来了，哎哟，这可怎么办哪！瞅个空当，我赶紧去请示校长，校长笑眯眯地回复我："嗯……这是前所未见的。还是不要开这个先例吧。"我领命回来，开始想方设法阻止孩子们的"莽撞"行为。

"蛋糕都订好了，没得变！"

"那……你们打算什么时候搞？"

"星期五下午放学后。"

"既然如此，我也不想扫你们的兴。就改为开班级Party，如何？"

"那么，蛋糕上的字要改喽？"

"一定要改！"

"那……好吧，我打电话给蛋糕店就是了。"

孩子们，我实在不知道你们的葫芦里卖的到底是什么药！因为要建立工作室的缘故，我这个学期特别忙，要培训跟岗学员，还要赴江苏学习，考虑到你们要升六年级了，我经常不在学校会影响你们的学习成绩，所以特别请求学校支持我的工作，安排我不跟班上，转教其他年级。学期开始，你们经常跑进我办公室转悠转悠，问你们有什么事情需要我帮忙，你们却笑嘻嘻地说："没事，只是想来看看您，看到您在学校我们就放心了……"我知道，你们舍不得我离开你们，但是，我相信，时间久了你们就会淡忘我跟你们相处的一切，适应新老师，投入新的学习中。我不希望你们还是拿着练习册来办公室向我请教，甚至让我来裁决你的答案正确还是你现任老师的答案正确，我更希望你们直接跟老师商量，就像你们以往直接找我商量一样！你们的老师也是一位很棒的老师，学校把你们交给他，我一百个放心！你们做得不对，我也会批评你们；碰到模棱两可的练习题，我也会出错……孩子们，你们想过了吗？这样做，你们现在的老师会怎么想呢？

也许，你们真的喜欢我，因为我顾及你们的感受，也给了你们所需要的。你们喜欢流动日记PK，我全力支持你们，让你们大展所长，品尝着文学创作瘾，我则煽风点火，挑动双方战火，借此机会引导你们不断提高作文水平和鉴赏能力。觉得你们每天的佳作仅仅局限于教室，实在可惜，我就建议你们鼓起勇气，到更宽广的网络世界去跟别人分享，甚至鼓励你们写一本属于你们的"童年的书"，放飞了你们理想的翅膀；你们建班级博客了，我是忠实的"游客"、欣赏者和鼓动者，你们的眼中、心中浸透的是生活的原色调！你们愿意把游戏卡交给我保管，我会永远地保管下去，游戏卡被我包得好好的，谁是谁的标注得清清楚楚，有空了就来问老师要回去吧。我知道你们会掌控好你们自己的时间，管好自己的心，不会跑得太远，还记得回家的路……我知道有同学依然沉迷电脑游戏，但我知道这不是你们的错，当今社会日新月异，科技昌隆，总会不断冒出很多很新奇的东西，你们又处于好奇心最旺盛的生命期，对新生事物好奇是正常的！只是老师希望你们顾及自己的健康，别熬夜，带着一双呆滞的熊猫眼回来，老师会心疼的！你们需要休息，只有休息充分了，小脑袋才发育得好，脑瓜子才聪明，你们的身体只有在充分的睡眠中才能得到更好的生长。老师盼望着你们的身体与智慧共同成长！老师从来不戴着有色眼镜看人，从不会小看任何一个人，对你们更是如此！你们说："老师，我记忆中您很少骂我们。"其实，有时候我骂得也很凶，只是对事不对人而已！阿辉在日记里向我透露了埋藏在心里多年的秘密，我鼓励他：当别人不重视自己的时候，自己就得更应该重视自己！老师很重视你！阿辉终于在我面前笑了，每回师生相遇，我们总是相对会心一笑。阿辉请记住，老师一直在看着你呢，不要再因为某些原因放弃自己了，别因为迟到了就不回学校！父母工作忙你要体谅，别让父母担心。老师喜欢孝顺的孩子！

千言万语……

12月24日下午放学，你们准时出现在我办公室，邀请我参加Party。我开出条件：你们的老师必须全到，我才参加。你们领命而去，回来向我一一汇报：找遍了整个校园，终于找到了班主任，英语老师正在见家长，跟家长谈话；数学老师正在测验，也走不开……我只好答应前往教室。你们给了我惊喜，同时也有惊吓。黑板赫然写着："祝阮老师生日快乐！"我赶紧下令："马上改为：'××节快乐！'"你们的班主任发表了很得体的话，希望你们期末考好，向我报喜。我也讲了类似的话，希望同学们考好，不辜负辛苦教了你们一个学期的老师。在这里，我重复说：

  同学们，此时此刻，老师用三个词语表达自己的心情：高兴，感谢，期待。

  一说高兴，××节寄托着人们美好的情感，我有幸参加大家的聚会而倍感高兴！

  二说感谢，同学们特邀我参加聚会，我为自己得到同学们的厚爱，同时得到你们老师的信任而感激万分！

  三说期望，你们对我的厚爱，其实寄托了你们对所有老师的厚爱和厚望！我是其中一员，感到万分荣幸！我相信所有的老师都会成为你们成长的好伙伴、领路人！今天，我作为老师的代表，期望你们珍惜当下的学习生活，学会知识，学会学习，掌握独立学习的本领，将来，离开了老师，依然能够稳健前行，活出精彩的人生！

  同学们，你们的心思我懂了！你们的情意我领了！好好跟着你们的老师学习吧！他们跟我是一样的！

  面朝大海，春暖花开。愿你们敞开胸怀，到更广阔的生活空间去翱翔，接受更多的新事物，适应更美好的新生活！

  祝福你们：明天会更好！

永远爱你们的 阮老师
2010 年 12 月 26 日晚

第五章
探索:"同行"教育理想

凡真实的人生皆是相遇。
人通过"你"而成为"我"。

——马丁·布伯

一、"万物一体"本体论对学校教育的启示

学校教育是由专业人员承担,在专门的机构进行的目的明确、组织严密、系统完善、计划性强的以影响学生身心发展为直接目标的社会实践活动。学校教育的产生源于生产力的发展、知识的积累、文化的创造以及社会的分工,作为社会发展的一个重要组成部分,在培养全面整体的社会人的过程中不断推动社会的发展,与此同时,也不可避免地受到不同时代社会思潮的影响,让教育始终打上鲜明的时代烙印。

(一)"主—客"关系认识论对学校教育的负面影响

学校教育是时代教育的核心,现当代学校教育始终无法摆脱主体与客体对立的思维模式。这种思维模式对当前学校教育的负面影响是显而易见的,主要体现在以下几个方面:第一,学校教育的目的不是基于人的发展,而是追求某种教育理念,忽略教育对象成为整个社会人的发展需要;第二,学校的特色发展不是基于人的个性特长发展,而是基于某种教育理念或是纯粹为了标新立异而把人当成是学校特色发展的手段;第三,学校的育人方式不是

基于人这个独立鲜活的生命个体来引导其进行内部体验，而把人当成是未经打磨的原材料去做外部的改造加工，教育的功能也简化为仅仅是传授科学知识，学校因此沦为等同于生产劳动力的"专业工厂"①；第四，学校的教育实践不是立足于真实、具体、鲜活的现实生活，而是基于某种理念的异化的虚拟的教育教学情境，忽略了学校教育本来就是生活教育的一个特殊的部分。

主体与客体对立思维模式源于主—客两分关系的本体论思想，这种本体论思想基于"主—客"两分关系的认识论。这种认识论主张人作为主体，世界万物作为客体，两者通过"认识"这一桥梁，追求从感性认识到理性认识，认为只有寻求到超越于人的现实生活之外并高于人的现实生活的"理念"（柏拉图的"理念论"）和"绝对精神"（黑格尔），即具有普遍性的抽象理念，才能达到人与世界相通。学校教育的核心任务是"育人"，培育什么样的人，怎么样培育人，这是由学校教育的内部所规定的。在这种本体论思想的影响下，学校教育就成了某种文化或精神理念的化身，"人的教育"就异化为某种抽象理念的替身，最终导致学校教育偏离"育人"的本质。

随着时代的发展与进步，学校教育也应该寻求适应时代发展的本体论思想，以支持其克服以往的种种弊端，实现人的自身的发展，成为适应未来社会发展并能推动社会发展、拥有生命自觉和精神自由的社会个体。"人诗意地栖居在这大地上"源于哲学家海德格尔对诗人荷尔德林《人，诗意地栖居》的哲学阐发，通过人生艺术化和诗意化来抵制科学技术所带来的个性泯灭以及生活的刻板化和碎片化，其哲学根据就是"万物一体"本体论。

（二）"万物一体"的本体论思想

哲学家张世英教授在其著作《哲学导论》中梳理并论述了"万物一体"的本体论思想。"万物一体"这一说法最早来自古希腊早期思想家赫拉克利特的"爱智慧"，"是人与万物（一切存在者）合而为一的一种和谐一致的意识。"②"本体论上的'万物一体'就是指世界上的万物，包括人在内，千差万别，各不相同，但又息息相关，融为一体。每人每物都以这个'一体'

---

① 舒志定. 论理解学校教育现实性的三种维度［J］. 教育研究，2014（1）：28.
② 张世英. 哲学导论［M］. 北京：北京大学出版社，2016：3.

为其根源，离开了这个'一体'，就没有任何人和任何物。"① 在综合中西哲学史上种种对哲学的界定，通过对这些界定的发展过程和趋势进行审视后，指出作为关于人对世界或人生境界的学问，"哲学应是以进入人与世界融为一体的高远境界为目标之学。"并主张"哲学是一种教人以经得起痛苦和磨炼的人生态度之学"，"素质也就是境界，就是人生态度。提高人的素质就是要提高人的精神境界"，② 针对社会过分热衷于功利追求，对自然采取人类中心主义，对人采取自我中心主义，破坏人与人、人与自然之间的和谐的现状，主张在重视实用的同时，更多地提倡诗意境界和"民胞物与"的精神及其理论基础——"万物一体"的哲学，③ 在提升人的知识素养的基础上提高其人生境界。

首先，"万物一体"的本体论体现在对主—客两分关系的超越。"万物一体"不把世界万物看成是与人与彼此外在的认识与被认识、征服与被征服的关系，而是把两者看成是血肉相连、相互依赖的内在关系，"人是一个寓于世界万物之中、融于世界万物之中的有'灵明'的聚焦点，世界因人的'灵明'而成为有意义的世界。""人是世界万物的灵魂，万物是肉体，人与世界万物是灵与肉的关系，无世界万物，人这个灵魂就成了魂不附体的幽灵；无人，则世界万物成了无灵魂的躯壳……世界是无意义的。""人与天地万物相通相融。人不仅仅作为有认识（知）的存在物，而且作为有情、有意、有下意识等等在内的存在物而与世界万物构成一个有机的整体"，这个整体就是包括人的各种生活实践的现实生活世界。④

其次，"万物一体"是一种全新意义的本体论思想。"万物一体"本体论不是认识抽象的相同性，而是把握不同的具体事物的相通性，"彼此不同的东西而又能互相沟通"⑤，人与世界万物沟通的方式不是外在认识而是内在体验或参与，因为"人生在世，首先是同世界万物打交道，对世界万物有所作为，而不是首先进行认识，换言之，世界万物不是首先作为外在于人的现成的东西而被凝视、认识，而是首先作为人与之打交道、起作用的东西而展示出来"⑥。因此，人与世界万物沟通的方式不能停留在通过思维掌握科学规

---

① 张世英. 哲学导论 [M]. 北京：北京大学出版社，2016：250.
② 张世英. 哲学导论 [M]. 北京：北京大学出版社，2016：8.
③ 张世英. 哲学导论 [M]. 北京：北京大学出版社，2016：11.
④ 张世英. 哲学导论 [M]. 北京：北京大学出版社，2016：3-4.
⑤ 张世英. 哲学导论 [M]. 北京：北京大学出版社，2016：32.
⑥ 张世英. 哲学导论 [M]. 北京：北京大学出版社，2016：6.

律以达到支配客体的层面,而应该通过想象,超越外在认识,聚焦到事物间的结合和融通,到达"最真实、最具体、最生动的生活境界"①。

再次,"万物一体"的本体论是对中国传统"天人合一"思想的超越。传统"天人合一"的特点是原始性和朴素性,缺乏个性自我,"个体性自我被湮没于盲从统治者意志的社会群体之中,一切都依赖个人所属社会群体,思想言行都听命于父母、家族以及最后唯专制皇帝之命是从";"人与人之间少有相互往来、相互理解、相互沟通";平常说的"天人合一"是"指无人我之别的'人皆有之'的人性指同一性","不是指不同个性的自我之间的相互交流、相互理解"。人与自然的关系不是达到主客对立统一之后的一种通透的精神状态,而是一种朦胧模糊的混一景象。②"万物一体"强调万物不同而相通,"意味着相互融为一体的东西之间包含有不同、有差异,因而也就有矛盾、有冲突、有斗争","与自然和谐相处就是服从和顺应自然的规律性与必然性以改造自然物(与自然物做斗争),使自然物适应人";人与人之间的和谐"首要的是尊重他人的相异性和独特性,而不是消灭相异性,强求一致",保持自由讨论、平等对话,③ 即和而不同,既有自己的独立性,又能"容纳他人之'自我'的个性",包括"不同的声音,不同的意见,不同的风格等等",④ 只有承认和包容人的个性差别,才有可能谈不同人之间的相通。

(三)"万物一体"本体论思想对学校教育的启示

1. 学校教育获得前所未有的广阔空间

学校教育回归在生活与实践中育人的本性,学校教育目的回归人本身,教育过程回归生活,教育方法基于人并适合人的发展需要,其教育途径回归真实具体的现实生活,其教育内容也来源于真实鲜活的现实生活,人与世界万物联系有多广阔,人便有多大的发展空间;现实生活有多么宽广,我们的学校教育空间就有多宽广。

(1)教育对象回归为生活在现实世界中的人。人一生下来就处于世界万

---

① 张世英. 哲学导论 [M]. 北京:北京大学出版社,2016:47.
② 张世英. 哲学导论 [M]. 北京:北京大学出版社,2016:363-365.
③ 张世英. 哲学导论 [M]. 北京:北京大学出版社,2016:250-255.
④ 张世英. 哲学导论 [M]. 北京:北京大学出版社,2016:371.

物之中，就开始了跟世界万物打交道并一直学习如何与之和谐相处，即生活和实践使人与世界融合为一体。因此，准确理解和把握教育对象，学校教育的根基就会牢不可破——基于人本身的学习潜能和天赋，尊重人本身强烈的学习欲望和内在发展需要，恰如其分地发挥其中介作用，不断地优化和提升人的生命质量的可能；学校教育的现实性就会彰显——关注学生当前的生活状况，在现实生活中真正发挥人作为参与者的角色与作用，真正地学习真实的知识，在学习中体验和谐成长的快乐；学校教育的眼光就会变得长远——着眼于学生将来的生活而为学生的幸福人生奠基，如，能与自然和谐相处，能与社会和谐相处，并能通过自身素养的提升促成社会的和谐发展。这就是学校教育最基本的价值取向。

（2）教育实践回归于广阔的现实生活世界。由人的"灵明"所照亮了的，就是人所生活于其中、实践于其中的生活世界。① 学校教育不应脱离真实、具体的人的生活，而应始终存在于有血有肉的生活世界，是生活教育中的一种特殊组成部分。学校的环境本身就全面反映了教育内容（现实生活）。在学校环境中，学生需要学习的内容是全方位而丰富多样的，宏观层面有人与自然的交往（求知）、人与人的交往（仁爱）、人与自己的交往（信仰），微观层面有安全常识、学科知识、学习技能、科技文化、体育健康、生活实践等。教育不是培育抽象的人，学校教育所传授的也不是抽象的知识，教育的根本目的是全面满足学生的发展需要，发掘人的潜能，增进人的发展，提升人的素养。抽象的知识传授、唯分数论只会让学校教育失去其现实性而陷入虚无化。"现代学校教育失去了现实性，需要与虚无主义作斗争，以克服学校的危机。"②

（3）教育方式由外在认识转向内在体验。外在认识是通过思维，按照同一律的原则，认识事物的"同一性"，奔向抽象的知识，让人脱离现实生活而无法融入现实生活中；外在认识只能导致学生死学知识、学死知识，只有内在的体验，才能让人通过想象参与到世间万物中去，让世间万物被"照亮"，赋予其意义，让隐藏在其背后的无限宽广的世界得以敞亮。③ 教育的宗旨是"树人"和"育人"，既要让人在不断地通过学习和追寻事物意义中认

---

① 张世英. 哲学导论 [M]. 北京：北京大学出版社，2016：68-72.

② 佐藤学. 学习的快乐：走向对话 [M]. 钟启泉，译. 北京：教育科学出版社，2004：334.

③ 张世英. 哲学导论 [M]. 北京：北京大学出版社，2016：41-49.

识自身独特的存在意义，摒弃自我中心论和认识主体论，包容世间万物的彼此差异性，与其保持彼此沟通和平等对话，又要让人认识到人生本来就是一个在追寻中不断超越的过程，从而激发人的无穷向往与追求，自觉地参与到现实生活中去，突破有限的知识、生命和生活场景，不断地超越有限的生存而进入到无限的人生意义的追寻。只有这样，人才能自觉地修炼自己，不断克服眼前功利和个人私利的束缚，具有宽广的视野和长远的眼光，既有积极进取的精神，又有超脱旷达的胸襟，达到积极探寻和建设人与人生家园的境界。

2. 学校教育的层次性更加分明

根据"万物一体"的不断超越的过程，学校教育也呈现出不断超越着的多层次。

首先是启蒙，引导学生与经典同行。对应人生之初人无自我意识，处于原始的"天人合一"的状态，对处于游戏状态的学习起始阶段的孩童而言，学校教育所要做的是借助古朴的经典诗文，开启受教育者的心灵，激发其走出混沌状态，逐渐建立起自我意识，产生求知的欲望。

其次是启知，引导学生与智慧同行。随着自我意识的产生，学生便会以主体与客体的眼光看待世界，在教育者的引领下，广袤的宇宙空间、神秘的科学世界、源远的历史文化、人与己的不同，随着学习过程中的一个又一个的"惊异"，学生与世界万物交往的欲望也变得越来越强烈，教育者在鼓励学生积极进取、追求成功的同时，还要引导学生超越知识的功利性和求知的功利性，感受知识之美、学习之美、生活之美、文化之美、生命之美。

再次是启思，引导学生与诗意同行。随着科技的进步，经济全球化，人与人之间、国与国之间、人与天地万物之间相互依存变得越来越不可或缺。[1]在挖掘人的潜能和学习天赋，引导求知主体以一颗"仁爱"之心与万物"相遇"，保持独立个性的同时，又能克服膨胀的个人主义与利己主义，从而进入诗意同行的境界中去——"诗意地栖居于大地上"，"人皆可以通过教养、修养和陶冶而成为真正的诗人或成为真正有诗意的人"，[2]最终达成发展人的目的。

"人所活动于其中的'时间性场地'（'时域'），它是一个由过去与未来

---

[1] 李伟艳. 再论教育价值取向 [J]. 呼伦贝尔学院院报，2004（5）：90-92.
[2] 张世英. 哲学导论 [M]. 北京：北京大学出版社，2016：132.

构成的现实的现在,也可以说是一个融过去、现在与未来为一的整体。"① 从古今连续性和统一体中看待人与世界的融合就是古今的融合。教育也是一个由过去与未来构成的现实的现在,是一个融过去、现在与未来为一体的整体。今天的学校教育是多层次的,积淀着学校教育的历史,也预示着学校教育的未来走向,因此,我们应该立足于当下,传承优秀的传统文化,对学校教育进行整体性的深入研究,对其不合理的现实的存在进行大胆的改革,以深入探寻学校教育的发展方向。每个人的"现在"不仅积淀着他的过去,如个人出身、经历、爱好等,而且预示着他的未来,如志向、理想、人生规划等等。学校教育要深入研究教育对象,教育实践必须立足学生的"现在"并做到瞻前顾后,了解学生从何处来,将往何处去。要真正基于整个人,为了整个人的发展,让其在真实的现实生活场景中全面发展,以深入探索学校的育人愿景、办学目标和教育内容并驱动学校的创新与发展。"人诗意地栖居着"是人类最高的哲学追求,同时也是教育的最高追求,最终能达成这样的教育目的——让人获得内在精神能力的生长与自由。

3. 形成多元共生的教育环境

(1) 形成以"育人成人"为旨归的德育环境。"人生的最高意义:万物一体的领悟或'我—你'之间的相互回应","有'民胞物与'精神的人,能唤醒万物与之作语言交流"②。在当今科技日益繁荣发达的时代,科学教育占据着主导地位的学校教育,也要担当起对人的精神引领(包括道德)的责任感,"学校教育一方面以其科学世界的教育占据主导地位的特征,为个人超越自身直接经验提供强有力的支持;另一方面又以其集体的社会生活形式,接引个体进入、体验并由此开始拓展其非日常生活的领域","希望受教育者成为人,自然要把他们当人看待,自然要把培养能力启发智慧作为教育的任务,自然要竭力使他们长成新血液、新骨肉"(叶圣陶)③。道德修养在成人的过程中不可或缺,因为人的道德意识来自人天生的同类感,所谓"老吾老以及人之老,幼吾幼以及人之幼"(孔子)、"一体之仁"(王阳明)、"民胞物与"(张载)等。因此,传统文化中对人的责任感、帮助他人谋幸福、为了实现崇高价值理想而不计较个人得失的道德精神永远值得我们继承和发扬。重知识轻人文,科技进步与人文精神的削弱成为当前社会迫在眉睫

---

① 张世英. 哲学导论 [M]. 北京:北京大学出版社,2016:234-236.
② 张世英. 哲学导论 [M]. 北京:北京大学出版社,2016:231.
③ 项贤明. 论生活教育与学校教育的逻辑关系 [J]. 教育研究,2013 (8):8.

的问题,"育人成人"应该成为学校德育的旨归。

(2)形成以启迪"心灵相遇"为追求的交往环境。教育是着眼于他人的素质、能力而进行的影响其精神世界或心理状态的信息传递活动。学校教育不在于空洞的说教(造成知行不一),也不在于教育者对教育对象的驯服(造成伪善或反感对抗),而是启发与引领,启发学生用一种全新的眼光去看待世界万物,用心发现那个"我们与之相遇的世界",与世界万物建立起"我—你"的关系,即"把他人他物看作具有与自己同样独立自由的主体性的态度"①,并引领学生以此态度对待广袤的宇宙,对待生于斯长于斯的祖国,对待陪伴自己健康成长的家人、学校的老师和同学,对待为自己默默"服务"着的一切事物……一个只是把别人当成是自己的利用对象和手段的人,是不可能跟别人产生心灵交往的;同样,一个只是把他物当成是自己的使用对象和工具的人,也是不可能做到善待和爱护公物的。马丁·布伯说:"一切真实的生活乃是相遇"②,在学校这个真实的有血有肉的现实生活场景中,教育者只有以一颗仁爱之心和互为主体的态度去与教育对象赤诚相见,双方才能达到彼此互动和尊重的理想境界。当学校教育变得真实而实在,师生之间、生生之间、人校之间才能获得真正的和谐,所谓校园欺凌、师生冲突、践踏伤害等事件(恶)就没有生长的土壤。

(3)形成以"对话"为主要方式的共学环境。独白式建立起来的道德律是"把自己确定其为普遍的道德律加在别人头上",而哈贝马斯却认为,"道德行为是人与人之间、主体与主体之间的相互交往,只有通过他们之间的交往、交谈、对话,才能达成共识,达成具有普遍性的道德律。"③ 这种交往、交谈与对话不是出于"自我"对他人他物的施舍和恩赐,而是出自对他人他物"主体性"的承认。"育人成人"的途径是引导教育者开展与自然、与社会、与自己和谐交往的体验,与自然的和谐交往,培育生态文明的关键在于认识和掌握自然规律,并主动顺应自然规律,以进入人与自然相通相融的美好境界;与社会和谐交往,培育精神文明的关键在于相互理解和包容,在学校这个生活与学习的共同体中,学会尊重他人,主动对话沟通、合作互助共学;与自己和谐交往,培育积极的人生态度关键在于认识自己,学会尊重和包容自己,容许自己的不完美,提高自身道德修养的"对话"过程,同

---

① 张世英. 哲学导论[M]. 北京:北京大学出版社,2016:233.
② 布伯. 我与你[M]. 陈维纲,译. 北京:商务印书馆,2015:14.
③ 张世英. 哲学导论[M]. 北京:北京大学出版社,2016:68.

时也是接受艰苦磨炼不断超越自我的过程。

"万物一体"是宇宙万物虽不同而相通，是对时间的超越，对在场者的超越，对有限的超越。综上所述，以上从获得广阔的教育空间、分明的教育层次、形成多元的育人环境等三个方面阐述了"万物一体"本体论对学校教育的启示，让学校教育获得全新的视角。

二、建构"同行"教育文化

（一）"同行"教育文化的孕育

现代教育理论认为，一所学校是否有生命，是否有发展，不在于它是否拥有现代的建筑、先进的设施，而在于它是否具有独特的魅力——灵魂。它在不知不觉中影响着一所学校、一代人，这就是学校的气质。位于世界前列的芬兰教育最突出的特点是"机会均等，老师自主，学生为中心，在实践中学习"，其实质就是"有教无类""因材施教"。台湾地区教育的先进性在于其倡导适性扬才，关照生命教育，促进人的终身学习和终身发展。根据马克思主义人学理论，学校教育应该以"现实的人"为出发点，主张从现实的、具体的个人去理解人，以尊重和发展"人的需要"为主题，以实现"人的自由全面发展"为归宿点，确定育人愿景、办学目标和教育内容，促进"现实的人"在物与物的关系、人与物的关系、人与人的关系、人与世界的关系、人与历史的关系中生存和发展。当前中国特色社会主义已经进入新时代，我国现阶段社会的主要矛盾已经转化为人民日益增长的美好生活需要和不平衡不充分的发展之间的矛盾，在基础教育阶段，"有学上"不再是突出的问题，而"上好学"、接受更加优质的教育则已成为人民美好生活需要的重要内容。我国当前教育的先进性在于突出地关注人对美好生活的需要。党的十八大和十八届三中全会提出把立德树人落到实处的要求，2014年教育部研制印发的《关于全面深化课程改革落实立德树人根本任务的意见》提出，"教育部将组织研究提出各学段学生发展核心素养体系，明确学生应具备的适应终身发展和社会发展需要的必备品格和关键能力"。《中国学生发展核心素养》研究成果于2016年9月13日在北京发布。该研究成果明确提出，学

生发展核心素养指学生应具备的、能够适应终身发展和社会发展需要的必备品格和关键能力,是关于学生知识、技能、情感、态度、价值观等多方面要求的综合表现。核心素养以培养"全面发展的人"为核心,以科学性、时代性和民族性为基本原则,以"文化基础、自主发展、社会参与"三个方面为引领,综合表现为"人文底蕴、科学精神、学会学习、健康生活、责任担当、实践创新"六大素养,具体细化为"国家认同"等18个基本要点。《中国学生发展核心素养》强调知识、能力和态度的统整,突出整合性、跨学科性及可迁移性的特征,落实立德树人为根本教育任务,培养有正确世界观、人生观、价值观的社会公民,实现人的全面和谐发展。《中国学生发展核心素养》的提出意义极其重大,一方面引领教师并促进教师专业发展,促进师与生的真正交往、教与学的真正发生,以改变教学长期以来存在的有所"教"而无所"学"的"教学本位""学科、知识本位"的现象;另一方面,可帮助学生明确自己未来的发展方向,明确自身成长与社会发展的相互促进关系,激励学生朝着这一目标不断努力。

(二)"同行"教育文化的提出

"同行"教育文化的提出,首先是基于人生态度或人生境界的思考,我国古代对人生境界有很深入的思考,如"天人合一""一体之仁""民胞物与"等,这些思考对于处理人与世界的关系,建立基本的世界观、人生观、价值观,无疑是很有意义的,但都无可避免地具有社会历史阶段的局限性,比如,让个体淹没在自然整体之中、淹没在封建社会群体之中,而没能真正达到"万有相通"的境界。① 其次是基于教育教学存在的一般形态的本体论思考。教育教学作为交往的特殊方式,其基本组分是"具有一定资格的师与生"交往主体,其联系方式是"交往主体双方借助特定的中介内容实现有效的相互作用,使本来比较松散的一般交往结构成为一种联系更加紧密、目的更为明确、机制更为精细化的有机结构";其基本功能是"通过特定客体的中介作用促进人本身的改变",促进"新人的文化生成";② 师生的交往状态呈动态发展,交往的结构、功能、目的决定着教育教学交往的有效与否。教育教学是学校与师生、师与师、师与生、生与生等主体之间的相互作用、相

---

① 张世英.哲学导论[M].北京:北京大学出版社,2016:363.
② 张广君.本体论视野中的教学与交往[J].教育研究,2000(8):55.

互交流、相互沟通、相互理解的动态交往过程,这里的交往主体是多元的,有人与环境的交往,有人与人的交往,也有人与自己的交往。交往方式也是多元的,有认识、了解和掌握,也有尊重、理解和包容;有共处、合作和互助,也有竞争、超越与成长。

1. "同行"的汉字释义

"同行"之"同",本义为"合会也",有相同、共同、一同、一齐(从事)、参与、聚集之意,可引申为一起工作、生活或从事某项活动的同伴关系,如"同伴";相互关系的事物在进行速度上协调一致,如"同步";共同享受欢乐幸福,共同担当患难艰苦,如"同甘共苦";不相同的事物逐渐变得相近或相同,如"同化";思想一致,共同努力,如"同心协力";齐心协力渡过困难,如"同舟共济";思想、信念一致,为共同目标而奋进,如"志同道合""同心同德""同心戮力"等。

"同行"之"行"是象形字,甲骨文的"行"是一个十字路口,本义为交通要道,"行,道也。"(《说文》)读"横"声。引申出路程(《老子》:"千里之行,始于足下。"),走路、行走(《说文》:"行,人之步趋也。"),通行(《广雅》:"行,人之步趋也。"),道德、品行和涵养(《晋书·儒林传·杜夷》:"才学精博,道行优备。"),行为(《论语·述而》:"三人行,必有我师焉。"),刚强(《集韵》:"行,行行,刚强的样子。"),还有技能本领等。此外,"行"还有流传、运动变化等意思,如"言之无文,行之不远"形容文章没有文采,就不能流传很远(《左传·襄公二十年》)。"天行健,君子以自强不息;地势坤,君子以厚德载物"指天即自然的运动刚强劲健,相应地,君子处事,也应像天一样,自我力求进步,刚毅坚卓,发奋图强,永不停息;大地的气势厚实和顺,君子应增厚美德,容载万物(《周易》)。

综合上述汉字释义,"同行"具有同心同德、平等互爱、悦纳包容、和谐发展、合作进取、行健致远等丰富多元的含义。

2. "同行"的哲学意味

(1)"同行"源于"万物一体"的宇宙观。由于宇宙中"每一物、每一人、每一部分、每一句话、每一个交叉点都是全宇宙,但又有其个性,因为各自表现了不同的相互作用、相互影响的方式","交叉点本身就是全宇宙内部相互作业、相互影响的结晶",① 因此,宇宙万物不同而相通,即"万有

---

① 张世英. 哲学导论[M]. 北京:北京大学出版社,2016:35.

相通"。因为相通,所以相遇;因为相遇,所以同行。对时间的超越而实现古今同行,对在场者的超越而实现有限与无限的同行,对万物一体的领悟或'我—你'之间的相互回应,有'民胞物与'精神,能唤醒万物与之作语言交流,能用自己的整个身心对他人他物的全部存在做出回应,建立"互惠共生"关系,以积极而高尚的人生态度自觉地超越"我—它"关系(互为客体,互相索取)走向"我—你"关系(互为主体,亲密无间、相互对等、彼此信赖、共生共存),成为融自然性、精神性和人格性于一身的真正的人。

(2)"同行"源于马克思主义人学理论。马克思主义人学理论认为,人产生和存在于自然界中,"因为人是自然界的一部分""人直接地是自然存在物"(马克思)①;人的生存和活动要受到客观条件和自然规律制约,因此,人必须与自然界互惠共生;人要通过合规律的社会实践,在科学认识自然和尊重自然规律的基础上,按自然规律改造和开发利用自然,在与自然和谐相处中实现生存与可持续发展。人的自然生命组织为人的学习和发展提供了基本的物质基础和可能性,人的各种知识和实践能力是在后天的社会生活中才能获取的,依赖社会为其提供一定的环境、依赖他人为其提供一定的支持与帮助,"思想、观念、意识的生产最初是直接与人们的物质生活、与人们的物质交往、与现实生活的语言交织在一起的。人们的想象、思维、精神交往在这里还是人们物质行为的直接产物"(马克思、恩格斯)②,因此,人要不断提升自身素质和能力,就必须开放整个的自己,全身心自觉地参加到各种社会实践和社会交往的行动中去。

3."同行"的现代理论依据

(1)系统论。系统论是研究系统的一般模式、结构和规律的学问,它研究各种系统的共同特征,用数学方法定量地描述其功能,寻求并确立适用于一切系统的原理、原则和数学模型,是具有逻辑和数学性质的一门科学。系统论认为宇宙、自然、人类社会,由于人类设定的参照系不同,而分属于不同的子系统。如果把世界上所有的存在,划分为物质与精神世界的话,那么宇宙、自然、人类社会就通通属于物质与精神世界这个复杂巨系统。③

(2)协同论。协同论主要研究远离平衡态的开放系统在与外界有物质或能量交换的情况下,如何通过自己内部协同作用,自发地出现时间、空间和

---

① 王孝哲. 马克思主义人学概论[M]. 合肥:安徽大学出版社,2009:13.
② 王孝哲. 马克思主义人学概论[M]. 合肥:安徽大学出版社,2009:39.
③ 来自百度百科"系统论"词条.

功能上的有序结构。协同论以现代科学的最新成果——系统论、信息论、控制论、突变论等为基础，吸取了结构耗散理论的大量营养，采用统计学和动力学相结合的方法，通过对不同领域的分析，提出多维相空间理论，建立了一整套的数学模型和处理方案，在微观到宏观的过渡上，描述了各种系统和现象中从无序到有序转变的共同规律。协同论告诉我们，系统能否发挥协同效应是由系统内部各子系统或组分的协同作用决定的，协同得好，系统的整体性功能就好。如果一个管理系统内部，人、组织、环境等各子系统内部以及他们之间相互协调配合，共同围绕目标齐心协力地运作，那么就能产生 1 + 1 > 2 的协同效应。反之，如果一个管理系统内部相互掣肘、离散、冲突或摩擦，就会造成整个管理系统内耗增加，系统内各子系统难以发挥其应有的功能，致使整个系统陷于一种混乱无序的状态。[①]

"同行"教育文化基于系统论和协同论的思考，把学校组织看作是一个由人、组织、环境等子系统相互协调的复杂而开放的系统，内部子系统围绕着共同的愿景目标齐心协力地运作，又不断地通过跟外界的物质、信息和能量的交流，促使学校系统向有序化多元发展。

4."同行"教育文化的内容

"同行"教育文化的内容体现为四个方面：尊重生命，与生命同行；仁爱为本，与友善同行；知行合一，与智慧同行；温润包容，与优雅同行。"同行"教育文化的核心是"仁爱"，"仁爱"是每一个人不断超越自我，"做更好的自己"的基础，教人成为具有"仁爱"本性的人，是教育的真谛所在。"同行"教育的追求是"超越"，让人在不断生成、不断进步、不断实现自我超越中获得生命成长与完善的不竭动力。

（1）尊重生命，与生命同行。认识到人与自然"本是同根生"，人与天地万物的相互联系、相互作用、相互影响，视他人他物为跟自己一样的具有独立人格的主体，建立同类感和共通感，能在我中看到他人他物，在他人他物中看到我，拥有四海之内皆兄弟的广阔胸襟，就连他人他物的恶行也会使自己感到痛心，只有这样方能跟他人他物和谐共处，互惠共存。

（2）仁爱为本，与友善同行。能认识到自己的有限性，并不断地超越自己的有限性，从互为主体到人己一体，建立对他人他物发自内心的真挚的认同感，能与他人他物处于精神性的统一体中进行对话交流，只有这样才能以一颗仁爱之心跟他人他物友善相处。

---

① 来自百度百科"协同论"词条。

（3）知行合一，与智慧同行。认识到社会实践基于对自然规律的认识、对自然界的改造和利用，认识到社会发展既离不开科学技术的发展与进步，也离不开对优秀传统文化和审美精神的传承，做到科学其身体，隐秀其灵魂。

（4）温润包容，与优雅同行。能认识自己，唤醒自己，不断进取；批评自己，克服自我，不断超越；悦纳他人，与人为善，不断完善自己；悦纳自己，与己为善，实现内心的成熟与成长。

5."同行"教育文化的特征

"社会不是由个人构成的，而是表示这些个人彼此发生的那些联系和关系的总和。"（马克思、恩格斯）① 交往是人类社会存在和发展的重要方式，"交往作为人类的一种独特的自觉活动，具有如下特点：交往具有客观物质性、自觉能动性、社会历史性和主体间性。"② 交往的客观物质性体现在交往活动必须在一定的时间和空间内，通过具体的行为或活动对对方施加影响；交往的自觉能动性体现在交往"总是有意识有计划地进行的"，由人根据自己的目的自觉地选择交往的时间、地点、方式；交往的社会历史性体现在交往必须立足交往双方所处的特定历史阶段和社会背景中，交往的方式和手段也打上了时代的烙印；交往的主体间性体现为交往双方彼此保持着生命和人格的独立，双方视对方为主体，互相交流、互相作用、互相沟通、互相理解和互相影响。③

教育起源于人类的交往，现代教育中的物质交往性已逐步消减，精神交往性逐步占据了主要地位。"同行"教育立足现代学校教育，在具有交往的客观物质性、自觉能动性、社会历史性和主体间性的基础上，更加凸显精神交往的特征。

第一，交往关系是纯全本真的。教育者与受教育者是生命与生命的真实相遇，教育者不把受教育者当作是认识和改造的对象，而是结成不可分割的整体，遵循教育交往的规律，彼此感受对方生命的律动和成长的拔节，师生敞开自己，共同沐浴在智慧的阳光和清泉中，交融于生命成长的呼唤与应答中，教育进入"木欣欣以向荣，泉涓涓而始流"的理想境界。

第二，交往双方是彼此尊重的。教育中交往的双方互为主体，互相交流、互相作用、互相沟通、相互理解，而又保持着各自独立的人格精神，师

---

① 王孝哲. 马克思主义人学概论 [M]. 合肥：安徽大学出版社，2009：55.
②③ 王孝哲. 马克思主义人学概论 [M]. 合肥：安徽大学出版社，2009：51-53.

者"仁以为己任",自觉提高自己的学识、专业素养和人生境界;尊重每一个生命,聆听来自每一个生命的心声,并用自己的学识、智慧和勤勉的态度,点燃学生的智慧,激发学生对美好生活的向往和追求;不断提高道德修养和人格品质,引领学生对美好情操的感悟和体验;不断充盈自己的情感和精神世界,用爱培育爱、激发爱、传播爱,通过真情、真心、真诚拉近师生之间的距离,滋润学生的心田,把自己的温暖和情感倾注到每一个学生身上,用欣赏增强学生的信心,用信任树立学生的自尊,让每一个学生都健康成长,让每一个学生都享受成功的喜悦。

第三,交往发生是整个的。教育双方的相遇是人的全部,不是一方对另一方的观察,而是洞悉一切,彼此毫无保留、毫无偏见,彼此心意相通、情意相投。教育者与受教育者的相遇,不仅是知识的相遇,还是智慧的碰撞;不仅是智慧的碰撞,还是情感的共鸣;不仅是情感的共鸣,还是灵魂的共振。教育以"培育全面发展的人"为根本宗旨,以唤醒人的生命动力、激发人的自主、自律和自觉为根本任务,发掘出适合学生学习和进步发展的教育内容和教育策略,实施能够与学生生命和智慧成长产生核磁共振的教育方式和教育行为,教育最终回归到促进人的全面和谐性发展的本源状态。

(三)"同行"教育文化的实践引领

1. 构建"同行"静态文化环境

(1)标志文化环境。标志,是充分呈现学校精神的载体。虎英小学地处黄旗山脉,此地既有悠久的旗峰历史文化,又有近代的英雄人物,可谓是人杰地灵,人才辈出。"虎英"二字核心取意是激励虎英学子"做虎虎生威的精英",体现出学校师生共同的发展愿景与价值追求。走进虎英小学,迎面矗立着的是学校精神文化主题柱,上面用汉字部件、中英文等各种方式艺术性地"慧学明志,健行致远"校训,主题柱顶部是学校标识,整个标识以印章为主体造型,以"虎英"首字母"H"的艺术变形为载体,以"虎英"二字的篆书体为印章内容,"虎英"之"虎",本义有勇猛、威武之意,喻男生体魄强健,充满阳刚之气,虎虎生气之状;"虎英"之"英",本义为尚未开放的花朵,即蓓蕾,喻女生秀美,充盈阳光之彩,含苞待放之势。"虎英"蕴藏着刚柔并济之意,刚强的与柔和的互相补充,使恰到好处。勇敢、刚毅、强悍的同时又保持文采、柔和、温柔。能文能武,能刚能柔,一直是从古至今人们所追求的一种至高境界。学校标识以虎英学子的共同成长印记为寓意，标识造型形如一本打开的书页，既象征着虎英地域历史文化的源远流长，又象征着虎英学子用辛勤汗水撰写新篇章；犹如展翅翱翔的雄鹰，既寄托着长辈们对虎英学子的殷切期望，又充分展示了虎英人的蓬勃朝气与满怀自信。标识的颜色以深棕色和浅棕色为主，以浅黄为底色，切合学校建筑风格；中性色彩，取意与大自然和谐相处，互惠共生，体现学校的办学品位，具有前瞻性和国际视野。学校校旗的基调为白色和棕色，主题图案为学校的标识，突出虎英小学和大自然的和谐相处、互惠共生的生态育人理念。

（2）楼宇文化环境。学校楼宇为"一主双翼"设计特色，"一主"为四层近20米宽百多米长的贯通南北的笔直风雨长廊，向东伸展出去的四座分别是普通教学楼和多功能教学楼，向西伸展出去的两座分别是行政楼和教师宿舍楼，此乃东西之"双翼"。整体建筑连同西侧标准运动场鸟瞰之则如同一艘整装待发、气宇轩昂的航空母舰。每一座楼宇都依照其功能赋予了不同的命名，表达出不同的寓意：行政楼名为和雅楼，取"和而不同，文雅共生"之意；宿舍楼名为"清雅楼"，取"清风徐来，体态优雅"之意；多功能教学楼名为"通慧楼"，取"多元智能，贯以通之"之意；教学楼名分别为"赋慧楼""比慧楼"和"兴慧楼"，取义于《诗经》创作的"赋、比、兴"表现手法，意为细陈教育教学之事，共推教书与育人相长，智慧在教与学中日益丰盈。连接贯通东西双翼楼宇的风雨长廊名为"慧雅楼"，取意为"博古通今、学贯中西"之意。此外，各座楼宇之间还有各具风格的庭院，每个庭院内的园林景观设计不同但同样是绿意盎然、鸟语花香，圆柱体大型地下采光通风井错落有致地装点其间，整个庭院显得刚柔并济，或石材或木材铺设而成的园林小道，把各楼宇有机地连通起来。沿着笔直的风雨长廊，可风雨无阻地到达每一个庭院、每一座楼、每一间教室、每一个场馆，整个校园有机融为一体，给人互惠共生、友好相处的精神暗示。

（3）校外生态环境。一方水土养一方人，人的成长离不开当地的文化精神浸润。学校毗邻黄旗山城市公园，山高水长，湖光山色，草木茂密，郁郁葱葱，洋溢着生机勃发的生命气息；黄旗山曾有"岭南第一山"的美誉，是东莞人民春游、踏青、登高的圣地，山上还有著名景点——廉泉，据说只要饮一口这廉泉之水，就可以使人变得廉洁、美好。历史上这里成为诗人墨客雅聚的场所，留下了许多精彩的诗篇，为东莞文化宝库增添了丰富的内容。如今由政府精心开发建设的"黄旗—虎英"绿道正在悄然改变人们的生活方式，成为人们踏青和户外健身运动的好去处。如此灵山秀水，为学生学习如何跟大自然相处,传承优秀传统文化,建立绿色生态观念、体验绿色生活提供了极好的生态资源环境,为学校构想"绿色生态体验课程""远足健行全课程"理念提供了极好的凭据与实施空间。

2. 建设"同行"动态文化环境

(1)"同行"制度文化。

①建立协同型学校组织结构,如图 5-1 所示。

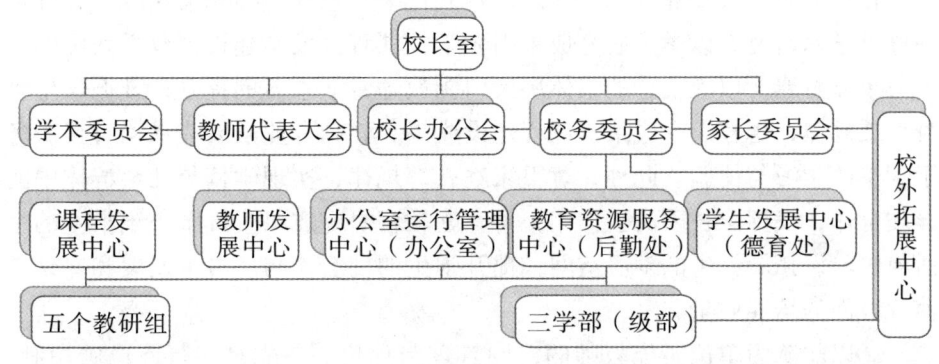

图 5-1

学校以共同愿景为引领,按照一定的工作任务和目标,以合作团队为单位,将组织成员按不同的工作性质、职务、岗位组合起来,形成层次恰当、结构合理的有机整体,最终成为学生发展服务的管理架构,体现倡导民主、共同决策的理念;学校组织结构以师生共同发展的愿景和价值追求为出发点,体现从服务师生发展的观念出发,凸显"服务型扁平管理"和"学术性管理"的现代学校特质。服务型扁平协同管理系统包括"两室三处":校长室——学校领导层,引领"五会"进行民主决策,为"五中心"协同实施教育教学工作、发展学生核心素养提供最直接的服务;办公室——执行校长办公会决策,实施学校运行管理、检查验收、人事工资和发展改革;德育处(学生发展中心)——执行校务委员会决策,为学生发展提供全方位服务;教导处——执行学术委员会和教师代表大会决策,实施教学管理、教育科研、课程建设和教师队伍建设;后勤处——执行校长办公会和校务委员会决策,实施财务财产、卫生保洁、内保安全和食堂管理。育人为本,条块明晰的部门设置,集中体现民主、协同管理模式的有"五会":校长办公会、校务委员会、教师代表大会、学术委员会、家长委员会;促进教育教学发展的有"六中心":办公室运行管理中心(办公室)、学生发展中心(德育处)、教师发展中心和课程发展中心(教导处)、教育资源服务中心(后勤处)、

校外拓展中心；实现体现横向团队发展的有"教研组负责制"：语文学科教研组、数学学科教研组、英语学科教研组、综合学科教研组、科学创客教研组。实现纵向团队发展的"级部负责制"：低年段学部、中年段学部、高年段学部。学校的组织结构充分体现学术管理的理念，让学校干部在不同的学术领域中异质合作，做到人尽其才，各展所长，如专业特长的行政，在学术委员会中担纲（主角），在其他委员会中协助（配角）；擅长事务管理的行政，在校务委员会中担纲（主角），在其他委员会中协助（配角）。充分体现尊重学术研究，以学术研究成果引领学校课程开发与建设；尊重教师的个人与集体意愿，以教代会的集体决策引领教师专业素养的提升；遵循学生自身发展规律，德育研究成果、课程建设成果和教师专业发展成果均直接服务于学生的学习与体验。此外，尊重家庭教育规律，实现学校与社会群体中的异质合作，发挥家长委员会作用，将家庭教育研究成果直接服务于学生的生活与体验，拓展学生的学习空间，提升学生的社会参与、自主发展和文化素养等方面的培养质量。

②以团队为单位实施教师的协同管理与评价。首先是实行岗位聘用制。教师由学校自主招聘，由"编制管理"向"岗位管理"转变，"聘"与"用"分离，"聘"是学校聘，学校面向全国自主招聘高素质教师，并由学校"校长办公会"依据学校章程确定各学（级）部、各中心的岗位进行"聘"；"用"是学校的部门（级部和中心）用，部门根据自主招聘教师的工作能力和实际业绩，聘用其相应的工作岗位，从而形成教师能进能出、能上能下的用人机制。其次是岗位聘用的"双清零"机制。一是专业技术岗位聘用届满清零。教师全员参加专业技术岗位竞聘上岗，三年一聘，期限届满后重新竞聘上岗。具体做法：由"校长办公会"和"校务委员会"指导成立各层级的"教师专业技术岗位聘用领导小组"和"教师专业技术岗位聘用工作小组"，教师签订合同入职后，在6个月的试用期内实现"同职聘用"试聘；6个月试用期满通过考核合格后（不合格者不再履行聘用合同），学校根据教师试用期考核结果，分别采取两种聘用方式：同职聘用、高职低聘。二是教师工作岗位聘用届满清零。教师工作岗位实行"3+3"聘用制，在考核合格前提下，实行三年一签，前两次签订合同均按三年一聘，第三次合同签订为无固定期限合同。具体做法：由"校长办公会"集体决策，由"校务委员会"指导成立各层级的"学校管理岗位聘用领导小组"和"学校管理岗位聘用工作小组"，采取逐层聘用的方式，由行政聘用中层兼任岗位（如少先队大队辅导员、级部组长、教研组长等），再由中层（如级部组织

和科组长）根据教学的实际情况聘用专任教师岗位（如年级学科教师）和兼任岗位（如班主任、备课组长等）。立足"同行"教育文化理念，创新绩效考核方式，对教师的绩效考核以团队为单位进行。每学期末按照教师具体的工作量（任务）、管理岗位（责任）和业绩进行考核，并根据绩效结果发放绩效工资，体现按劳分配、按岗取酬、绩优酬高、薪随岗变的分配原则，激活教师队伍活力。

（2）"同行"学习文化。学校以"自组织"理念指导创建学习共同体，营造无所不在的学习环境。协同论认为"自组织"是管理系统自我完善的根本途径，协同是自组织的形式和手段，促使系统从无序的不稳定状态向有序的稳定状态发展，实现自我完善和发展。自组织实现的条件有两个：一是系统必须具有开放性，能与外界进行物质、能量和信息的交流，确保系统具有生存和发展的活力；二是系统必须具有非线性相干性，内部各子系统必须协调合作，减少内耗，充分发挥各自的功能效应。

①构建教学相长的师生交往环境。明确教学作为特殊的交往方式，有着特定的关系结构，如"学生—教师—文化内容"；有着特定的功能，即师生在教与学的共同活动中实现相互交流、相互作用、相互影响，教师的教促进学生的学，学生的学促进教师的教，教与学在动态中生成，"只有真正发生了师与生的交往，教与学的交会、互动和统一，才是真正的教学。"① 有着特定的目的指向，即促进学生在交往中掌握客体化了的人类历史文化发展的成就，借助特定的文化成果为中介客体促进个体自外而内地实现知识的增长、精神的丰盈、社会实践经验的有效增长，达到促进人本身的改变和新的文化生成的目的。基于此，学校大力推行翻转课堂的研究与实践，把教学交往贯穿于学习全过程：课前导学，引领个体试学，通过线上实现反馈学情；课中领学研学，以"学"为中心，"教"为"学"服务，教师引领学生进行深度学习；课后延伸拓展，实现个性化的选学、拓学。

②营造心心相印的合作共学环境。一是引导教学交往双主体"相互倾听"。教师静心倾听学生。课前通过学习预案了解学生的学习起点和学习需要，备好能促进学生知识总量提升和学习智慧发展的课；课堂上善于倾听学生的有声的和无声的语言，准确判断学生对知识的掌握情况，理解学生话语中的"潜台词"，保持与学生的密切交流。教师教会学生倾听，用心倾听老师讲课，跟随老师的教学思路；用心倾听同学发言，取长补短，逐步养成倾

---

① 张广君. 本体论视野中的教学与交往［J］. 教育研究，2000（8）：58.

听老师讲解、倾听别人意见的良好习惯。教师合理鼓励学生，不以表扬一人敦促全体学生，也不以批判一人教育全体学生。师生之间相互倾听，创造安静专注、和谐安心的课堂学习环境，让每一位孩子都可以从从容容地学习。二是引导交往主体的"沟通互助"。倡导"小组合作，同伴互助"的学习方式，切实改善学生的学习条件和教学环境，把教师教的过程转变为学生学的过程，把学习的权利还给学生，以"学"为教学的中心，让每一位学生带着自己的思考、观点、困难，坦诚地跟老师、同学互相探究，互相启发，让学生成为课堂的主人。从意识形态上进一步引导，如"不放弃不抛弃"：无论在何种体验学习活动场所，小组同学都要不放弃任何一次努力，不抛弃组内任何一位同学，构筑起新型的充满活力的学习伙伴关系，改善生与生交往的条件，帮助学生快速提高学业成绩。三是引领师与师的"合作共研"。设计分享式的读书沙龙、叙事式的成长故事会、共享型研修工作坊，让教师在多层次多形式的交往过程中逐步提升专业素养；创新校本教研机制，实施"教研训一体化"的教研模式，融教学、教研和师资培训于一体，以年级"学研共同体"为单位，合作开发研究专题，开展专题式研教活动，先研后教，边教边研，边研边教；在集体备课、会诊式评课等研教活动中设置中心发言人轮值制，在研究交往中实现知识的内部快速传播。

（3）"同行"课程文化。课程是最能发挥学校育人功能的重要载体，学校以"同行"教育文化理念为引领，更新课程观念，以适应核心素养的整合性、跨学科性和可迁移性等特征，以及强调知识、能力和态度统整的需求。在坚持国家课程改革纲要基本精神的前提下，根据自身情况和条件，将国家层面规划和设计的面向全国所有学生的课程转化为适合本校学生需求的课程形态，即探索国家课程校本化实施。根据小学阶段（6~11岁）各科知识仍处于融合状态，适合开展融合式教学的特点，以及学校自身的优质教育资源，把课程进行有机整合，创造性地开发"虎英"课程体系，根据年段学习要求，进行跨学科课程整合，避免分科过细，学习内容和学习活动的重复，让学生腾出时间和空间发展基本素养，如培养阅读兴趣和阅读理解能力，使阅读成为学生的休闲活动和日常习惯；结合本校优越的环境资源，开发田园课程和户外拓展课程，组织学生开展体验性学习活动，培养学生的综合素养。课程整合如图5-2所示。

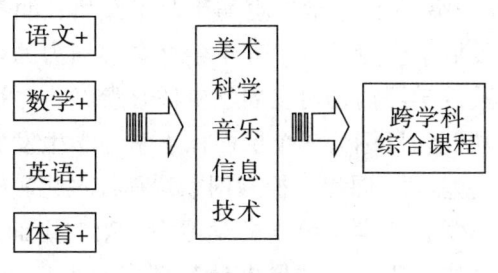

图 5-2

根据核心素养所具有的全面性、抽象性和普遍性特点，以培养有知识、有能力、有修养、有智慧、有抱负、有毅力之人为宗旨，根据学校的实际情况，做到核心素养的课程转化，把理念转为实际，把抽象转为具体，把共质转为个性，让学校教育真正发挥发展学生的核心素养的功能。具体的做法是改变课程架构，合理改变课时设置，如图 5-3 所示。

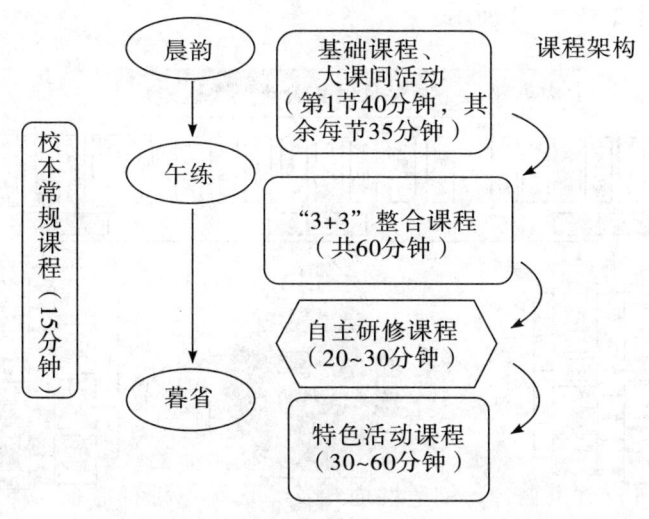

图 5-3

一日常规课程架构，首先充分保障了国家课程的落实，每天下午的"3+3"（两个 30 分钟）"阅读+体验"融合式课程作为上午基础课程的延伸与拓展，是国家课程校本化实施方式的体现，尤为突出的是"自主研修课程"，旨在腾出整块时间空间，完全实现学生自主学习，体现出对学生自主行动力和沟通互动力的着力培养。辟出完整的时间空间组织大课间活动，与常规体育课有机结合，形成体育健康的课程系列。15 分钟的"晨韵""午练""暮省"校本常规课程,让学生熏陶于艺术经典,润物细无声地培养学生的文化素养,与发展学生特长、培养学生社会参与力的特色活动课程形成呼应之势,凸显体验性学习活动对发展学生核心素养的功能。

学校根据课程功能和目标分三个层面探索基于学生发展核心素养的课程体系:第一层面是"慧学"课程,探索国家课程校本化实施,夯实知识与文化基础,培养学生乐学、会学、恒学的学习力;第二层面是"健行"课程,探索跨学科主题融合式课程,以主题阅读带动多元视角和领域的横跨探索,夯实学生的学习与能力基础,培养学生质疑、合作、创新的行动力;第三层面是"潜力"课程,探索"普及+特长"的特色课程,以生命教育、美育和传统文化熏陶为主线,夯实身心健康基础,培养学生自主、向善、爱美的发展力。其中主题融合式课程以学部课程开发工作室为引领,共同开发并协同实施项目负责制课程管理,让每一位教师均有承担项目的机会,以此提升教师的项目开发能力,并让教师在实施过程中提高组织力和协调能力。"虎英"课程体系如图 5-4 所示。

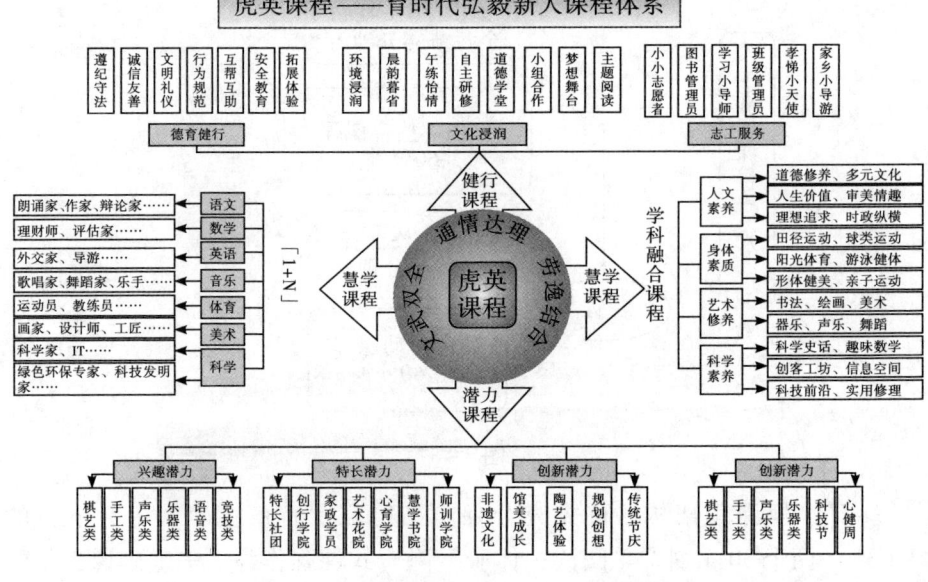

图 5-4

以下是学校三个学部课程开发工作室于 2017—2018 学年度第一学期开发的主题融合式课程(简报)。

触摸秋天，收获硕果
——记东城虎英小学一年级学部融合式课程系列活动

大自然是最永恒的课程，生活是最生动的课程。为了更好地引领学生走进大自然，体验生活，我校一年级课程开发工作室立足于低年级学生的年龄与心理特点，融合各学科的要素，在第15周展开了主题为"触摸秋天"的融合式课程系列活动。

读思结合，感悟秋天。绘本《落叶跳舞》是一首用落叶演奏的"散文诗"，作者巧妙地利用不同颜色和形状的落叶，绘成出人意料的丰富画面。工作室以绘本《落叶跳舞》为载体，带领学生阅读绘本，同时与一年级上册各学科内容进行融合，精心设计了主题为"触摸秋天"的融合课。

学中感受，触摸秋天。在融合课中，工作室充分发挥每位教师的专业和才能，实行跨学科走班制。教师融合"语文＋朗诵＋舞蹈"要素，执教《看，落叶在跳舞》，带领学生深入感悟绘本，指导学生朗读有关"秋天"的课文和诗歌，诵读声中伴随着灵动的舞姿感受秋天的落叶飞舞；教师融合"阅读＋音乐"要素，执教《听，落叶在歌唱》，带领学生唱出秋天的美，唱出秋天收获的喜悦；教师融合"阅读＋科学"要素，执教《凉爽的秋天》，意在指导学生细心观察秋天的变化，动手制作风车并在户外体验玩风车的愉悦；教师融合"阅读＋美术"要素，执教《小叶子大创想》，指导学生运用油水分离的方法，带领学生用捡来的落叶完成一幅幅富有创意的作品。

图 5-5

诗意同行：追寻教育理想国

图 5-6

快乐展演，品味秋天。经过一周的课程系列活动，12月8日下午一年级师生在健行馆举行活动成果展演，将融合式课程从课内延伸到课外。一（3）班和一（5）班带来了《秋天的声音》诗歌朗诵，让我们翱翔于秋天的诗海中；一（7）班的学生们穿着蔬果装饰的衣服进行了别样走秀，令我们深刻地认识了秋天这个收获的季节；一（1）班《这就是二十四节气·秋》的故事表演展示了秋天里节气的变化，让孩子们听懂了大自然母亲的语言；一（4）班和一（8）班以情景剧的形式展演了节目《最美秋天》；最后，一（2）班和一（6）班展示的《听听秋的心意，读读秋的古韵》让我们读出了秋的韵味。全体一年级学生热情积极，倾力演出，整台展演温馨圆满。本次主题为"触摸秋天"的融合式课程凝聚了一年级工作室的智慧与心血，通过多学科的融合，带领学生们从不同的视角感受秋天，体验秋天，让学生拥有一双慧眼去发现秋天之美，拥有一双巧手去创造秋天之美，拥有一颗童心去体验大自然之美。

图 5-7

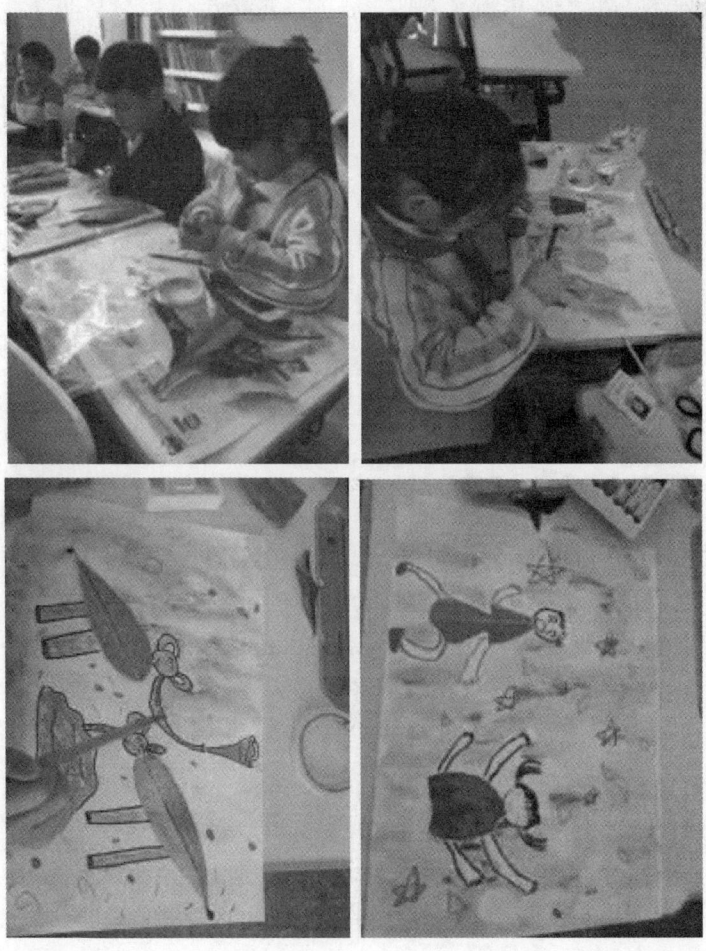

图 5-8

我型我秀，做最美的自己
——记东城虎英小学二年级学部融合式课程活动系列

立德树人，弘扬正气，歌颂真情，倡导真善美，我校二年级课程开发工作室于14周，引领二年级全体孩子在融合式课程中开展了寻找"最美的自己"系列活动。工作室立足二年级学生的学龄特点，融合各学科的要素，把实践拓展内容作为亮点进行课程内容系列的选择与设计，引申出"外形美""健康美""言行美"和"特长美"四个主题。

图 5-9

读中启航，争当"最美的自己"。工作室以二年级本学期课外必读书目《小猪变形记》和《发明家奇奇兔》这两本绘本为阅读载体，带领学生阅读绘本，走进"小猪"，从"改变自己的形态到改变自己的心态"这一过程与教训中，探索出"做自己"的快乐和幸福；走进"奇奇兔"，在寻找朋友的过程中去创造美、发现美，从而让孩子们发现美、体会美，争当"最美的自己"。

学中体验，发现"最美的自己"。在各主题系列课程中，工作室充分发挥每位教师的专业和才能，实行跨学科走班制。教师融合"阅读+心理+美术"要素，带领学生解读故事主人公的心理，指导学生从发现自己的外形美，到在白色T恤中绘出自己的美，并穿上自己亲手绘制的衣服，秀出自己的美；教师融合"阅读+体育"要素，带领学生在文本角色中捕捉动物们的体能特长，以快速跑及立定跳远等体育锻炼的形式来演绎；教师融合"语文+英语+道德与法治"要素，指导学生在文本中获取人物的语言对话，学习交际中的言语表达，引导学生学习乐于助人的好品质；教师融合"数学+音乐"要素，指导学生在阅读中探索图形变化，学习七巧板组图，一曲《我真的很不错》引导展现自己最棒的方面。

图 5-10

图 5-11

快乐展演，秀出"最美的自己"。经过一周的课程系列活动，12月1日下午，二年级师生在健行馆举行活动成果展演。二（1）班和二（3）班以话剧和歌曲表演的形式演绎"言行美"，中西结合、生动有趣的礼仪操流露出文明语言的魅力；二（2）班以话剧和体育健身操的形式展示"健康美"，活力四射的健身操让人感到律动之美；二（4）班以话剧、舞蹈音乐和走秀的形式秀出"外形美"，动人的故事情节以及炫酷的服装秀充分展现了虎英学子的风采；二（5）班和二（6）班以话剧、舞蹈和特长表演展现出"特长美"，孩子们自信的表现，精彩的技艺，令全场师生赞叹不已。

图 5-12

本次"我型我秀,最美的自己"凝聚了二年级融合式课程开发工作室的智慧与心血,通过融合式课程活动系列,带领孩子们用真情去发现"美"、分享"美"、弘扬"美",引导学生从平凡的小事做起,争做"外形美""健康美""言行美"和"特长美"的最美虎英学子。

诗意同行：追寻教育理想国

课程融合总动员，海底世界畅快游
——记东城虎英小学中高年级学部融合式课程系列活动

第13周，东城虎英小学三、四、五年级的学生终于迎来了期待已久的融合式课程！《海底两万里》里的每一段文字、每一处景物、每一个故事都能成为学生学习的资源。

图 5-13

图 5-14

亲近海底，阅读分享。随着课程改革的日新月异，新的理念、新的方法与手段已走进了课堂。把立足本学科的教学作为融合课的基调、相关拓展内容作为亮点进行教学内容的选择与设计，切实提高学生的核心素养，才能擦亮主学科的底色，达到"1＋1＞2"的教学效果，因此，开展融合课程前，孩子们在老师的指导下先进行自主阅读《海底两万里》，在阅读分享课上，孩子们徜徉在故事的海洋里，述说人物的特点，想象海底世界的神奇。

图 5-15

探秘海底，收集信息。有了阅读的发现，孩子们带着体验和思考，以信息技术为载体，把自己无形的阅读体验通过图、文、声、像融为一体，化为有形的作品，编辑图文并茂的幻灯片，以神奇的海洋王国展开联想，通过思考讨论、探究质疑、自主创新，展示学习到的海洋知识，充分激发了孩子们创作的欲望，培养了孩子们运用信息手段学习的能力。

融合英语，Travel in the ocean。英文单词的学习则让学生的学习锦上添花，创设海洋潜游的情境，通过学习跟海洋有关的英文单词，灵活地运用句型"What can you see? I like …"进行对话，实现学科课程活动化。

图 5-16

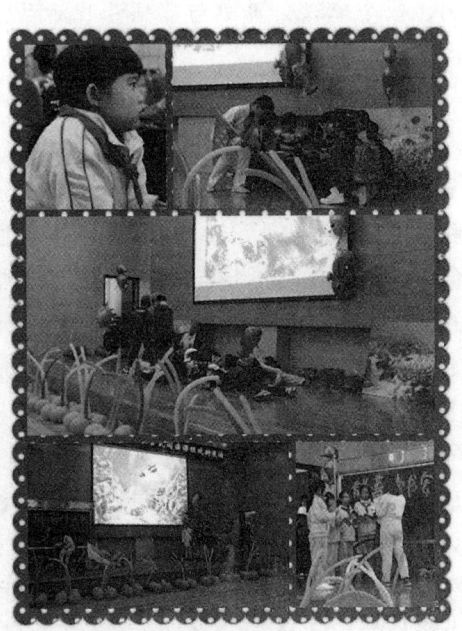

图 5-17

同伴互助，制作工具。如何在海底观察到猎物呢？同学们用卡纸、有机玻璃片等材料制作出潜望镜，在制作的过程中充分发挥"小组合作，同伴互助"模式的特点，学生间互相配合，最终做出成品。

戏剧展演，精彩纷呈。学生对海洋知识与戏剧的融合这种新颖的学习方式表现出极大的热情与兴趣。每个班级围绕"海底森林打猎"进行了戏剧表演。三（1）班和三（2）班合唱的歌曲《海底奇遇记》，展示了孩子们对于海洋的向往；三（3）班的《奋进的号角》，精心的编排、丰富的场景让观众们印象深刻；四（1）班的《神奇的打猎之旅》，唱演结合；四（2）班戏剧表演《海底大冒险》，展现了尼摩艇长的机智勇敢；五（1）班的《奇妙

的海底森林世界》，带领我们畅游海底世界；五（2）班的表演《一颗勇敢的心》，形式新颖，融入读书会的内容。一个又一个精彩的演出，再现了"海底森林打猎"的情景，普及了海底的科学知识，激发了同学们表演的欲望与潜力。

融合式课程是学校"慧学"课程体系中的特色课程，作为国家课程校本化实施，以主题带动开发跨学科的融合式特色课程，夯实学习与能力基础，致力培养学生质疑、合作、创新的行动力。本学期，三、四、五年级融合式课程开发工作室全体成员积极参与，精心设计，合作分工，进行教师走班制，每个班级全员参与各项课程活动，引领孩子们在课程中收获知识，快乐成长。

（4）"同行"学院文化。"同行"学院文化设计的初衷是基于满足人的全面多元发展和表达的需要，让学生获得足够的时间和空间寻找、尝试、发现自己的兴趣与特长，同时，也拓展延伸到家庭教育的多元提升。在当前社会教育蓬勃发展的情况下，学生在课外获得了多元知能的提升，收获了丰硕的学习成果，他们需要获得相应的多元表达机会；与此同时，学生需要获得更多的尝试和体验的机会，从中获得成长自信和文化自信，有效促进学生的多方面学习与成长。"同行"学院文化的诞生，充分体现了对人发展的多种可能性的肯定，以实际行动阐释多元智能。这里的"学院"是由具有某方面专长的教师携手合作、共同发起的"校内民间组织"，旨在给学生搭建多元交流、创意表达的平台，以"输出"的思维引领学生实现多种发展的可能性。"学院"属于学校直接引领的非行政组织，由特长教师发起并出任院长，由特长学生和热心家长共同组成项目管理团队，合力打造"学院"文化。"学院"遵循学校发展的目标与育人宗旨，通过海报、微课掌上通、微信公众号等方式，有序推送科学创客技术、书画艺术、文学创作等各种各类的小比赛和小沙龙活动，以设计多元创意的比赛项目吸引学生自主报名参与，汇聚学生及家庭亲子的智慧和特长，让学生在自由参与中实现兴趣发掘和特长培养的自然流动。学校首批成立的"学院"有创行学院、艺术画院、慧学书院，承担其探索特色文化创建的任务，由于"学院"属于学校的非行政组织，可实现其组织活动的自由自主，一是让特长教师和学生获得了充分施展特长和创意设计的机会，引领教师实现多元的专业发展；二是让爱心家长获得了充分参与学校发展的机会，引领学习型家庭的创建；三可借力于校外各种教育资源开辟各种开放型的学习空间，实现校馆（企）合作，让学校教育跟社会教育搭建起互相交流、互相作用、互相影响、互相促进的互惠共生的桥梁，实现文化共育，达到唤醒学生学习动力，在自主参与、创意表达中获得多元灵动的发展机会。

三、案例：我与你同行

（一）携手同行，成为虎虎生威的精英

七月流火，花草芬芳，金秋将至，我们再度迎来了美好的开学季。

东城虎英小学秉承厚德载物、海纳百川的东莞精神，敞开其广阔而温暖的怀抱，欢迎虎英学子的到来。虎英小学是一个美丽温暖的大家庭，在这里，有崭新美丽、生机盎然的校园，完善的教育教学设施，体育馆、游泳池一应俱全；在这里，有和蔼亲切、循循善诱的老师，他们学历高，素养好，爱生如子，有着傲人的工作业绩；在这里，有真诚友善、团结互助的同学，他们懂得合作和分享，在学校里留下的都是他们的快乐和进步；在这里，有辛勤劳动的教职员们，他们兢兢业业地为孩子们的平安快乐保驾护航。

东城虎英小学创办于 2016 年 9 月，作为东莞市 2016 年十大重点民生工程，是东城街道投资近 2 亿元建设和全额拨款的高标准办学的公办学校。学校占地面积为 27 850.883 平方米，建筑面积为 45 561.516 平方米，教学设施设备按广东省教育装备最高标准配置，教学环境优越。办学一年来，学校秉承街道政府的指示精神，以"办成一所高质量、有特色、具有实验性和示范性的学校，成为东城领先、市内一流、省内知名的品牌学校"为总体目标，稳步推进实施办学模式改革，成效显著：①制度建设日趋完善。优化内部管理机制，形成学校依法民主管理、教师按岗聘用取酬、办学充满活力的学校管理机制。②教师队伍水平整体提高。加强师德修养，组织各级各类专业培训，造就了一支热爱教育、潜心教学、团结向上的教师队伍。③学校文化彰显。形成良好的校风、教风和学风。④教育成效显著。初步建成平安校园、文明校园、智慧校园、书香校园、绿色生态校园。⑤学生综合素养不断提升，家长和社会认可度很高。

虎英小学以"慧学明志，健行致远"为校训，以培育"仁以为己任"

的时代弘毅新人为愿景，以"同行"文化实现教育之美：尊重生命，与生命同行；仁爱为本，与友善同行；知行合一，与智慧同行；温润包容，与优雅同行。"同行"文化的核心是"仁爱为本"，是"仁"的理念之集中体现，"同行"方可致远，最本真的"致远"，就是每一个人不断超越自我，"做更好的自己"，这正是教育真谛所在。现代教育理论认为，一所学校是否有生命力、是否有发展力，不在于其是否拥有现代的建筑和先进的设施，而在于其是否具有独特的灵魂魅力，这种独特的灵魂魅力会不知不觉地影响着一所学校、一代人，这就是学校的气质。我们该让虎英小学这样一所新建学校具备什么样的气质？作为办学者，我认为应该让虎英学子拥有安静、从容、自信的气质，拥有顽强的毅力、前进的勇气、超强的学习能力，在人性关怀中度过快乐、健康、幸福的童年，拥有良好的道德品格、高尚的审美情操、丰富细腻的人文情感、文明的行为习惯。总之，是让每一位学生的核心素养得到培养。"如虎之卓尔不凡，如英之出类拔萃"正是我校"同行"教育文化之彰显。

一方水土养一方人，一个人的成长离不开其生活所在地的文化精神浸润。虎英小学毗邻黄旗山城市公园，这里不仅有美丽的湖光山色，还有源远流长的历史文化，黄旗山曾有"岭南第一山"的美誉，是东莞人民春游、踏青、登高的圣地，山上还有著名景点——廉泉，据说只要饮一口这廉泉之水，就可以使人变得廉洁、美好。如此灵山秀水，会给学校教育带来什么启发呢？我想到的是教育应该崇尚自然，应该尊重儿童率直本真的个性，所谓"清水出芙蓉，天然去雕饰"。德国哲学家海德格尔认为，"真"是指"存在的无蔽"，"本真"是指"生存可能性的无蔽展开"。本真，对于生活而言，是勇于承担责任、追求真理（真实）；对于教育而言，是教师将知识的渴求和探索融于简朴、真实的教学情景之中，师生共同沐浴智慧的阳光和知识的清泉，生命在悄然拔节，达到"木欣欣以向荣，水涓涓而始流"的理想状态，让整个教育教学过程成为师生知识与智慧、生命与价值的增长点。

小学是学生的人生起步阶段，是学生发现自我、认识自我、建构自我、超越自我的基础期，教师应"仁以为己任"，以习近平总书记提出的"四有好教师"为目标，做一个具有审美意识和人生追求的教师，不断提升专业素养和育人智慧，在提高课堂教学效率的同时，积极引领学生求真、至善、尚美，打好人生底子。苏格拉底说过："求知是每个人灵魂里固有的能力。"第斯多惠认为，"教学艺术的本质不在于传授的本领，而在激励、唤醒和鼓舞。"苏格拉底还说过，"其实，每个人都是最优秀的，差别就在于如何认识自己，如何发掘和重用自己。"爱默生说："向着特定目标不断前进的人，全世界都会给他让路。"教育即生长，学习即生活，让美好的教育如灵泉一般注入学生的心灵，润泽学生的一生吧！

让我们携手同行，全面和谐发展，成为虎虎生威的精英！

（二）激励、唤醒、鼓舞——照亮教师专业发展道路

学校教育必须立足于学生发展、教师发展、校长发展、学校发展、社区发展的高度，高效课堂的本质意义在于促进学生整体进步和提高。实现高效课堂的关键在于教师，在于最大限度地发挥教师在课堂教学中的领导力。这个"教师"并非指教师个体，而是指教师群体。整体绩效是个人贡献的最优化，高效课堂必然源于教师的群体教育绩效，其基本前提是教师成为拥有教育自觉的教学领导者。为此，我大力推进组织机制的创新改革，实施行动引领，激发学校教师的教育责任、工作热情、专业发展的欲望和组织协调力。在多年前的一次指导教师备课的活动中，我启发老师们要把握文本的魂，要把握住教学的魂，老师们动情回应："阮主任，您就是我们的'魂'啊！"老师们言不由衷的话语，也把我的内心深深撼动了！做教师的引领者任重而道远！必须如拓荒者一般，以自己的教学实验打开教师研究的闸门，以自己的研究提高教师学科教学的有效性，把教师引导到研究的幸福道路上来，让教学不再盲目，不再底气不足。

送教下乡是发挥名师示范、引领、指导、辐射作用的有效途径，能从更大范围促进教师的专业成长。2010年4月30日，也是我应邀参加阳春市同课异构活动回莞的第二天，我收到了网名为"某某阳光"老师的邮件：

> 同为阳春人，我真的为你感到自豪。听了你的课，深知你肩负学校行政工作的同时，还能如此的出色上课，你真不简单。
>
> 很想能以你的积极及热情和孩子们度过每一天，但个人计较得失太多，以致有想法不行动。我也和你一样，上主课的同时，还做点行政工作，但太多的是无味的东西，烦琐而单调，想认真上好课，却是有心无力。在学校，总觉得工作是那样多，以致成天不知是如何过的。手中能抓住的，却空空如也。而你，却是这样的成功。服你的同时，更是希望能得到你的指教和帮助。
>
> 你上课、说课、评课的活力，感染着我们。你是我们学习的榜样！

跟岗培训，是学习型组织促进教师成为学习者的"集中培训式"策略。我引领学员开展"系统性地解决问题"的学习，把"我们现有的教学和我们需要的教学"问题贯穿培训全过程，引导学员发现问题，在具体情境中思考与分析问题，在实践过程中解决问题，快速学习新知识、掌握新方法和新技能，形成新观念，促成骨干教师的教育思想与教学行为的重大改变。学员廖老师写道：

好的老师教方法，给思想。这一点在阮老师身上得到很好的体现。研讨课例时，阮老师总是和学员一起亲切交流，适时点拨。如研讨《少年闰土》一课，阮老师早有自己的想法和设计，但她没有说出来，让大家照着学，而是让大家都把自己好的想法说出来。在充分自主的情况下，学员纷纷出谋献策……聆听了大家的发言后，阮老师充分肯定了我们的创新性思考和有实效的做法，进而点拨："我们首先要明确，语文教学的出发点和落脚点在哪儿……要让自己稳稳当当地站在语文这片土地上。"

作为一名导师，阮老师亲自披挂上阵，跟我们同课同构。果然，她的课让我们大开眼界，在公共教案大框架不变的前提下，凸显出她思考的高度！一是牢牢扣住"鲁迅先生是个大文豪"的教学主题，二是稳稳地立足于"领会写人文章的表达方法"，让学生一步一步走进鲁迅先生所描绘的文学世界，亲近鲁迅先生，既得意又得言，为我们的教学和反思打开了一扇敞亮的窗户。课后，阮老师深入反思自己的教学，没有回避自己的不足，坦诚地跟大家交流自己的想法，让大家各抒己见，发现与分析问题，找到问题解决的策略。阮老师就是这样，用智慧点燃我们的智慧，用行动修正我们的行动，用思想启迪我们的思想，帮助我们明确前进方向，找到语文教学的坚实大地。

（三）他人眼中的我

"以生为本"
原东莞市教师进修学校副校长叶宇琨

在学校，我们常看到这样的标语："一切为了孩子，为了一切孩子，为了孩子的一切。"课改以来，"把课堂还给学生"已经成为大家的共识。但是，真正做到"以生为本"，我们并不多见。阮美好老师就是在"以生为本"这方面，闯出了一条路，形成了自己独特的教学风格。

首先，在对待如何上好第一课时的问题上，阮老师发现了一些以为学生读懂了而实际上并没有读懂的地方，学生的质疑问难往往缺乏必要的深度。

于是，她认真研究了第一课时的教学，把教学力集中落实到指导学生自我研读课文的过程。执教四年级下册《乡下人家》的第一课时，阮老师根据教材特点，先让学生在课文中找出最能看到画面的词语，然后让学生顺着这些词语读课文，想象画面，尝试分别用自己的话或一个词语概括每个自然段所写的景物，进而思考各个画面跟最后一个自然段的关系。整个自学过程，是学生在老师指引下，步步深入地读书的过程。在这一过程中，学生既能动天君，基本上读懂课文，又掌握了研读课文的方法和步骤。

阮老师认为，"以生为本"就是要切实弄懂学生实际的学习需求。为什么"一切为了孩子"的要求在实施中总是走样？问题出于教师过于追求功利的思想。为了名，为了利，为了得奖，为了统考的成绩，上课，首先考虑的不是学生，而是怎样才能符合领导的口味，怎样才能应付考试的需要，怎样才能跟得上潮流。于是，不考虑学生的实际，随意增加教学的难度；于是，追求形式，讲究花样；于是，假质疑，假提问，假讨论，假朗读，假对话，形形色色的造假应运而生。到头来，吃亏的总是学生。阮老师回顾过去单凭教师主观的预设进行的教学设计，到头来学生总是听不明白的教训，在备课前，她让学生充分读课文，找学生座谈，了解他们的读书思考，对哪些问题感兴趣，哪里有困惑。所以，她上课，总能紧扣学生的心弦，急学生所需，最大限度地调动学生的学习积极性。本学期，她新接手一个班级，没过多久，学生就纷纷向她表示："阮老师，我真的爱上您的语文课！"

阮老师牢记着叶圣陶先生的名言："教，是为了用不着教。"学生掌握了学习方法，养成了自学习惯，提高了阅读能力，即使没有老师的辅导，也能自己学习课文，获取真知识，这是语文教学的最高境界。全国第七次阅读教学研讨会（大连）提出了"吃准目标，夯实基础，指导学习，鼓励创新"的要求，阮老师当即决定，把"教给方法，指导学习"作为工作室下一阶段教学研究的主攻方向，作为体现教师教学领导力的关键措施。她感到，在阅读课，特别是第一课时，一定要给予学生充分的阅读时间，让学生在默读和细读中咀英嚼华，涵咏浸润。在《乡下人家》一课的教学中，她训练学生"画出形象的词语""读课文想画面""在比较中感悟"，并提炼出一种行之有效的读书方法，帮助学生积累品尝词句的方法，诵读回味的方法，使教师的教学领导力演变为学生的学习感受力、理解力和表达力。

听了阮老师的课，我深深感受到，她把自己的心贴在学生的心上，她成了学生的良师益友。

诗意同行：追寻教育理想国

稳步走在追求本真的教育研究道路上

华南师范大学教育科学院硕士生导师王文岚教授

教育硕士是目前教师专业发展的重要途径之一，华南师范大学小学教育专业硕士是目前国内一流的小学教师教育专业成长平台。阮美好老师作为我院一名杰出的学生，在这一平台支撑下，她充分展示了独有的教学实践反思智慧以及极强的理论学习能力，给我们师生留下了极其深刻的印象。在我们的交流中，阮美好老师对小学教育教学工作始终抱有着极大的热忱，她不甘于只是做一个能讲好课的老师，她致力于要成为一个能够点燃学生学习智慧火花的领路人；她不甘于只是做一个教学技巧熟练的教书匠，她致力于成为一个学者型的教育实践家；她不仅仅想着个人的成长成功，她更希望能建立起一个学习社群，带动更多老师走向成功。

攻读教育硕士期间，阮老师在系统理论学习的基础上，敏锐地寻找到了理论与实践的有效结合点，将国外教师"教学领导"前沿理论融入自己多年的教学实践经验，提炼出了富有特色的名师工作室培训模式。这一模式在国内教师专业发展平台处于领先的位置，在珠三角地区更是属于开拓性的教师专业发展模式。该模式借助现代先进的教育技术，融汇了专家支持、教师自我反思以及教师合作活动等多维度的教师专业成长理念。首先，该模式注重教育理论专家和学科专家的支持，通过与大学合作交流，引入最新的教育教学理论，帮助教师加强理论思维的训练，转化僵化思想观念，树立开放的教育教学思想理论；其次，该模式重视教师的自我反思能力的提升，加强教师对教学问题深入的分析与探究，从而为提升教学水平，提高教学质量找到突破口；再次，该模式强调教师和教师之间的深层次合作，通过互动交流，形成专业发展共同体。阮美好老师不仅从实践层面，推行自己的教师专业发展理念，更将名师基地的建设作为硕士论文的选题，边实践边反思边提炼边深化，该论文在我院举行的开题报告会上获得专家的高度评价。

阮美好老师满怀教育激情，稳步走在追求本真的教育研究道路上。从某种意义上讲，通过教育硕士的学习，阮老师的教育理论素养和教育研究能力得到了进一步的提升，她正在完成自己从一名优秀小学教师向一名杰出的小学教育家转化的过程，我们有充分的理由相信，这样一位充满天赋，同时又极其勤奋的教育工作者将在未来带给我们更多的惊喜，为广东乃至全国小学教育教学创新和教师专业成长再立新功！

后 记

要寻找教育理想国,我们首先必须认识教育。

对于每一个社会人来说,教育很重要,什么是教育,似乎谁都知道,但教育因其宏大而深刻,让人说不清道不明。教育的外延之大,无法目测,更无法丈量。于是,想象所及,生活有多么宽广,教育就有多么宽广。正如美国哲学家、教育家,实用主义的集大成者约翰·杜威所说:"教育即生活。"教育的内涵之深,无法探测,更无法触碰。于是,想象所及,生命的成长有多复杂,教育就有多复杂。正如法国18世纪伟大的启蒙思想家、哲学家、教育家、文学家卢梭所说:"教育即生长。"

每一个自然人成长为社会人,都离不开教育。教育与人的关系有多紧密,似乎可以目测,但教育发生的那一美妙瞬间,永远无法准确把握。因此,意大利早教权威蒙台梭利认为,人自出生起就已经开始接受教育了。她经过深入的研究与实践,还得出惊人结论:"儿童的智力缺陷主要是教育问题,而不是医学问题。"

教育属于当下,同时承接过去,指向未来。因为承接过去,教育拥有了当下;因为指向未来,教育立足在当下。过去有多厚重,无法掂量;未来有多遥远,无法看尽。正如英国哲学家、社会学家、"社会达尔文主义之父"赫伯特·斯宾塞所说:"教育为未来生活之准备。"

教育指向未来,引领人无限憧憬并义无反顾地奔向未来,指引人倾尽全力实现生命的厚度、宽度、长度、亮度、温度……这是毋庸置疑的。对于教育之于人的重要性,也可以说是教育的宗旨。《大学》中曰:"大学之道,在明明德,在亲民,在止于至善。"认为教育的宗旨在于弘扬光明正大的品德,在于使人弃旧图新,在于使人达到最完善的境界。我国伟大的无产阶级文学家、思想家、革命家鲁迅说:"教育是要立人。"

20多年来的教育经历、探寻和思考,让我深深感受到教育跟其他职业的不一样,体验到教育跟人、跟人性、跟社会发展的无限贴近的关系,这是其

他职业无法相比的。尽管自己是一名资深教师，有着长期而丰富的教育教学经验，心目中也有不少的教育家偶像，如孔子、王阳明、陶行知、苏霍姆林斯基、杜威、佐藤学等，也曾经深入研读他们的著述，以引领自己的发展，但要总结并提炼出自己的教育思想，却又深深体会到教育的博大精深，自己的思考与积累的肤浅单薄。在参加教育家培训的过程中，我有幸获得了前往世界教育先进的国家和地区考察学习的机会，从中拓宽了教育视野，进一步形成科学而又具有独特风格的教育思想，为成为具有先进教育理念和丰富理论知识、扎实教育教学能力和教学管理水平、国际视野和开拓创新能力、较大社会影响力和知名度的教育家夯实基础。

在华南师范大学基础教育培训与研究院各位专家导师的引领下，尤其是王红教授的凝练教育思想的方法论指导，让我逐步明晰什么是教育思想，如何锻造与凝练教育思想。在实践导师何彪主任的引领下，有机会接触了广州市荔湾区先进的教育理念和经验，丰富了我的教育视域，启迪了我的教育探索。在理论导师张广君教授的循循诱导下，我深入阅读哲学论著，如张世英教授的《哲学导论》《万有相通》、王孝哲教授的《马克思主义人学概论》、马丁·布伯的《我与你》、怀特海的《教育的目的》，结合之前的阅读积累，如张楚廷的《教育哲学》、尼尔的《夏山学校》、苏霍姆林斯基的所有著作、佐藤学的所有著作……让我得以从哲学的高度再次审视教育，再度统整自己多年的教育实践积累和当下的办学思想，从而获得新的高度、新的视角和新的探索路径。在基教院行政班主任李嘉碧、理论班主任钟罗金博士的指导和敦促下，我得以用出版专著的方式，全力以赴地反映个人的教育思想和教改实践成果。

感谢我校行政和教师认可并践行"同行"教育文化，主题融合式课程简报所反映的是各级部课程开发工作室团队探索的阶段成果，教师不但做得好且总结得好。在同事的鼓励和支持下，在家人的全力照顾和帮助下，我调动多年的文字积累，重新梳理，围绕书的主题撰写评述……近半年来在繁忙的工作与学习培训中抽空撰写，本书终于得以完成。回顾撰写过程中的所有经历，撰写书稿的过程，是我深入学习和回顾反思的过程，也是我人生历练的过程，可谓百感交集，千般不易。这本书既是我教育生涯的经验总结，是我对教育哲学的深入思考，也是我对创办学校的实践探索。

此书得以成型，实属各方助力，在此由衷感谢！